古典文獻研究輯刊

三八編

潘美月・杜潔祥 主編

第 45 冊

《文選集釋》點校（第二冊）

〔清〕朱珔　撰

李翔翥　點校

國家圖書館出版品預行編目資料

《文選集釋》點校（第二冊）／李翔翥　點校 -- 初版 -- 新北市：
花木蘭文化事業有限公司，2024〔民113〕
目 18+220 面；19×26 公分
（古典文獻研究輯刊 三八編；第 45 冊）
ISBN 978-626-344-748-6（精裝）
1.CST：（清）朱珔 2.CST：文選集釋 3.CST：研究考訂
011.08　　　　　　　　　　　　　　　112022609

ISBN-978-626-344-748-6

9 786263 447486

古典文獻研究輯刊
三八編　第四五冊　　　　　　ISBN：978-626-344-748-6

《文選集釋》點校（第二冊）

作　　　者　李翔翥（點校）
主　　　編　潘美月、杜潔祥
總 編 輯　杜潔祥
副總編輯　楊嘉樂
編輯主任　許郁翎
編　　　輯　潘玟靜、蔡正宣　美術編輯　陳逸婷
出　　　版　花木蘭文化事業有限公司
發 行 人　高小娟
聯絡地址　235 新北市中和區中安街七二號十三樓
　　　　　　電話：02-2923-1455／傳真：02-2923-1452
網　　　址　http://www.huamulan.tw 信箱 service@huamulans.com
印　　　刷　普羅文化出版廣告事業
初　　　版　2024 年 3 月
定　　　價　三八編 60 冊（精裝）新台幣 156,000 元　　版權所有・請勿翻印

《文選集釋》點校（第二冊）

李翔翥　點校

《文選集釋》卷六

蜀都賦 左太沖

1. 夫蜀都者，蓋兆基於上世

劉注云：「楊雄《蜀王本紀》曰：『蜀王之先，名蠶叢、拍濩、魚鳧、蒲澤、開明。是時人萌，椎髻左言，不曉文字，未有禮樂。從開明上到蠶叢，積三萬四千歲，故曰兆基於上代也。』」

案：宋羅泌《路史・前紀》：「蜀山氏、蠶叢、縱目、王瞿上、魚鳧治導江，逮蒲澤，俾明時，人氓椎結云云。」其子苹注云：「俾明，楊《紀》作『開明』，非。」然下注有「開明妃墓」，《餘論》亦言「開明氏」，是「開明」實為王號，未免矛盾。《通鑑前編》一本《路史》，而《音釋》云：「蒲澤，古邑名，本漢堂陽城，晉置蒲澤縣，宋省入南宮縣，屬真定府。」如此則與蜀何涉，皆謬也。《路史》又云：「最後乃得望帝杜宇，寔為滿捍。」據《水經・江水一篇》注引來敏《本蜀論》曰：「荊人鱉令一作靈，古字通死，其尸隨水上，荊人求之不得，令至汶山下，復生起，見望帝，望帝立以為相。時巫山峽蜀水不流，帝使鱉令鑿巫峽通水，蜀得陸處。望帝自以德不若，遂以國禪，號曰開明。」然則望帝在開明之前，而楊《紀》作「蒲澤」。疑當從《華陽國志》作「蒲卑」，以為望帝更名也。《路史》之「滿捍」，乃形似而誤耳。

又案：《路史》注云：「瞿上城，在今雙流縣南。導江，今眉之彭山縣，有魚鳧津。」後《思玄賦》「鱉令殪而尸亡兮，取蜀禪而引世。」注引《蜀王本

紀》云：「望帝治汶山下邑曰郫。」《水經注》云：「江水逕南安縣西，縣治青衣江會，即蜀王開明故治也。」皆係蜀地。

2. 廓靈關以為門

劉注云：「靈關，山名，在成都西南漢壽界。」

案：「漢壽」，本漢葭萌縣地，蜀漢為漢壽，晉為晉壽，舊屬廣漢郡，無所謂「靈關」者。《續漢志》蜀郡屬國下漢嘉，即前《志》之青衣，有蒙山。注引此賦語及此注為證云：「地在縣南。」是此注「漢壽」，當為「漢嘉」之誤也。《水經·沫水篇》：「又東至越巂靈道縣，出蒙山南，東北與青衣水合。」酈注：「靈道縣，一名靈關道，沫水出岷山西，東流過漢嘉郡，南流衝一高山。山上合下開，水逕其間。山即蒙山也。」據此知靈關山為《禹貢》之蒙山矣。但靈關道，兩《志》俱屬越巂郡，而漢嘉則屬蜀郡，相距似遠。胡氏《禹貢錐指》曰：「今盧山縣西北有靈關廢縣」，《通典》「雅州盧山縣有靈山關」是也，其地當為沫水之所經，蓋漢後別置。《宋書·符瑞志》：「晉咸寧二年，黃龍見漢嘉、靈關」，則縣屬漢嘉郡，非越巂之靈關道也。《經》《注》竝誤。趙氏一清亦謂《寰宇記》雅州盧山縣下云：「靈關鎮，在縣北八十二里，四向嶮峻，控帶蕃蠻，一夫守之，可以禦百」，即引此賦語為證。又云：「靈關山，在縣北二十里，峯嶺塞岏，山聳十里，傍夾大路，下有山峽，口闊三丈，長二百步，俗呼為重關。通蠻貊之鄉，入白狼夷之境」是也。酈道元乃於《青衣水篇》云：「縣有蒙山，青衣水所發，東逕其縣，與沫水會於越巂郡之靈關道。」是直以在漢嘉者為越巂，蓋為《經》所誤。

余謂《水經》所云「至靈道，出蒙山者」，本遞言之。酈注仍云過漢嘉郡之蒙山，與劉昭注《續志》同，不得議《經》《注》之誤也。攷《漢書·司馬相如傳》：「西至沫、若水，南至牂牁，為徼通靈山道。」注引張揖曰：「鑿開靈山道，置靈山縣。」後《難蜀父老》文亦有關沫、若之語。張揖曰：「以沫、若水為關也。」然則沫水所經，殆重重關鍵，由靈道至漢嘉，實相通貫。疑漢之靈關，自在靈道縣，不在漢嘉，故班《志》不云蒙山即靈關。州郡建置，代有更變，後人因蒙山形似關，遂移靈關之名於漢嘉，而靈道縣之靈關轉隱矣。《錐指》以盧山縣之靈關為漢後別置，可見非漢時所謂靈關也。酈注於《沫水篇》語可通，而不加分別，已失之。至《青衣水》下云云，斯為誤耳。若《方輿紀要》云：「蒙山在今名山縣，靈山在今盧山縣西北五十里。」

引劉昫說：「縣西北有盧山，下有峽口，闊三丈，長二百步，俗呼為盧關。」又臨關，本靈關，在縣西北六十里，是以靈關山為今之靈山，並非蒙山，恐未免舛譌。觀劉昫、杜佑皆言盧山，盧，即蘆也。盧與靈，或聲之轉。而《紀要》何以別有「盧山在縣東九里」，此殆後人隨指一山名之，非其舊也。且名山縣本漢之漢嘉地，蘆山縣本漢之嚴道縣地。兩縣皆屬蜀郡，自應接壤。漢以後之靈關，諸家皆謂在漢嘉，固宜以蒙山為準。《紀要》又於蘆山大渡廢縣下云：「故靈關道在縣西北六十里，漢置，屬越嶲郡，後漢因之，晉廢，即今臨關也。」是直以《漢志》之一屬越嶲郡，一屬蜀郡者，混合言之，則尤與《錐指》之說相戾矣。

3. 包玉壘而為宇

劉注云：「玉壘，山名，湔水出焉，在成都西北岷山界。」

案：前漢《志》蜀郡縣湔氐道下云：「玉壘山，湔水所出。」《續志》注引《華陽國志》同。《說文》：「湔水出蜀郡縣湔氐玉壘山，東南入江。」《水經·江水一篇》於「歷氐道縣北」下云「又有湔水入焉。」酈注：「水出綿道，亦曰綿夷縣之玉壘山。」綿夷，即縣湔氐，湔氐與夷，音相近也。《經》後文又云：「東過江陽縣南，洛水從三危山，東過廣漢漢，今誤魏、洛縣縣，今誤陽南，東南注之。」酈注云：「《山海經》曰：『三危在燉煌南，與嶓山相接，山南帶黑水。』」又《山海經》不言洛水所道，《經》曰：「出三危山」，所未詳。段氏謂湔水、洛水互受通稱。《水經》所謂洛水，即《漢志》之湔水。三危山，即《漢志》之玉壘山。但《水經》上已言「湔水入焉」，間數節始出此條，不應又易其名而以洛水為湔水。《禹貢》「三危」，本難確指。胡氏《錐指》謂當以在沙州者為是。然地甚遠，無緣玉壘，忽冒三危之名，疑《經》有誤也。今玉壘山所在，則《方輿勝覽》云：「在汶川縣北三里。」《元和志》云：「在汶川縣東北四里。」《錐指》謂：「縣北去茂州百里，本漢縣湔氐縣地，今為保縣。」《方輿紀要》云：「在灌縣西北三十里。」灌縣本漢郫、綿湔氐、江原三縣地，蜀漢屬汶山郡。段氏謂當在今松潘衛境內。衛，本《漢志》蜀郡之湔氐道亦見《錐指》，《水經》所云氐道縣。酈注云：「漢武帝分蜀郡，北部置汶山郡以統之者也。」《水經》於氐道下即接湔水，且湔、氐道以此得名，故段云在此，當近是。而前人說不一，意此山在蜀郡，中跨越數縣地，皆比近隨所見言之歟。

4. 帶二江之雙流

劉注云：「江水出岷山，分為二江，經成都南，東流經之，故曰帶也。楊雄《蜀都賦》曰：『兩江珥其前。』」

案：郭璞《江賦》「源二分於岷崍岷崍，別見《江賦》」，二山正承岷山之下，如劉注云云，似與《江賦》為一。然《水經·江水一篇》注言「江水歷氐道縣北」，其下正引郭賦。而後文又云：「江水東逕成都縣，縣有二江雙流郡」，下引子雲賦為證，及《風俗通》秦昭王使李冰為蜀守，開成都兩江，溉田萬頃之事，是兩者非一地。胡氏《錐指》曰：「《河渠書》『蜀守冰鑿離碓，辟沫水之害，穿二江成都之中。』注引任豫今本誤作杜預《益州記》：『二江者，郫江、流江也。』《華陽國志》云：『李冰壅江作堋，穿郫江、檢江即流江別支流，雙過郡下。』蓋冰所穿之二江，一是流江，乃其創造。一是郫江，即《禹貢》沱水也。茲二江者，或稱內江、外江，或稱南江、北江，彼此參錯，未知誰是。

余謂岷崍所出之二江，據郭注《山海經》，俱入大江，是已合為一江，不得至成都仍有二江，若環帶也。然則此二江與《江賦》所稱實有別，故《錐指》亦引楊雄賦暨此賦證郫江、流江之說。

又案：洪氏《圖志》云：「今郫江下流與古異。酈道元言郫江水從沖里橋北折東，絕綿、洛，經五城界，至廣都北岸入江，斯為北江。其自成都經廣都者，為南江，即二江也。」蓋古郫江由灌縣經郫、新繁至成都府下，仍北折，抵新都，通涒、洛，復折而南，至府南舊廣都界，合於流江，與今沱江始分，中合，末復分耳。因其中合，故《水經注》涒、洛亦有郫江之名。或者不考，遂以郫江為《禹貢》沱江，非李冰所穿，誤矣。此蓋駁《錐指》之說。據《史記》既云李冰穿二江，則二江自俱為冰之所鑿，似《圖志》得之。至二江之名，今制府陶雲汀同年《蜀輶日記》云：「江水自灌縣都江堰分流而下，其東北去者，曰沱。以次會涒、濛、綿、雒，至瀘州入江者也。其東南流者，繚繞於崇寧、郫縣、溫江、新繁、成都、華陽境內，名目不一，或稱郫江，又曰都江，曰錦江，曰流江，曰清遠江，曰石犀江，曰走馬江，曰油子河，亦稱內江、外江，又稱府江，記載紛紛，隨地異名，郫江其統稱也。大支有二，一由成都城北為流江，一由成都城南為錦江。《括地志》謂『二江合於城之東南，岸曲有合江亭』是也。又南入於大江。」

余觀《方輿紀要》言郫江對大江而言，則大江為南江，郫為北江。對流江而言，則流江又為外江，郫為內江。郫江在城南，流江在城北，與雲汀說

略合。而《圖志》則云：「郫江在城都縣北，自灌縣分大江東流，逕郫縣北，又東入縣界，繞城北而南，與錦江合。錦江在華陽縣南，即流江也，自郫縣分流至府城東南合郫江。」《水道提綱》亦謂郫江曰：「北江即外江」，此正《錐指》所稱「彼此參錯」者。惟考《元和志》「成都城南為錦官城」，江當因此得名，以此水濯錦鮮明也。然則錦江自在城南，若《寰宇記》二江合流，亦名錦江，又以二江可通稱錦江矣。

5. 岡巒紆紛

劉注云：「巒，山長而狹也。一曰山小而銳也。」

案：《爾雅》：「巒，山墮。」郭注：「山形長狹者，荊州謂之巒。」《詩》曰：「墮山喬嶽」，「墮」，今《詩》作「隋」。郝氏謂：「墮者，隋之假借。《說文》云：『巒，山小而銳。』隋山之隋隋者，本《詩·般》傳：『隋山，山之隋隋小者』而為說也。釋文引《埤蒼》云：『巒，山小而銳。』《字林》云：『隋，山之施隋者。』『施』為延施之義，即狹長也。」

余謂《爾雅》既以巒為山墮，而毛傳訓墮亦為小，是義可通，故注並用之。

6. 鬱菈菖以翠微

注未解「菈菖」字。

案：二字《說文》所無。惟《玉篇》云：「菈菖，盛貌。」蓋與「氛氳」通。本書《雪賦》「氛氳蕭索」，注：「氛氳，盛貌。」又與「紛縕」通，《楚詞·橘頌》曰：「紛縕宜修」，王逸注：「紛縕，盛貌。」「菈」，或作芬。《甘泉賦》「懿懿芬芬」，注：「芬芬，盛美也。」「菖」，或作「薀」。《廣雅·釋詁》：「薀，盛也。」一作「蘊」，《方言》：「蘊，賦也。」注：「蘊、薈，茂貌。」此處言山巒蔥郁之氣茂盛，與「氤氳」、「絪縕」謂天地之合氣義亦正同。

7. 龍池濔瀑潰其隈

劉注云：「龍池在朱堤南十里，地周四十七里。」

案：「堤」字，兩《漢志》皆作「提」。《續志》犍為屬國朱提下注引《南中志》曰：「縣有大淵池水，名千頃池。西南二里有堂很山，多毒草，盛夏之月，飛鳥過之，不能得去。」又引此注曰：「有靈池，在縣南數十里，周四十七里。」是「龍池」即靈池也。此云「十里」，當脫「數」字。又《水經·若水篇》：「東北至犍為朱提縣西，瀘江水注之。」注云：「朱提，山名也。應劭

曰：『在縣西南，縣以氏焉。』建安二十年立朱提郡，郡治縣故城。郡西南得所縮堂琅縣，西北行，上高山，羊腸繩屈，三蜀之人以為至險。有瀘津，東去縣八十里，水廣六七百步，深十數丈，多瘴氣，鮮有行者。」

余謂《南中志》之「堂很」，當即《水經注》之「堂琅」，前《志》亦有「堂琅」，此字形相似而誤。然則「靈池」，殆即瀘津矣。善注云：「灟瀑，水沸之聲。」蓋因有瘴氣，故水沸而不靜也。朱提山，在今宜賓縣西南五十里。

8. 漏江伏流潰其阿

劉注云：「漏江在建寧，有水道，伏流數里復出。故曰漏江。」

案：兩漢《志》牂牁郡下竝有漏江縣。《水經·葉榆水》注云：「榆水又東北流滇池縣南，又東逕同並縣南，又東逕漏江縣，伏流山下，復出蝮口，謂之漏江」，下引此賦語為證。又云：「諸葛亮之平南中也，戰於是水之南。」是漏江即葉榆水矣。建寧郡係蜀漢所置，晉因之，為今雲南曲靖、澂江諸府及武定州皆是。滇池縣，即今晉寧州。錢氏坫《斠注漢志》云爾。又云：「漏江縣、同並縣俱應今澂江府地。」《方輿紀要》則謂同竝故城，在今霑益州之北。

9. 邛竹緣嶺

劉注云：「邛竹出興古盤江以南，竹中實而高節，可以為杖。」

案：《中山經》：「龜山，其下多扶竹。」郭注：「邛竹也，名之扶老竹扶老，見後《歸去來辭》。」《水經·葉榆水篇》「東南出益州界」，注云：「盤水又東逕漢興縣，山溪之中，多生邛竹」，下引此賦語。賦後文「邛杖傳節于大夏之邑」，注引《張騫傳》言「大夏賈人市之身毒國」。據《漢書》臣瓚注：「邛，山名，生此竹。」《傳》又云：「身毒居大夏東南數千里，有蜀物。」此其去蜀不遠矣，則仍謂為蜀中所產也。注言「盤江」者，《方輿紀要》云：「盤江有二源，出四川境內，曰北盤江。出雲南境內，曰南盤江。」

10. 菌桂臨崖

劉注引《神農本草經》曰：「菌桂出交阯，員如竹。一曰菌，薰也，葉曰蕙，根曰薰。」

案：此注後說，本之《離騷》「雜申椒與菌桂兮」，王逸注語，蓋沿其誤也。《廣雅》亦云：「菌，薰也，其葉謂之蕙。」王氏《疏證》引洪興祖《離騷補注》曰：「下文別言『蕙茝』，又云『矯菌桂以紉蕙』，則『菌桂』自是一物。

菌，一作箘，其字从竹。五臣以為香木是矣。」王又云：「『申椒』與『菌桂』對文，『菌桂』之不分為二，猶『申椒』也。」

余謂此處「菌桂」與「邛竹」為對，「邛竹」一物，則「菌桂」亦一物也。自當從《本草》前說之義。

11. 金馬騁光而絕景，碧雞儵忽而曜儀

劉注引《地理志》曰：「金馬、碧雞，在越嶲青蛉縣禺同山。」

案：「青蛉」，一作蜻蛉。《水經·淹水篇》：「水出越嶲遂久縣徼外，東南至蜻蛉縣。」注云：「縣有禺同山，其山神有金馬、碧雞，光景、儵忽，民多見之」，下即引此賦語為證。後《吳都賦》言蜀都之富，禺同之有，特稱禺同，殆亦以有神物見重與。洪氏《圖志》云：「金馬山，在今昆明縣東二十五里，西對碧雞山，相距五十餘里，其中即滇池。漢帝遣王褒至益州祀金馬、碧雞之神，即此。」《漢書》注引如淳曰：「金形似馬，碧形似雞。」《方輿紀要》畧同。但《志》云：「禺同在青蛉，為越嶲郡所屬，而滇池於漢屬益州郡，非屬越嶲。」則古今相傳，其地各異矣，當以《漢志》為準。錢氏坫云：「漢青蛉縣在今麗江府城南。」

12. 火井沈熒於幽泉

劉注云：「蜀郡有火井，在臨邛縣西南。火井，鹽井也。欲出其火，先以家火投之，須臾許，隆隆如雷聲，燄出通天，光輝十里，以筒盛之，接其光而無炭也。」

案：《續漢志》臨邛下注亦引此注語，并引《博物記》曰：「有火井深二三丈，在縣南百里，以竹木投取火。後人以火燭投井中，火即滅絕，不復然。」彼注又云：「取井火還，煮井水，一斛水得四五斗鹽，家火煮之，不過二三斗鹽耳。」此文亦見《華陽國志》。蓋謂火井有二：一燥，一水也。《方輿紀要》云：「臨邛廢縣，即今邛州治。隋唐間置火井縣，州西八十里有相臺山，山之西南，即火井也。」《博物志》：「臨邛火井，諸葛丞相往視之，後火轉盛」，下又引此賦語為證。

13. 高燜飛煽於天垂

善注引《說文》曰：「煽，火焰也。」

案：「焰」為俗字，仍當作「煽」。今本《說文》：「煽，火門也。」段氏

謂：「門，蓋爛之壞字，或謂當作燄。」然「燄」在《炎部》，云：「火行微燄燄也。」與「爛」異解。姚、嚴《校議》云：「當作爛爛。」《一切經音義》及《六書故》引唐本竝作「火爛爛也。」前《西都賦》注引《字林》：「爛，火貌也。」「貌」，即「爛爛」之約文。

14. 其間則有虎珀

劉注云：「永昌博南縣出虎珀。」

案：《續漢志》博南下注引《廣志》曰：「有虎魄生地中，其上及傍不生草，深者四五八九尺，大者如斛，削去外〔1〕，中成虎魄如升，初如桃膠凝皮堅成也。」王氏《廣雅疏證》曰：「《博物志》云：『《神仙傳》松脂入地，化為茯苓。茯苓千年，化為虎魄。』今泰山有茯苓而無虎魄，永昌出虎魄而無茯苓，所未詳也。」《志》又云：「虎魄，一名江珠。」此語善注亦引之。然下文別出「江珠」，則彼當是珠類，與「虎魄」非一物矣。

【校】

〔1〕據《後漢書·郡國志》，「外」下脫「皮」字。

15. 丹青

劉注云：「牂牁有白曹山，出丹青、曾青、空青也。」《本草經》云：「皆出越嶲郡。」

案：《續漢志》惟巴郡下云：「涪陵出丹。」蜀郡徙縣下注引《華陽國志》曰：「出丹砂、雄雌黃、空青、青碧」，而牂牁郡未及。《本草經》曰：「空青能化銅鐵鉛錫作金。」《別錄》曰：「生益州山谷及越嶲山有銅處，銅精熏則生空青」，此與注所引合。又《西山經》：「騩山，淒水出焉，其中多采石。」郭注：「今雌黃、空青、綠碧之屬。」「皇人之山，其下多青雄黃」，郭注：「即雌黃也。或曰空青、曾青之屬。」《藝文類聚》引《范子計然》曰：「空青出巴郡，白青、曾青出弘農、豫章」，則所出本非一地也。

16. 江珠瑕英

劉注引楊雄《蜀都賦》云：「瑕英江珠。」

案：注不言產珠之地。據《續漢志》，博南下及越嶲郡會無下兩引《華陽國志》云：「博南西山有光珠穴。」「會無，故濮人邑。今有濮人冢，冢不閉戶，

其中多珠。」《水經·若水篇》注亦云:「光珠穴出光珠,又有黃、白、青珠。」疑「江珠」,即光珠也。

劉注又云:「瑕,玉屬也。」

案:《說文》:「瑕,玉小赤也。」《廣雅》玉之屬有赤瑕。後《上林賦》「赤瑕駁犖」,注引張揖曰:「赤瑕,赤玉也。」張衡《七辨》亦云「玩赤瑕之璘豳」,後《海賦》云「瑕石詭暉」,蓋「瑕」者,赤色之名。「瑕」與「霞」通,故赤雲氣謂之霞。然則此「瑕英」,殆即今所謂碧霞玒者是與?若《續志》縣虒道下引《華陽國志》曰:「玉壘山出璧玉」,則第渾言之,不定其為「瑕英」耳。

17. 金沙銀礫

劉注云:「永昌有水出金,如糠在沙中。」

案:《續漢志》博南下云:「南界出金。」注引《華陽國志》曰:「西山高三十里,越得蘭滄水,有金沙,洗取鎔為金。」《水經·若水篇》注略同。博南屬永昌郡,正此注所云也。此外若「蜀郡岷山」,注引《山海經》曰:「其上多金玉。」「廣漢郡葭萌」,注引《華陽國志》:「有水通于漢川,有金銀礦,民洗取之。」「廣漢屬國都尉下剛氏道」,注亦引《華陽國志》曰:「涪水所出,有金銀礦」,皆是。

劉注又云:「興古盤町山出銀。」

案:《漢志》益州郡屬律高下云:「東南監町山出銀鉛。」顏注云:「監,音呼雞反。」監與盤異。《水經·葉榆水》注云:「盤水出律高縣東南盤町山,水當以山得名。」盤水,即盤江,見《續志》牂柯郡宛溫下注引《南中志》。《說文》無「監」字,疑仍當作「盤」矣。然蜀中出銀者,尚不一地。益州郡下有雙柏縣出銀,賁古縣羊山出銀、鉛,犍為朱提下云「山出銀」。《續志》注云:「《前書》[1],朱提銀重以八兩為一流,直一千五百八十,他銀一流直一千。《南中志》曰:『舊有銀窟數處。』」則此注特舉一以概之也。

【校】

〔1〕據《後漢書·郡國志》,「《前書》」前脫「案」字。

18. 符采彪炳

劉注云:「符采,玉之橫文也。」

案：本書魏文帝《與鍾大理書》注引王逸《正部論》曰：「或問玉符，曰：『赤如雞冠，黃如蒸栗，白如豬肪，黑如純漆，玉之符也。』」此但言其光采，而劉以為「橫文」者，蓋即《說文》「瑧」字下云「玉英華相帶如瑟弦」是也。《說文》又引孔子曰：「美哉，璠璵。遠而望之，奐若也；近而觀之，瑟若也。一則理勝，二則孚勝。」「孚勝」，謂「瑟若」。《禮記・聘義》「孚尹旁達」，鄭注：「孚，或作娝，娝當與符通。」曰「旁達」，似合「橫文」之意。《詩》「瑟彼玉瓚」，《說文》引之，「瑟」作「瑧」。鄭箋云：「瑟，絜鮮貌。」蓋與許異。

19. 卻背華容

劉注云：「華容，水名，在江由之北。」

案：此注頗可疑。「江由」，當即江油，今縣屬龍安府。蜀漢時曰江油戍，屬陰平郡，非縣也。晉以後為平廣縣地後改平武，至西魏始置江油縣。淵林，晉人，何以舍其縣而舉前代之戍名。縣北惟涪水，不聞有「華容」之別稱，所未詳也。

又案：《漢志》華容為縣，屬南郡，雲夢澤在南。《水經・江水三篇》：「又東至華容縣西，夏水出焉。又東南，當華容縣南，涌水出焉。」皆華容之水也。華容為今荊州府監利縣地。《方輿紀要》云：「荊州乃吳蜀之門戶，諸葛武侯以為西通巴蜀者也。晉永嘉初，蜀亂，割南郡之華容、州陵、監利、酈都四縣，置成都王穎國，理華容。」據此知華容為蜀極界，疑賦語即謂此。惟賦於下文分列東西，而上言其前，自屬南境；此言其後，則是北境矣。龍安亦在成都之北，似注說可通，故未敢遽定耳。

又案：《水經》「江水東至華容縣」，注云：「江浦右迤，南派屈西，極水曲之地勢，世謂之江曲者也。」據洪氏《圖志》「華容故城在今監利縣西北」，合之酈注，疑此注「水名」當為縣名。「江由」，即江曲，以形似致誤。抑或蜀漢之公安縣，吳為南郡治，《水經注》謂「即華容之南鄉。」晉太康元年，改縣曰江安，意江由當為江安，華容正在其北，二者亦未審是否。若《水道提綱》於洞庭湖下云：「湖水又北數十里至華容縣，南有華容河首，北受大江，南流經縣東，而西南來會。」是華容亦為水名，但前人言地理者未及，恐其名出於後世。如所說，則正南郡之華容也。

20. 緣以劍閣

劉注云:「劍閣,谷名,自蜀通漢中道,一由此。背有閣道,在梓潼郡東北。」

案:「劍閣」,即劍門。《方輿紀要》云:「劍門山,一曰大劍山,在今保寧府劍州北二十五里,其東北為小劍山,兩山相連。」《水經・漾水篇》注云:「小劍戍西,去大劍山三十里,連山絕險,飛閣通衢,謂之劍閣。」《華陽國志》云:「武侯相蜀,鑿石架空,始為飛閣,以通行道。」又引王氏曰:「大劍山兩崖相對,劍門關在其上,北去陝西,棧道六百餘里,南去成都八百餘里。自古推為天下之險,左思賦所稱是也。」注云:「梓潼者,今劍州,為漢廣漢郡葭萌縣地。蜀漢屬梓潼郡,晉因之。」

21. 阻以石門

劉注云:「石門,在漢中之西,襃中之北。」

案:《水經・沔水上篇》「漢水又東合襃水」注云:「襃水又東南歷小石門,門穿山通道,六丈有餘。刻石言:『漢明帝永平中,司隸校尉犍為楊厥之所開。逮桓帝建和二年,漢中太守同郡王升嘉厥開鑿之功,琢石頌德洪氏隸釋所載《石門頌》是也,以為石牛道。』來敏《本蜀論》云:『秦惠王欲伐蜀而不知道,作五石牛,以金置尾下,言能屎金。蜀王令五丁引之成道。秦使張儀、司馬錯尋路滅蜀,因曰石牛道。』厥蓋因而廣之。《蜀都賦》『岨以石門』,斯之謂也。門在漢中之西,襃中之北。」與此注合。

余謂酈注先言「襃水出衙嶺山,東南逕大石門,歷故棧道」,故此云小石門矣。《輿地廣記》則云:「小石門在小劍山,今關口亂石錯立,乃其遺址。」《紀要》以為《水經注》《十三州志》《漢中志》皆言石門在漢中,似《廣記》誤也。

又案:《紀要》於龍安府云:「府東南有石門山,兩崖相對如門,與氐、羌分界處」,下亦引此賦語。是顧氏一人而歧其說。但劍州與漢中路本相通,此則別為地,賦意或分言之,似義亦可參。

22. 流漢湯湯,驚浪雷奔。望之天迴,即之雲昏

案:《水經・沔水上篇》:「漢水又東過西城縣南。」注云:「又東逕鼈池,為鯨灘[1]。鯨,大也」,下引此賦四語。蓋以漢水至是灘磧險急,故言其水勢之洶湧也。「西城縣」,今興安州。《州志》云:「漢江多灘」。

【校】

〔1〕此句《水經注校證》作「漢水又東逕龜池南鯨灘」。

23. 或隱碧玉

劉注云：「碧玉，謂水玉也。」

案：後文「碧䂞」下注云：「碧石生越巂郡會無縣。」《漢志》會無下云：「東山出碧。」《續志》注引《華陽國志》云：「出青碧」，并引郭璞曰：「《山海經》稱『縣東山出碧』，亦玉類。」又「遂久」下注引《華陽國志》曰「有繩水」，《廣志》曰：「有縹碧石，有綠碧」，是碧色各異也。《說文》：「碧，石之青美者」，而其字從石。段氏云：「青白兼之，金尅木之色也。」《淮南·氾論訓》有「碧盧」，《廣雅》作「碧瓐」。瓐之言黸，黑也，則亦有青黑色者矣。又《東山經》「耿山多水碧」，郭注：「亦水玉類。」後《江賦》及謝靈運《入彭蠡湖口》詩、江淹《雜體詩》注竝引此《經》。郝氏謂：「水碧生於山間。謝詩云『水碧輟流濕』，江詩云『淩波采水碧』，皆與《經》不合。」

余謂碧生於水，亦生於山，山中未始無水，此賦正承水言。劉、郭俱云「水玉」，郝說太泥。

24. 嘉魚出於丙穴

劉注云：「丙穴，在漢中沔陽縣北，有魚穴二所，常以三月取之。丙，地名。」

案：《續漢志》沔陽下注引《博物記》：「縣北有丙穴。」《水經·沔水上篇》注云：「褒水又東南得丙水口，水上承丙穴，穴出嘉魚，常以三月出，十月入。穴口廣五六尺，去地七八尺，泉懸注，魚自穴下透入水。穴口向丙，故曰丙穴」，下即引此賦語。酈云「向丙」與劉云「地名」異附案：《侯鯖錄》魚以丙日出穴，說又別。若《華陽國志》：「沔陽縣有度水，水有二源，一曰清檢，一曰濁檢。有魚穴，清水出鱤，濁水出鮒。常以二月、八月取。」疑即謂此，而所傳稍別耳。「度水」或褒水之譌。

又案：《水經·江水一篇》注云：「陽元水出陽縣西南高陽山東，東北流逕其縣南，丙水注之，水發縣東南柏枝山。山下有丙穴，方數丈，中有嘉魚。常以春末遊渚，冬初入穴，亦褒漢丙穴之類。」據酈氏後說地屬巴郡，而賦所言屬漢中郡，蓋彼為江水所經，此則漢水所經也。余氏蕭客《音義》又引「《周地圖記》：『順政郡丙穴，沮水出其間，有魚出穴，名嘉魚。』《益部方

物贊》：『丙穴，在興州，魚出石穴中，雅州亦有之。』」然則「丙穴」非一，疑後人因其名以為名耳。

25. 其樹則有木蘭

劉注云：「木蘭，大樹也，葉似長生，冬夏榮，常以冬華，其實如小栭，甘美，南人以為梅，其皮可食。」

案：「蘭」，《廣雅》作「欄」，云：「木欄，桂欄也。」《離騷》云：「朝搴阰之木蘭」，又「朝飲木蘭之墜露」，王逸注：「木蘭，去皮不死。」後《子虛賦》「桂椒木蘭」，注引郭璞曰：「木蘭，皮辛香可食。」《漢書》顏注：「木蘭，皮似桂而香，可作面膏藥。」成公綏《木蘭賦》云：「諒抗節而矯時，獨滋茂而不雕。」王氏謂：「木蘭非獨皮形似桂，其性之冬榮亦不殊，是以有桂欄之號。」又《神農本草》云「一名林蘭」。《名醫別錄》云「一名杜蘭」，「杜」當為「桂」字之誤也。陶注云：「零陵諸處皆有，狀如楠樹，今益州有之。」《蜀本圖經》云：「樹高數仞，葉似菌桂。」余謂觀陶注及《圖經》所說，是蜀中所有，故賦及之也。

26. 桂桂

劉注云：「桂桂，木桂也。」

案：注語本之《爾雅》。彼郭注云：「今江東呼桂皮厚者為木蘭。桂樹葉似枇杷而大，白華，華而不著子。叢生巖嶺，枝葉冬夏長青，間無雜木。」《廣韻》「桂」字云：「桂木，花白也」，與郭注合。是「桂」本桂屬，以華白者為「桂」耳。《說文》云：「桂，桂也。」又云：「桂，江南木，百藥之長。」郝氏謂：「《王會篇》『自深桂』，孔晁注：『自深，亦南蠻也。』《楚辭·遠遊篇》『嘉南州之炎德兮，麗桂樹之冬榮。』是桂為江南木也。《本草》作『牡桂』，《南方草木狀》同。『牡』、『木』，音相近也。」

27. 欑

劉注云：「欑，大木也。」

案：《說文》「樆」字云：「長木皃。」即「欑」字，後人加艸耳。《集韻》「欑」同「樆」，又與「楸」同。《山海經》：「華陽之山，其陰多苦辛，其狀如欑，其實如瓜，食之已瘕。」注：「欑即楸字。」蓋以音近通用。然則此「欑」字，當亦「楸」之借字也。至《西京賦》「欑爽欑椮」，分「欑」、「樆」為二者。

疑彼處「樀桱」，本如《上林賦》之作「箭蓼」矣。

28. 椅

劉注引《詩》曰：「其桐其椅。」

案：《衛風》毛傳：「椅，梓屬。」似為二物。《爾雅》則直云：「椅，梓。」郭注又謂「即楸。」《說文》：「椅，梓也。」別有「檹」字云：「賈侍中說：『檹，即椅也，可作琴。』」陸璣《疏》云：「楸之疏理白色，而生子者為梓，梓實桐皮曰椅。」蓋大類同而小別也。如《說文》則「椅」、「梓」、「楸」、「檟」，一物而四名。段氏以為《詩》傳析言之，《爾雅》《說文》渾言之耳。

29. 於東則左綿巴中，百濮所充

劉注云：「濮，夷也。《傳》曰：『麋人率百濮。』今巴中七姓有濮也。」

案：此所引《傳》見《文十六年》。杜注：「百濮，夷也。」又《昭元年》「吳濮有釁」，杜注：「建寧郡南有濮夷。」《十九年》「楚子伐濮」，杜注：「濮，南夷。」三注不同。高氏士奇《春秋地名考畧》曰：「種族非一，故稱百濮。約言其地當在楚之南境而迤西。晉建寧郡在今雲南界，極言所至當在此也。」江氏《考實》則云：「晉建寧故城在今荊州府石首縣，非云南界也。麋為今之郢陽。百濮，蓋與之相近。」《書·牧誓》「彭濮人」，孔傳云：「濮在江漢之間」，然則其地在楚之西北境耳。

余謂《晉書·地理志》建寧郡與雲南興古、永昌三郡，皆為益州，故高氏以為在雲南界。然《志》云：「惠帝以後，益州郡縣沒于李特，江左竝遙置之。」是名為益州而地實荊州也。故《方輿紀要》云：「石首縣東有建寧城」。洪氏《圖志》亦云：「劉宋建寧故城，在石首縣東南七十里」。若此注言巴中有濮者，高、江二說皆以為此。又別一濮，蓋「百濮」之散處者，非《春秋》所云矣。

30. 外負銅梁於宕渠

劉注云：「銅梁，山名。宕渠，縣名。銅梁在巴東，宕縣在巴西，出鐵。」

案：《方輿紀要》云：「銅梁山在合州南五里，東西連亘二十餘里，巔平整，環合諸峰，此為獨秀。有石梁橫亘，色如銅。《蜀都賦》所云『外負銅梁』者是也。」

余謂今合州為漢墊江縣地，唐別置銅梁縣。墊江與宕渠，兩漢《志》俱屬

巴郡。《續志》云「宕渠有鐵」，與此注正同。縣以宕渠江得名，亦曰渠江。自順慶府廣安州西南流經合州界，至州治東北而合與嘉陵江曰渠口。又《華陽國志》云「宕渠縣為郡治」，蓋故賨國，今有賨城、盧城。

31. 靈壽

劉注云：「靈壽，木名也，出涪陵縣。」

案：《爾雅》：「椐，樻也。」《詩·皇矣》毛傳及《說文》並同。陸璣《詩疏》云「即今之靈壽。」段氏謂「椐與靈壽，俱見《山海經》，郭不云一物也。」郝氏仍從陸說亦見《歸去來辭》。楊雄作《靈節銘》，蓋即謂是木可為杖耳，出蜀地者。《水經·江水一篇》注云：「魚復縣江左岸有巴鄉村，村側有谿，谿中多靈壽木。」魚復與涪陵，兩漢《志》俱屬巴郡。魚復為今夔州府奉節縣，涪陵為今酉陽州彭水縣。又《華陽國志》云：「胊忍縣有靈壽木。」「胊忍」，亦巴郡所屬，其故城在今雲陽縣。若陳藏器《本草拾遺》云：「靈壽木生劍南山谷」，則統言之。

32. 濱以鹽池

劉注云：「鹽池，出巴東北新井縣，水出地如湧泉，可煮以為鹽。」

案：胡氏《考異》謂「新」字當在「北」字上，「北井」二字連文，是也。據《華陽國志》，北井縣，晉太康以前屬巴東郡，故注云。然後改屬建平郡，則《晉志》所載矣。《方輿紀要》云：「北井廢縣，在大昌縣東南，今縣裁。」洪氏《圖志》言故城在巫山縣北，其鹽池見蜀地他處者。《漢志》定筰下云：「出鹽，步北澤在南。」《華陽國志》云：「定筰有鹽池，北沙河是定筰，為今寧遠府之鹽源縣。」《元和志》云：「凡取鹽，先積柴燒之，以水澆灰，即成黑鹽也。」

33. 蜼蛦山棲

劉注云：「蜼蛦，鳥名也，如今之山雞，其雄色斑，雌色黑，出巴東。」

案：「蜼」或作「鸓」。《說文》無「蜼蛦」字，當作「鷩鴺」。此从虫者，古字偏旁通用也。《吳都賦》注云：「今所謂山雞者，鷩跠也。」「跠」字亦誤。則「蜼蛦」即「鷩」，乃雉屬。「鷩」為丹雉，故魚之稱「鸓」者，亦曰「頳」。《江賦》有「頳鸓」是也。注云「色斑」，統凡雉言之耳。

34. 黿龜水處

劉注云:「黿,大龜也。譙周《異物志》曰:『涪陵多大龜。』」

案:《說文》:「黿,大鼈也。」與「龜」異部。此「黿」字當為「元」之同音假借。《尚書》「格人元龜」,孔傳以「元龜」為大龜。《漢書・食貨志》:「元龜距冄,長尺二寸。」賦與上句為對文,「蜦蜦」一物,則「黿龜」非二物矣。《禹貢》「九江納錫大龜」,知出江水中,涪陵亦江之上流也。又《華陽國志》:「朐忍縣,咸熙元年,獻靈龜於相府」。

35. 潛龍蟠於沮澤,應鳴鼓而興雨

劉注云:「巴東有澤水,人謂有神龍,鳴鼓其傍,即便雨。」

案:《續漢志》巴郡下注引干寶《搜神記》與此注同。又《水經・江水一篇》「江水又東逕廣谿峽」,注云:「北岸上有神淵。天旱,燃木岸上,推其灰燼,下穢淵中,尋則降雨。常璩曰:『縣有山澤水神,旱時鳴鼓請雨,則必應嘉澤。』」《蜀都賦》所言是也。

36. 右挾岷山,涌瀆發川

案:《史記・封禪書》:「自華以西名山曰瀆山。」瀆山者,汶山也。「汶」與「岷」通。《水經・江水一篇》注云:「岷山,即瀆山也,水曰瀆水矣,又謂之汶阜〔1〕。」賦於此溯江水之源,故以江為瀆也。

【校】

〔1〕「汶阜」,《水經注校證》作「汶阜山」。

37. 交讓所植

劉注云:「交讓,木名也。兩樹對生,一樹枯則一樹生,如是歲更,終不俱生俱枯也。出岷山,在安都縣。」

案:《酉陽雜俎》引《武陵郡志》云:「白雉山有木,名交讓,眾木敷榮後,方萌芽,亦更歲迭榮也。」三國時,武陵郡初屬蜀,後始屬吳。方氏《通雅》云:「楠即枏,讓木也。娑羅,則外國之讓木也。陸文裕曰:『成都庭院,植成行列,枝葉若相回避,謂之讓木。實似母丁香。』娑羅樹,葉似枏相讓,皮如玉蘭,色葱白,最潔。」《說文》:「枍,枝枝相對,葉葉相當。」《箋》以為「娑羅樹」,此說以「讓木」為枏,恐非。其或枏之別種與?

又案：《玉篇》云：「欀，道上木也。」《廣韻》「陽」、「漾」兩部，俱有「欀」字，是「欀」亦音「讓」。《類篇》云：「欀，人樣切。交讓，木名，出岷山。」正用此注語。則混於《吳都賦》之「欀」，似彼處即以為「交讓木」，亦可通。

38. 蹲鴟所伏

劉注云：「蹲鴟，大芋也，其形類蹲鴟。卓王孫曰：『吾聞岷山之下沃野，下有蹲鴟，至死不飢。』」後《吳都賦》云「徇蹲鴟之沃」，注亦引卓語。

案：「蹲鴟」，《史記·貨殖傳》作「踆鴟」，《集解》引《漢書音義》云：「水鄉多鴟，其山下有沃野灌溉。一曰大芋。」《廣雅》：「藆，芋也。其莖謂之葃。」王氏《疏證》既以「大芋之說為近」，別引《易林·豫之旅》云：「文山蹲鴟，肥腯多脂。」謂「芋雖大，不得有脂。《易林》所云又似指鳥言之，疑莫能明。」

余謂芋有大小，即有枯潤，肥而黏膩者，即多脂矣。鴟字從鳥，特狀其形，非芋之本有是名也。文山乃汶山之省，正與劉注合。又《水經·江水一篇》注云：「文井水又東逕江都縣〔1〕，縣濱文井江，江上有長隄〔2〕，隄跨四十里〔3〕。有朱亭，亭南有青城山，山上有嘉穀，山下有蹲鴟，即芋也。所謂至老不飢〔4〕，卓氏之所以樂遠徙也。」此則僅舉一地言之，非謂專在於此。

【校】

〔1〕「江都縣」，《水經注校證》作「江原縣」。

〔2〕「長隄」，《水經注校證》作「長氏隄」。

〔3〕「隄跨四十里」，《水經注校證》作「跨四十里」。

〔4〕「所謂至老不飢」，《水經注校證》作「所謂下有蹲鴟，至老不飢」。

39. 青珠黃環

劉注云：「青珠，出蜀郡平澤。黃鐶，出蜀郡。」

案：二者注不明何物。沈氏括《補筆談》云：「黃鐶，即紫藤花之根」，未知何據。張氏《膠言》非之。而謂《御覽》引《本草經》：「黃環，一名陵泉，一名大就，味苦，主治蠱毒，生蜀郡。」又引吳氏《本草經》曰：「蜀黃環，一名生葛，一名韭根。」則「黃環」實藥名也，以此說「黃環」，自較沈氏為勝。然「青珠」，但云恐亦是藥類，仍無指證。

余謂二物與下「碧砮芒消」竝列，當俱為藥石。又下文「或豐綠黃」四語，

乃藥草也。「青珠」，疑白青之屬。陶注《本草》所謂「圓如鐵珠」者也。而段氏於《說文》「琅玕，似珠者」下引《本草經》「青琅玕」，陶貞白謂即《蜀都賦》之「青珠」，則益非藥草可知。「環」，注作「鐶」，已小異。或「黃環」，即「黃礬」，「環」與「礬」，音相近。「碧䂀」，疑為《本草》之「碧石青」，劉注云「碧石」，知「䂀」，即石也。因「碧石」亦可為「䂀」，故以「䂀」名。否則正言百藥，不應忽夾入「䂀箭」，如此庶各以類從矣。

40. 演以潛沬

劉注云：「《禹貢》：『梁州，沱、潛既道。〔1〕』有水從漢中沔陽縣南流至梓橦漢壽縣，入穴中，通岡或作峒，或作剛山下，西南潛出，今名複水。舊說云：『《禹貢》潛水也。』」

案：《禹貢》「荊州」，疏引郭璞《爾雅音義》與此注畧同。《括地志》云：「潛水，一名復水複當作澓，與洑同。今名龍門水，源出綿谷縣東龍門大石穴下。」《元和志》云：「龍門山，在利州綿谷縣東北八十二里，潛水所出。」「綿谷」，本漢壽地，亦即晉壽，隋曰綿谷，唐因之，今為廣元縣。《錐指》謂《水經·潛水》注引庾仲雍云：「墊江有別江出晉壽縣，即潛水」，正指此。此即《禹貢》之潛水也。然《廣元舊志》云：「源出縣北一百三十餘里木寨山，流經神宣驛，又南二十里，經龍洞口，至朝天驛北，穿穴而出，入嘉陵江。」與《括地志》《元和志》不同。意者木寨山乃水自沔陽來之所經，而人誤以為出耳。《元和志》「龍門山在縣東北八十里」，今以《舊志》考之，木寨山南十餘里為神宣驛，又南二十里為龍洞口，又南二十里為朝天驛，去縣八十里，恰與龍門之里數相符。蓋朝天驛之穴，即龍門山之穴也。王象之《輿地紀勝》所謂「龍門洞，凡為洞者三，有水自第三洞發源，貫通兩洞」者，即《舊志》所謂「經龍洞口，至驛北，穿穴而出。」郭璞所謂「入大穴，通峒山下，西南潛出」者也。而《方輿紀要》云：「廣元縣之潛水，出木寨山，或以為《禹貢》之潛水，似誤。」段氏亦謂此甚小，殆非是，其說疑不然。至《續漢志》犍為江陽下，劉昭引此賦注，以為潛水從縣南流至漢嘉縣，入大穴中。《錐指》斥之，蓋因漢嘉、漢壽往往淆紊。沫水本通漢嘉，而此注誤作漢壽，前靈關下亦然。潛水至漢壽，而《續志》注反誤作漢嘉也。然劉昭以潛屬江陽下，而非沔陽，本為大謬。又「潛」，《史記》作「涔」，《漢志》引《禹貢》作「灊」，安陽鬻水，又作「鬻」。《錐指》謂「潛、涔、鬻、

瀁，古字或通用。」而水之所出，不可不辨。《史記索隱》因《夏本紀》作
「涔」，遂以安陽之涔水當之。蔡傳亦引《漢志》以為言，非也。《漢志》巴
郡宕渠縣有潛水，西南入瀁。而《水經》：「潛水出巴郡宕渠縣，又南入于江。」
酈注云：「宕渠水，即潛水。」《錐指》亦極駁之，孫氏星衍則於安陽之鬵谷
水，《水經》之潛水出宕渠者，皆以釋《禹貢》，并引《漢志》宕渠潛水「入
瀁」，作「入江」。段氏引同，皆異《錐指》之說。

　　余謂《錐指》本言梁州之「潛」一而已。若安陽之鬵、宕渠之瀁，俱非
此「潛」。是有數「潛」矣，未免矛盾。《說文》：「瀁水出巴郡宕渠，西南入
江」，與《水經》合。《漢志》瀁本即潛，豈潛入潛乎？當是上「潛」字作「瀁」，
下「入瀁」作「入江《志》又云：徐曹水出東北，南入瀁，可知上入江，非入瀁，蓋涉
下文而誤」，正可援《說文》《水經》以正今本《漢志》之誤。如孫、段說也，
乃《錐指》主漢壽，而以宕渠之水非《禹貢》之「潛」。段又翻然反之，竊
疑孫氏合言者，近是。酈注宕渠潛水云：「蓋漢水枝分潛出，故受其稱。今
有大穴，潛水入焉。通岡山下，西南潛出，謂之伏水。」實本劉淵林、郭景
純之說。更引鄭玄曰：「漢別為潛，其穴本小，水積成澤，流與漢合。大禹
自導漢疏通，即為西漢水也。」下又言「江出晉壽縣者，即潛水」，則漢壽
宕渠不分為二。且段氏釋《說文》「西南入江」，謂「此水必合嘉陵江，至合
州入江。」《紀要》亦云：「廣元縣之潛水，入嘉陵江，非合一而何？」惟安
陽之鬵，《水經·沔水上篇》云：「又東過魏興安陽縣南，涔水出自旱山北注
之。」又《涔水》條云：「出漢中南鄭縣東南旱山，北至沔陽縣南，入于沔。」
酈注：「涔水，即黃水也。」《書》疏引鄭注云：「漢中安陽有潛水，其尾入
漢耳，首不於此出。」然則此水亦因漢水枝分得受潛名，而與宕渠之潛，實
非一原。故《水經》「潛」、「涔」二水，各為一條也。

　　余既為潛水一條，後見段氏《經韻樓集》與余意約合，因不改前文而別
錄其說，以備參考。段云胡氏《考異》謂「劉注漢中二字不當有，沔陽當作
江陽。」按江陽，今之瀘州雒水入江之處。《水經》所謂「江又過江陽縣南，
洛水從東南注之」者也。潛水，在今重慶府入江。《水經》所謂「江至巴郡
江州縣東，強水、涪水、漢水、白水、宕渠水合，南流注之」者也。酈注云：
「宕渠水，即潛水、渝水矣。」乃欲改「漢中沔陽」四字為「江陽」二字，不
知江陽者，雒水入江之處，非潛水自北而南發源之處也。倘云江陽至漢壽，則
是由今瀘州逆流而上，至今廣元縣。自南而北，水將何入乎？《水經》「潛

水出巴郡宕渠縣」。酈云：「潛水，蓋漢水分支潛出云云」已見前引。又《桓水篇》注曰：「自葭萌入於西漢，即《禹貢》所謂潛水也。自西漢溯流而屆於晉壽界，沮、漾枝津，南歷岡穴，迤邐而接漢入漾。《書》所謂浮潛而逾沔矣。」又《漾水篇》注曰：「劉澄之云：『有水自沔陽縣南至梓潼、漢壽入大穴，暗通岡山。』郭景純亦言是矣。」酈三言岡穴，皆謂此潛水即西漢水也。岡山，即今保寧府廣元縣神宣驛之龍洞背，其水穿穴而出，合嘉陵江者也。酈謂潛水本漢水支分潛出，此賦注云「從漢中沔陽縣南流至漢壽」，即酈所本。「漢中沔陽」本不誤，不可作「江陽」也。至《郡國志》犍為郡江陽縣下引《蜀都賦》注云：「沱、潛既道。從縣南流至漢嘉縣，入大穴中，通岡山下，因南潛出，今名復出水。」此引淵林注，而「縣南」二字之上，奪「漢中沔陽」四字，「漢壽」謨「漢嘉」，「西南」譌「因南」，「伏水」作「復出水」。夫江陽乃洛水入江之處，劉昭引《華陽國志》，江雒會不誤矣。而不審淵林謂潛水即宕渠水，在江州縣入江者，而引以證江陽入江之洛水，已為巨謬。乃又據奪誤之「從縣南」三字，謂此水從江陽縣南至漢壽，用以改正淵林注之「從漢中沔陽至漢壽」，繆中生繆，於地理斷不可通矣。

劉注又云：「沫水出岷山之西。水潛行曰演，此二水伏流，故曰演以潛、沫。」

案：沫水之伏流，已見前「靈關」下。若其所出，則《說文》云：「沫水出蜀西南徼外，東南入江」，不言何縣。《水經‧沫水篇》云：「出廣柔徼外」，而《漢志》廣柔不及沫水，惟青衣下云「大渡水東南至南安入渽段云：此大渡水，即今之青衣水，非大渡河。」汶江下云：「渽水出徼外，南至南安東，入江。」段氏謂：「諸家所云沫水，班固所云渽水也，即今之大渡河。凡唐、宋史云大渡河者，皆《漢志》之渽水，即《司馬相如傳》之沫水。」

余謂《水經‧江水一篇》注引呂忱曰：「渽水出蜀。」許慎以為浽水也。從水，我聲。今《說文》正作「浽」，云：「水出蜀汶江徼外，東南入江段氏謂浽為浽之譌，《說文校議》云：隸書浽為浽，因誤為浽，轉寫遂加口作渽。觀《水經注》所引是六朝舊本，作浽。胡朏明以浽即《禹貢》和夷之和，浽、和音相近，段說非。」《寰宇記》云：「大渡河，一名沫水。」王氏《地理通釋》云：「大渡河，即浽水。」則浽水即沫水矣。《錐指》謂沫水非大渡河，而以和川水為沫水之別源，即《漢志》之大渡河，恐非。至《漢志》言廣柔，與《水經》言汶江異者，汶江、廣柔二縣，皆蜀郡之屬，其地固當接壤耳。但《說文》既列浽水，而又

別出沫水，則所未審也。

41. 浸以縣雒

劉注云：「縣水在縣竹縣，出紫巖山。」

案：前《漢志》廣漢郡縣竹下云：「紫巖山，縣水所出，東至新都北，入雒。」《續志》注引《地道記》畧同。《水經·江水一篇》酈注云：「縣水西出縣竹縣，又與湔水合，亦謂之郫江，二水俱與雒會。又逕牛鞞漢鞬為下縣名水，又東逕資中縣、安漢縣，謂之縣水。至江陽縣方山下入江，謂之縣水口，曰中江。江陽縣枕帶雙流，據江、雒會也。」今縣竹仍為縣，屬綿州，紫巖山在縣西北三十里。

劉注又云：「雒水在上雒縣，出桐柏山。」

案：「雒水」，《經》作「洛」。蓋自謂黃初中，有改「雒」為「洛」之詔見裴松之《三國志注》。以後經傳中「雒」、「洛」字，遂相淆紊。今別之，有三水焉。一、前漢《志》廣漢郡雒下云：「章山，雒水所出，南至新都谷，入湔。」《水經·江水一篇》注云：「洛水出洛縣章山，亦言出梓潼縣柏山。逕什邡縣，又南逕洛縣故城南，廣漢郡治也。又南逕新都縣，與縣水合。」雒縣為今之漢州，什邡縣屬焉，章山在縣西北三十里。《方輿紀要》謂「雒水逕州治北，亦曰雁水，曰雁江。」此梁州之水，漢為益州，即此賦所稱是也，字當作「雒」。一、《漢志》左馮翊褱德下云：「洛水東南入渭。」北地歸德下云：「洛水出北蠻夷中，入河。」《說文》亦云：「洛水出左馮翊歸德北夷界中，東南入渭段氏謂「左馮翊」三字當從《漢志》作「北地」二字，入河者，入渭以入河也」，此雍州之水。《周禮·職方》「雍州其浸渭、洛」，《詩》「瞻彼洛矣」是也，字當作「洛」。一、《漢志》弘農上雒下云：「《禹貢》雒水出冢領山東，北至鞏，入河。」《水經·洛水篇》云：「出京兆上洛縣讙舉山。」酈注引《山海經》「出上洛西山，又曰讙舉之山。」《錐指》謂《漢志》上洛縣東北有熊耳山。讙舉，即上洛熊耳之異名。熊耳與冢領同在一縣，《禹貢》所以「導洛自熊耳」也，此豫州之水。《周禮·職方》「豫州其川滎雒」，左氏《僖七年傳》「伊雒之戎」是也，字當作「雒」。《尚書》有豫水，無雍水。而字皆作「洛」，乃後人所改。段氏謂蔡邕《石經殘碑》「多士作雒」，鄭注《周禮》引召誥作「雒」，則今文、古文皆不作「洛」矣。

余謂太沖賦《蜀都》，自是章山之雒水與縣水合者，故酈注云牛鞞、資

中、安漢諸縣，咸以灌溉。語曰：「縣洛為浸沃」，《華陽國志》亦云：「蜀之淵府，浸以縣雒」也。此注各本皆誤。胡氏《考異》謂：「『上』字，『桐』字俱衍，『出』下當有『漳山，一曰在梓潼縣出』九字。」蓋酈注之所本，此說得之。否則，豫州與蜀中隔雍州，豈得為封域之內，況又誤以屬淮水所出之山耶，其不然明矣。

42. 灑濊池而為陸澤

劉注引蔡邕曰：「凝雨曰陸。」

案：「陸」，或作淕，《玉篇》《廣韻》竝云：「淕，凝雨澤也。」但「淕」字，《說文》所無。「淕」，蓋與「陸」通。《廣雅・釋詁》：「陸，厚也。」王氏《疏證》引《爾雅・釋地》：「高平曰陸。」李巡注：「土地豐」，正謂是「厚」之義，亦引此賦注。

余謂《周語》「澤，水之鍾也。」「陸澤」者，蓄水以溉田，使饒沃，與《漢書・東方朔傳》所稱「天下陸海之地」正相類。故《西都賦》言「陸海」，而下文云「郊野之富，號為近蜀」也。

43. 家有鹽泉之井

劉注云：「蜀都臨邛縣、江陽漢安縣，皆有鹽井。巴西充國縣有鹽井數十。」

案：「臨邛」，已見前「火井」下。《華陽國志》云：「漢地節中，穿臨邛、蒲江鹽井二十所，增置鹽鐵官。」洪氏《圖志》云：「古井，今已湮，故行鹽自嘉定、犍為縣來也。」後漢於漢江陽縣地，置漢安縣，屬犍為郡。晉改屬江陽郡，今為瀘州之江安縣。洪云：「鹽井在縣東北。」《晉書・地理志》巴西郡有南充國、西充國。本皆漢充國縣地，充國故城，在今保寧府南部縣西北，而順慶府又有南充、西充二縣。洪《志》引《圖經》云：「鹽井，今南充縣有中井六眼，中下井六眼，下井三眼。西充縣有上井十眼，中井八眼，下井八眼。」其外，凡蜀境及入雲南界者，所在多有鹽井，未可備舉。此賦語為不虛也。

44. 樗

劉注引張揖曰：「樗，山梨。」

案：張語見後《上林賦》注，彼處「樗」作「亭」，與《漢書》同。《史記》作「樗」，《索隱》引司馬彪注云：「上黨謂之樗」，而此賦及之，則亦生

蜀中矣。《廣雅》：「樿，梨也。」王氏《疏證》謂：「樿，一名樑。《詩·晨風》『隰有樹樑』，毛傳釋以《爾雅》云：『樑，赤羅也。』陸《疏》云：『一名山梨，但小耳，一名鹿梨，一名鼠梨，極有脆美者。』」

余謂「樑」，《說文》作「椋」。段氏所釋與邵氏、郝氏釋《爾雅》，皆不云「樿」，其以為別一種與？又《孝子傳》「尹伯奇採樿花以為食」，注云：「樿花，即棠梨花」，則亦有別。

45. 百果甲宅

注引《易》：「百果草木皆甲坼。」鄭注：「解謂坼，呼皮曰甲，根曰宅。宅，居也。」

案：釋文：「坼，馬、陸作宅」，與鄭合。惠氏棟曰：「坼，古文宅壞字。」蓋《說文》「宅」，古文作𡧈，去其上宀，遂至訛。而王弼注「孚甲開坼」，已據誤本，太沖賦尚不誤也。「呼」，即「嘑」字。「嘑」與「鱯」通用，故注音「火亞切。」

46. 樮栗罅發

注引《詩》之「榛栗」云：「榛與樮同。」

案：《說文》：「榛，莍也。」《廣雅》：「木藂生曰榛。」「莍」與「藂」同。《說文》又云：「亲實如小栗，从木，辛聲。」是亲、榛本別，今多以榛為亲，而亲字廢矣。字亦作樮者，乃聲之轉。楊雄《蜀都賦》「杜樮栘棣」蓋此賦所本也。

47. 蒟蒻

劉注云：「蒟，蒟醬也。緣樹而生，其子如桑椹，以蜜藏而食之，辛香。蒻，草也，其根名蒻，頭大者如斗，肌正白，可以苦酒淹食之。」

案：《說文·艸部》「蒟」字云：「果也。」《木部》又有「枸」字云：「可為醬」，實一物也。故《史記》《漢書》有「枸醬」。而《史記》亦或作「蒟」。《南方草木狀》「蒟醬，蓽茇也。」《通志》云：「蒟醬曰浮畱，即扶畱藤也。」浮、扶，音同。《吳都賦》「東風扶畱」，劉注云：「扶畱，藤也。緣木而生，味辛，可食。」不云即「蒟醬」，而所說於此注正合。李時珍注《本草》謂《交州記》「扶畱」有三種，此說其一也。又《說文》云：「蒻，蒲子，可以為平席」，似與此「蒻」異。而陸璣《詩疏》云：「蒲始生，取其心中入地，

蒻大如匕柄,正白,生噉之,甘脃,鬻而以苦酒浸之,如食筍法」,則正同劉注所說。且如注意,蓋蒟、蒻為二。而《開寶本草》云:「蒻,頭葉似由跋、半夏,根大如椀,一名蒟蒻。又有班杖苗相似,根如蒻頭。」《酉陽雜俎》云:「蒟蒻,根大如椀,至秋,葉滴露,隨滴生苗。」是蒟蒻固一物矣。楊氏慎《丹鉛錄》謂即蒟醬,《本草綱目》議其誤。此賦與「茱萸」竝舉,「茱萸」一物,則「蒟蒻」似亦非二物。後文「蒟醬流味於番禺之鄉」,乃言「蒟醬」耳。注下又言「蜀人珍焉」,故此處於「園」,首及之。《華陽國志》亦云:「園有芳蒻」,未兼及「蒟醬」也。

48. 雜以蘊藻

劉注云:「蘊,叢也。」下引《傳》曰:「蘋蘩蘊藻之菜。」

案:「蘊」,《左傳》作「薀」,杜注:「薀藻,聚藻也。」「叢」,亦作「藂」,正「聚」之義。《說文》「薀」字云:「積也。」積亦聚也,《玉篇》有「蘊」字,訓「聚」。然「蘊」為俗體,《韻會》乃云「應作薀」,非也。

49. 總莖柅柅

善注引《毛詩》曰:「維葉柅柅。」

案:今《詩》作「泥泥」,傳云:「葉初生泥泥然。」《潛夫論·德化篇》引《詩》亦作「柅柅」,與此注同。《說文》「柅」字云:「柅,木也。實如梨。」又為「屎」之或體。蓋「柅」乃「泥」之同音借字也。《詩》釋文謂張揖作「苨苨」,故《廣雅》云:「苨苨,茂也。」而《說文》無「苨」字,惟《爾雅》之「苨,蒫苨」,如此作耳。

50. 鴛鷺

善注引《毛詩》曰:「振鷺于飛。」

案:《詩》毛傳:「振,群飛貌。」《正義》云:「此鳥名鷺而已」,則是非「振鷺」連文也。後人因「振」加鳥,《玉篇》乃有「鴥」字,以為鷺鳥別名。而此處劉注亦謂「鴥鷺」為鳥名矣。然李注引《詩》不言「鴥」與「振」通,或李本不作「鴥」與?

51. 鵜鶘

善注引《爾雅》曰:「鵜,洿澤也。」

案:「洿澤」,今《爾雅》作「鵁鶄」,郭注:「今之鵜鶘也。好羣飛,沈水食魚,故名洿澤,俗呼之為淘河。」《詩‧候人》傳:「鵜,洿澤鳥也。」陸璣《疏》云:「鵜,水鳥。形如鴞而極大,喙長尺餘,頷下胡大如數斗囊。若小澤中有魚,便羣共抒水,滿其胡而棄之,令水竭。魚在陸地,乃共食之,故曰淘河。」段氏謂:「此鳥本單呼鵜,以其胡能抒水,故又名鵜胡也。」「鵜」,《說文》作「鵜」,云:「鵜胡,污澤也。」重文為「鵜」。蓋夷與弟,篆體相似。郝氏謂:「鵁鶄,又名鴛鶘。《東山經》云:『沙水其中多鴛鶘,其狀如鴛鴦而人足,其鳴自訆。』淘河,即鵁鶄聲之轉也。」

52. 白黿命鼈

善注引張衡《應間》曰:「黿鳴而鼈應。」肩

案:《爾雅翼》云:「天地之初,介潭生先龍,先龍生玄黿,玄黿生靈龜,靈龜生庶龜,凡介生於庶龜,然則黿,介蟲之元也。以鼈為雌,黿鳴則鼈應。」《淮南‧說山訓》「燒黿致鼈」,此以其類求之也。《焦氏易林》亦云:「黿鳴岐野,鼈應於泉。」

53. 鱒

善注云見《詩》。

案:《九罭》毛傳:「鱒,大魚也。」《爾雅》云:「鮅,鱒。」郭注:「似鯶子,赤眼。」《說文》:「鱒,赤目魚。」而「鮅」字云「魚名」,絕不相聯,則與《爾雅》一魚二名者異。段氏謂:「《說文》自鮅至魮十篆,皆非許書所本有。許時《爾雅》本無『鮅』字,但作『必』,『必』則例不錄。」

余謂此處既非《新附》,何得增至十字之多,或傳寫有倒亂與?

54. 鯷

善注云:「似鮋。」

案:「鯷」字,《廣韻》作「鮧」。《爾雅》郭注:「鯰,別名鯷。江東通呼鮎為鮧。」《廣雅》云:「鯷、鯤,鮎也。」王氏《疏證》謂《名醫別錄》陶注云:「鮧,即鯤也。今人皆呼慈音,即是鮎魚,作臛食之。」是「鯷」、「鯤」皆鮎之別名。若以形體言,則鮎之大者,乃名為鯷。《說文》:「鯷,大鮎也。」《玉篇》同。

余謂此《北山經》「其狀如鯷魚」,注云:「今亦呼鮎為鯷。」「鯷」、「鮧」、

「鯤」、「鱖」字皆通。《爾雅翼》曰:「鮧魚,偃額,兩目上陳,頭大尾小,身滑無鱗,謂之鮎魚。」言其黏滑也,今泥鰍,銳頭無鱗,滑不可握,故注云似之矣。

55. 闢二九之通門

劉注云:「漢武帝元鼎二年,立成都十八門。」

案:《方輿紀要》引《周地圖記》:「漢元鼎二年,太城立九門,少城立九門,故曰十八郭門。」其東有陽城門,左思賦云:「結陽城之延閣,飛觀榭乎雲中。」又西有宣明門,《益州記》:「宣明樓門,即故張儀樓,重岡複道,跨陽城門」是也。

余謂善注引《淮南子》云:「延閣棧道」,即《益州記》所稱「複道」也。賦下文云:「開高軒以臨山」,即《益州記》所稱「重岡」也。蓋務為崇峻逾於常制,故曰「雲中」耳。

56. 亞以少城,接乎其西

劉注云:「少城,小城也,在大城西。」

案:《方輿紀要》云:「成都府城有太城。少城,太城府南城也。秦張儀、司馬錯所築,一名龜城。俗傳儀築城未立,有龜出於江,周行旋走,隨而築之,城因以立。少城,府西城也。惟西、南、北三壁,即太城之西墉。昔張儀築太城,後一年,又築少城,《蜀都賦》所稱是也。」

余謂太城、少城亦見常璩《蜀志》,云:「州治大城,郡治少城。」又云:「秦惠王二十七年,張儀與張若城成都,周迴十二里,高七丈。」而《紀要》引張詠《創設計》乃言「蜀郡城方廣七里,從周制也」,不知何據。《蜀志》又云:「西城,故錦官也。西又有車官城,其城東、西、南、北皆有軍營壘舍。」既皆在西,其亦屬少城與?

57. 布有橦華

劉注云:「樹名橦,其花柔毳,可績為布也,出永昌。」

案:《說文》「橦」字云:「帳極也」,乃別一義。而「柍」字注云:「江南橦材,其實謂之柍。」似「橦」與「柍」相近矣。常璩《南中志》於永昌郡則云:「有梧桐樹,其花柔如絲,民績以為布,幅廣五尺,潔白不受污,俗名曰桐華布。」亦見《後漢書·西南夷傳》。「桐」與「橦」音同,不知孰是。

又案：方氏《通雅》云：「方子謙載橦木花可為布，即常璩之言桐花也。」此蓋木棉樹開花，璩誤記耳。或當時彼方之言，以木棉為橦。

余謂《吳都賦》「緜杬杶櫨」，「緜」，即木棉。劉注云：「樹高大，其實如酒杯，皮薄，中有如絲綿者，色正白，破一實，得數斤。」是作布者其實，非其花也，恐與「橦」異種。若梧桐花，不應可為布，殆字以聲誤與？

58. 麪有桄榔

劉注云：「桄榔，樹名也，木中有屑如麪，可食，出興古。」

案：《水經・葉榆水》注云：「盤水又東逕漢興縣，山溪之中多生桄榔樹，樹出麪，而夷人資以自給」，即引此賦語為證。明朱氏謀㙔箋引《博物志》云：「蜀中有樹，名桄榔，皮里出屑，如麪，用作餅餌，謂之桄榔麪。」《魏王花木志》曰：「桄榔出興古國者，樹高七八丈，其大者，一樹出麪百斛。」《臨海異物志》云：「桄榔木，外皮有毛，似栟櫚而散，生箹綆，漬之不腐。」

59. 鋠摫兼呈

劉注引《方言》曰：「鋠摫，裁也。梁、益之間，裁木為器曰鋠，裂帛為衣曰摫。」

案：《方言》下又云：「鋠，斲也，晉、趙之間謂之鋠。」「鋠」，郭注：「鋠音劈歷之劈，摫音規。」《廣雅》「鋠」與「摫」亦云：「裁也。」王氏《疏證》以為「鋠之言劈，摫之言刲也。《漢書・藝文志》『鉤鋠析亂』，顏注：『鋠，破也。』」謝靈運《山居賦》「鋠摫之端」，鋠，今或作釽。方氏《通雅》謂「从𠂢者聲，从爪者意。」二字俱《說文》所無。《玉篇》《廣韻》有之，訓竝同。又《說文》「撝」字云：「裂也。从手，為聲，許歸切。」段氏謂「歸」必「規」之誤，然則「摫」當為「撝」之別體。

60. 西踰金隄

劉注云：「金隄在岷山都安縣西，隄有左右口，當成都西也。」

案：《水經・江水一篇》「又歷都安縣」注云：「李冰作大堰於此，堰於江作堋〔1〕，堋有左右口，謂之湔堋。《益州記》曰：『江至都安，堰其右，檢其左，其正流遂東，郫江之右也。』因山頹水，坐致竹木，以溉諸郡。又羊摩江、灌江，西於玉女房下作三石人於白沙郵，郵在堰官上，立水中，刻要江神，水竭不至足，盛不沒要。是以蜀人旱則藉以為溉，雨則不遏其流。故《記》曰：

『水旱從人，不知饑饉，沃野千里，世號陸海，謂之天府也。』俗謂之都安之堰，亦曰湔堰，又謂金隄」，下引此賦語為證。《華陽國志》與酈注畧同。據云「左右口」，又云「陸海」，蓋即賦上文所稱「指渠口以為雲門，灑濛池而為陸澤」者矣。故彼注亦引李冰造大堋之事。湔堰在今灌縣西，即離堆口也。《方輿紀要》云：「灌縣為蜀漢之都安縣，晉徙都安於灌口。」

【校】

〔1〕「堰於江作堋」，《水經注校證》作「壅江作堋」。

61. 東越玉津

劉注云：「璧玉津在犍為之東北，當成都之東也。」

案：《華陽國志》云：「大江自湔堰下至犍為有五津，曰白華津，曰里津，曰江首津，曰涉頭津，曰江南津。入犍為有玉津，東沮津。」是「玉津」在犍為矣。《水經·江水》注云：「又東至南安為璧玉津」，下引此賦語。「南安」於兩漢《志》俱屬犍為郡。《方輿紀要》謂今之犍為縣，本漢南安縣地，有玉津廢縣在縣西北。隋大業中所置，縣當因津以名也。

62. 竆旄麈

劉注云：「麈有尾，故竆之。」

案：《說文》：「麈，麋屬。」《中山經》屢見「閭麈」，郭注：「似鹿而大」。張揖注《上林賦》及《埤雅》並同。《埤雅》又云：「其尾辟塵」，並引《名苑》曰：「鹿之大者曰麈，羣鹿隨之，皆視麈尾所轉為準。古之談者揮焉，良為是也。」《華陽國志》云：「郪縣宜君山出麈尾。」此殆以尾似旄牛，故稱「旄麈」。《爾雅》：「麇，大麠，旄毛狗足」，亦其類矣。

63. 出彭門之闕

劉注云：「岷山都安縣有兩山，相對立如闕，號曰彭門。」

案：《水經·江水》「自天彭闕東逕汶關，而歷氐道縣北。」酈注云：「《益州記》曰：『大江泉源，始發羊膊嶺，東南下百餘里至白馬嶺，而歷天彭闕，亦謂之天谷。』秦李冰見氐道縣有天彭山，兩山相對，其形如闕，謂之天彭門，亦曰天彭闕。江水自此以上至微弱，所謂發源濫觴者也。」胡氏《錐指》謂：「《通典》彭州導江縣西有天彭闕，兩山相對如闕，州名取此。」「導江」，即今灌縣西北，去松潘六百餘里松潘即氐道，見前玉壘下，非《益州記》之天彭闕也。

余謂《續漢志》湔、氐道下注引《蜀王本紀》「縣前有兩石對如闕,號曰彭門」,與酈注合。若此注所稱,則《通典》之導江縣,導江,本都安地也。但《方輿紀要》「導江廢縣,在今灌縣,縣有灌口山」,引《郡志》云:「縣北三十里有汶山,李冰謂之天彭門,李膺謂之天彭闕,蓋即灌口山。」又引「或曰:『離堆,即灌口山。』」《志》誤也。《錐指》亦采此「或說」,是灌口山,非彭門矣。《紀要》又於今彭縣標彭門山,云「縣北三十里,兩峯對立,其高若闕,名天彭門,亦曰天彭闕」,則又非灌縣,似與《通典》戾。

竊意唐時導江縣原屬彭州,彭門在其境,後代割置。廢縣治雖在灌縣,而彭門山乃在彭縣,犬牙相錯,一經離析,遂易其處。如今灌縣已有導江廢縣,復有青城廢縣,為漢江原縣地,正分隸參差之證也。且《紀要》於彭門山下引《水經注》語,則是以氐道之彭門為都安之彭門。然氐道僅江水濫觴之所,而都安則在東,別為沱之後。故今彭縣、灌縣俱有沱江,二者不得混為一,恐顧氏仍未免誤認。至此賦劉注不舉氐道而舉都安,蓋以近成都者言之彭縣在成都西北九十里,灌縣在成都西百二十里。彭門之名,先由氐道,而導江之彭門,特後人因其名以名之耳。

64. 馳九折之坂

劉注云:「九折阪在漢壽嚴道縣邛萊山。」

案:《水經·江水》注云:「崍山,邛崍山也。在漢嘉嚴道縣,一曰新道,山南有九折坂,夏則凝冰,冬則毒寒,王子陽按轡處。」《續漢志》「蜀郡屬國漢嘉為治所,嚴道縣隸焉」,云有「邛、僰九折坂。」注引《華陽國志》曰:「道至險,有長嶺若棟《水經注》作弄棟,八渡之灘,楊母閣之峻。」又邛崍山,本名邛莋,故邛人、莋人界也。嚴阻峻,迴曲九折,乃至山上。」三國漢改蜀郡為漢嘉郡,晉因之,故劉云「漢嘉嚴道縣」。注中「壽」字,亦「嘉」字之誤。「崍」,前《志》作「來」,此誤作「萊」,而胡氏《考異》本俱未及。

65. 經三峽之崢嶸

劉注云:「三峽,巴東永安縣有高山相對,相去可二十丈左右,崖甚高,人謂之峽,江水過其中。」

案:《水經》「江水又東逕廣溪峽」,注云:「斯乃三峽之首也。其間三十里,頹巖倚木,厥勢殆交,峽中有瞿塘、黃龍二灘。此峽蓋自昔禹鑿以通江,郭景純所謂巴東之峽。夏后疏鑿者見後《江賦》。」《經》下文又云:「東逕巫峽,

歷峽東，迴新崩灘。」注云：「巫峽首尾一百六十里，蓋因山為名。自三峽七百里中，兩岸連山，畧無闕處，重岩疊嶂，隱天蔽日，自非停午夜分，不見曦月。至於夏水襄陵，沿泝阻絕。王命急宣，有時朝發白帝，暮到江陵，千二百里，雖乘奔御風，不以疾也。春冬之時，則素湍淥潭，回清倒影。每至晴初霜旦，常有高猿長嘯，屢引淒異。故漁者歌曰：『巴東三峽巫峽長，猿鳴三聲淚沾裳。』」《經》後文又云：「江水又東逕西陵峽」，注引袁崧《宜都記》曰：「自黃牛灘東入西陵界，至峽口，一百許里，山水紆曲。而兩岸高山重嶂，絕壁或千許丈。」所謂三峽，此其一也。《方輿紀要》謂廣谿峽，即瞿塘峽，為三峽之門，兩岸對峙，中貫一江，灔澦堆正當其口，本漢巴郡魚復縣地。蜀漢為巴東郡，縣曰永安，今夔州府附郭之奉節縣也，乃此注所云矣。巫峽即巫山，本漢巫縣地，屬南郡，今之巫山縣也。西陵峽為漢南郡夷陵縣地，三國吳改西陵縣，今宜昌府治。峽在府西北，然江水所經，為峽甚多，此舉其最著者。若《紀要》於今重慶府之明月峽引《峽程記》云：「明月、仙山、廣溪，所謂巴有三峽也。」特專就巴地言之，故但及廣谿，而巫山、西陵屬南郡者不與耳。

又案：三峽之說，自《峽程記》外，有謂明月、廣德、東突者，庾仲雍《記》也。謂西峽、巴峽、巫峽者，《寰宇記》也。謂西陵、巫峽、歸峽者，宋肇《記》也。《蜀輶日記》云：「惟王洗瞿塘、巫山、黃牛之說近是。」今自夔府東至宜昌，將六百里，奇險盡在其間。蓋自灔澦堆至虎鬚灘，統名瞿塘峽，一名廣溪峽，即夔峽也。自空亡沱至門扇峽，統名巫峽。其尾盡於巴東，故又曰巴峽也。自兵書峽至平善壩，統名西陵峽，其峽起于歸州而翹于黃牛，訖於扇子，故又曰歸鄉峽，黃牛峽，扇子峽也。諸說紛紛，斷以夔峽、巫峽、西陵峽為三峽。因親歷目擊其阻且長者，有此三處。此說合之酈注及《紀要》所稱畧同，而更詳晰，故附載之。至《水道提綱》謂巴東縣之萬流驛南，又東八十里，經門扇東奔，破石三灘，至巴東縣城北，曰巴東三峽。又宜昌府境，山峽曲曲，有馬肝、白狗、空舲三峽尤險。又自歸州東之三峽，東南至下牢、夾江為險，有西陵、明月此當與重慶府之明月峽同名異地、黃牛三峽，皆隨地立名，非總計其形勢也。

66. 躐五岅之蹇滻

劉注云：「五岅，山名也。一山有五重，在越嶲，當犍為南安縣之南。」

案：《續漢志》犍為郡南安下注引此注。「五重」作「五里」，字之誤也。《嘉定府志》：「五屼山，在峨眉縣西南，近越巂，當漢南安縣之南。」楊雄《蜀都賦》「五屼參差」，正與此同。

善注引《子虛賦》「蹇滻潀澉。」

案：此言山，當作「嶘嶻」。《廣韻》云：「嶘嶻，山屈曲貌。」東方朔《七諫》「望高山之嶘嶻」，正合「山有五重」之意。或亦省偏傍，《西京賦》「珍臺蹇產以極壯」。善所引見《上林賦》，「產」不从水，彼注引張揖曰：「蹇產，詰曲也。」

67. 感鱄魚

劉注引《淮南子》曰：「瓠巴鼓琴，鱄魚出聽。」

案：所引見《說山訓》，今作「瓠巴鼓瑟，而淫魚出聽。」《荀子·勸學篇》：「瓠巴鼓瑟，而沈魚出聽。」《說文》則引《傳》曰：「伯牙鼓琴，鱄魚出聽。」參差不合。其作「淫」，作「沈」，又或作「潛」者，皆音相近也。「鱄魚」，已附見《西京賦》「鱣鯉」下，此注云：「鱄魚出江中，頭與身正半，口在腹下。」陸璣《詩疏》說「鮥」，正與此同。郭璞謂「鮥即鱄也。」而《說文》「鮥」與「鱄」，劃分異處，蓋不以為一物矣。

68. 景福胉蠁而興作

善注引《上林賦》：「胉蠁布寫」。

案：「饗」，當為「蠁」字之誤也。本書《上林賦》及《甘泉賦》「胉蠁豐融」，皆「蠁」字。《史記》《漢書》同。《說文·十部》「胉」字云：「胉蠁，布也。」段本「響」改「蠁」。據善注《甘泉》《上林》，兩引竝然。段云：「《虫部》：『蠁，知聲蟲也。』胉蠁者，如知聲之蟲，一時雲集也。蠁之重文為蛕。春秋羊舌胉，字叔向。向讀上聲，向者，蛕之省也。知『胉蠁』之語甚古。」又《廣雅》：「土蛹，蠁蟲也。」王氏《疏證》云：「《說文》：『禹，蟲也。象形。』《玉篇》：『蠁，禹蟲也。』蓋蠁之言響也，知聲之名也。禹之言聑也，亦知聲之名也。《說文》：『聑，張耳有所聞。』是其義矣。」

余謂蠁既以聲響為義，故或作「響」。「胉蠁」，當即響應之意。「胉」，亦或作「翕」，同音通用。《一切經音義》引《文選·蜀都賦》注「翕響」，謂奄忽之間也。是此處本有作「翕響」者。《漢書》顏師古注《上林賦》語云「盛作也」，則與此「興作」義合。

《文選集釋》卷七

吳都賦 _左太沖_

1. 矜巴漢之阻

劉注云：「巴郡之扞關也。」

案：《續漢志》巴郡魚復下扞水有扞關，注引《史記》「楚肅王為扞關以拒蜀。」《水經・江水一篇》「又東出江關，入南郡界」，注云：「江水自關東逕弱關、扞關。扞關，廩君浮夷水所置也。弱關在建平秭歸界。昔巴、楚數相攻伐，藉險置關，以相防扞。秦兼天下，置立南郡，自巫東上，皆其域也。」《方輿紀要》謂「扞與捍通。捍關，在今荊州府長陽縣南七十里」，此則即以江關為扞關矣。又云：「瞿唐關，即故江關。巴、楚相攻時置，漢有江關都尉治魚復。」《華陽國志》：「江關，舊在赤甲城，後移在江南岸，對白帝城故基。後漢建武十一年，岑彭等打破田戎於荊門，遂長驅入江關，或謂之扞關。法孝直言魚復、扞關，臨江據水，實益州禍福之門是也。」劉注又云：「漢中廣漢，其路由於劒閣、襃、斜。」已見前《蜀都賦》。

2. 則以為世濟陽九

劉注云：「《易・無妄》曰：『災氣有九。』陽阸陰阸四合為九，一元之中，四千六百一十七歲，各以數至陽阸，故云百六之會。」

案：注中上「陽阸」下，當有「五」字，今本脫。下「陽阸」二字，疑衍。王充《論衡》亦曰：「《易》無妄之應水旱之至，自有期節。」惠氏棟《周易述》

云：「《易》無妄者，謂《易》之無妄《傳》也。」見《漢書·律曆志》注引孟康說。《傳》疑七十子之門人所撰，如魏文侯之《孝經傳》矣。今考《漢志》引云：「初入元，百六，陽九；次三百七十四，陰九；次四百八十，陽九；次七百二十，陰七；次七百二十，陽七；次六百，陰五；次六百，陽五；次四百八十，陰三；次四百八十，陽三；凡四千六百一十七歲，與一元終。經歲四千五百六十，災歲五十七。」近方氏《通雅》云：「陽九百六，有三說：《漢志》所言，一元之中九度，陽五陰四，陽為旱，陰為水。一說：九、七、五、三，皆陽數也，故曰陽九之戹。劉琨《表》曰：『陽九之會，其數四千六百一十七歲為一元，初入元，百六歲有戹，故曰百六之會。』《董卓傳》：『百六有戹，遇剝成災。』《靈寶運度經》：『三千三百年為小陽九，小百六也；九千九百年為大陽九，大百六也。天厄謂之陽九，地虧謂之百六。』洪景盧疑之者，則王湜《太乙肘後備檢》云：『四百五十六年為一陽九，二百八十八年為一百六者也。』大抵太乙論陰陽之阨，自是一數，託之陽九、百六，乃傅會其名耳。」

余觀《魏都賦》「運距陽九」，注引《漢志》殊畧，而方氏兼采他說，可以參訂，因備舉焉。

3. 蓋端委之所彰

劉注引《左傳》：「太伯端委以治」，下云：「端委，禮衣委貌。謂冠袖長而裳齊委至地也。」

案：《傳》文見《哀十七年》。杜注：「端委，禮衣。」《昭元年》劉定公言「弁冕端委以治民」，注同。《昭十年》晏平仲「端委立于虎門」，注：「端委，朝服。」三處俱不及冠。此外，如《周語》晉侯「端委以入武宮」，《晉語》董安于曰：「我端委以隨宰人」，韋昭竝云：「玄端委貌。」「端委」，亦曰「委端」，《穀梁·僖三年傳》齊桓公「委端搢笏而朝諸侯」，范注云：「委貌之冠，玄端之服也。」皆端屬衣，委屬冠。惠氏《禮說》謂「杜意蓋以齊桓委端，晉文端委，皆大國之侯，疑非委貌，故異其語。」然端即玄端，委貌即玄冠，天子且服之，況諸侯乎？則杜注非也。

余謂以端冕、端章甫例之，端委分衣冠，似為正解。觀《晉語》范文子「暮退于朝，武子擊之，折委笄」，「委貌」，單稱委可知。惟劉定公上言「弁冕」既為冠，下言「端委」自為衣。故彼疏云：「弁冕是首服，端委是身服。」引服虔曰：「禮衣端正無殺，故曰端；文德之衣，尚褒長，故曰委。」與此注「袖長」義正合。而注先言「委貌」謂冠，是一「委」字，衣冠兩屬，殊為淆混。

疑「貌」字、「冠」字誤衍。或存異說，則「袖」上須有一「曰」字，方可通。

4. 包括干越

善注引《漢書》曰：「戎狄之與干越，不相入也。」《音義》曰：「干，南方越名。」又引《春秋》曰：「干越入吳。」杜注：「干，越人發語聲。」

案：注所引《春秋》在《定公五年》，經文作「於越」。左氏《宣八年傳》「盟吳越」下疏引《氏族譜》云：「越，姒姓，夏少康之庶子封於會稽，自號於越。於者，夷言發聲也。」《譜》又言：「吳，自號句吳，二者一也。」《穀梁》范注引舊說及杜注皆同。「於」或為「于」，《廣雅·釋言》：「於，于也。」《儀禮·士昏禮》《大射儀》注竝有「今文於為于」。「於」與「干」易混，此注先引《漢書》，與下引杜注兼及之，蓋兩存其說。

5. 目龍川而帶坰

劉注云：「《漢書》南海有龍川縣」。《南越志》：「縣北有龍穴山，舜時有五色龍，乘雲出入此穴。」

案：《漢志》南海郡龍川下顏注引裴氏《廣州記》云：「本博羅之東鄉也。有龍穿地而出，即穴流泉，因以為號。」即《南越志》所云也。《水經·泿水》條注云：「其餘又東至龍川水，為涅水，屈北入員水。又遶博羅縣西界龍川，即左思所謂『目龍川而帶坰』者。趙佗乘此縣而跨據南越矣。」今龍川縣屬廣東惠州府。《方輿紀要》云：「龍穴山在縣城北。《郡志》言『山有穴潛通海，縣以此名。即東江之源也。』」

6. 爾其山澤

下劉注引《地理志》曰：「會稽餘姚縣蕭山，瀁水所出。」

案：依今《漢志》「餘姚」當作「餘暨」，「瀁」當作「潘」，「潘」與「瀁」字形相似。《志》又於「上谷郡出潘縣」，師古音普拌反。全氏祖望據《水經注》「河水過蒲阪」下引《帝王世紀》「舜都蒲阪，或言都平陽及瀁」，以正前《志》「潘」當作「瀁」。趙氏一清云：「全說已見胡三省《通鑑注》。」然其引皇甫書復云：「或言蒲阪，或言潘」，蓋宋本《水經》已誤「潘」為「瀁」。《續志》《晉書》《魏志》皆作「潘」，則班《志》作「潘」是也。亦見《瀁水》篇注。如趙說，可見「潘」、「瀁」多訛，足為此處明證。原彼處致誤之由，殆因酈注上文言汾陰、郃陽皆有瀁水，疑以水氏縣。不知《瀁水》篇云：「左會潘泉故

瀆，瀆上承潘泉於潘城中」，此當為縣所得名。故趙氏又據《爾雅·釋水》郭注以濩為夾河中陼，非可建都也。若《續漢志》諸暨下注作潛水，或又以郭注言汾陰、郃陽之濩，相去數里，而皆「潛」通「潘」。既作「濩」，遂轉「濩」為「潛」，乃歧中之歧矣。《續志》注亦引淵林此注，而以為《魏都賦》尤誤。至此潘水所在，則《水經·漸江水篇》注云：「潘水即浦陽江之別名，自外無水以應之。」

余謂酈說當是。「潘」與「浦」，聲之轉也。錢氏《斠注漢志》云：「今江出浦江縣西深裊山，東流逕縣城南，折而北，逕諸暨縣東，蕭山縣北入海。」

注又云：「錢塘縣，武林水所出。」

案：此亦《漢志》之文。錢氏謂：「闞駰曰：『武林山，錢水出焉。』《吳地記》：『縣惟有浙江，今無此水。』按即今西湖也。在今府城西，周三十里，其水引貫城而東出，灌寧海縣田。」

7. 修鯢吐浪

案：《水經·溫水篇》注云：「豚水逕牂牁郡謂之牂柯水。牂柯，亦江中兩山名。左思《吳都賦》云：『吐浪牂柯』者也。」今無所引語，惟「吐浪」見此。考思別傳云葉氏樹藩引之：「病中改《蜀都賦》：『金馬電發於高岡，碧雞振翼而雲披。鬼彈飛丸以礌礉，火井騰光以赫曦。』」與今本異，豈此處酈氏以別有據與？

8. 鯸鮐

劉注言：「魚狀如科斗，性有毒云云。」

案：《廣雅》：「鯸、鮔，魺也此从《玉篇》，今本有誤。」鮔，一作鮐，音同。魺，音河，故今人謂之河豚。王氏《疏證》謂：「《北山經》『敦薨之水，其中多赤鮭。』郭注：『今名鯸鮐為鮭魚。』《本草拾遺》云：『䲅魚，肝及子有大毒，亦名鶘夷魚。』䲅即鮭之俗體，鶘夷，即鯸鮐之轉聲也。」今《說文》「鯸」、「鮐」二字，兩不相次，段氏因謂「鯸字必淺人所增。左《賦》『鯸鮐』，當本作『侯鮐』，故與上『王鮪』以王侯相儷。《廣雅》『鯸鮐』，即侯鮐之俗字」，此說疑未的。

9. 鯽

劉注云：「鯽魚長三尺許，無鱗，身中正四方如印。扶南俗云：『諸大魚欲

死，鯽魚皆先封之。』」

案：「鯽」字只當作「印」。《酉陽雜俎》云：「印魚長一尺三寸，額上四方如印有字。諸大魚應死者，先以印封之」，與此注微異。《通雅》云：「東坡所稱通印子魚，乃泉州通應侯廟前之子魚也。陳善曰：『泉州有通應侯廟，其下臨海，出子魚甚美，世呼「通應子魚」者，記所出也。』王荊公詩遂用為〔1〕『長魚俎上通三印』。東坡又以『通應子魚』對『披綿黃雀』〔2〕，皆傳聞之誤。然王元美曰：『今實有印魚』，則亦未為誤矣。」

【校】

〔1〕據方以智《通雅》，「用為」前脫「誤」字。

〔2〕據方以智《通雅》，「披綿黃雀」，作「披線黃雀」。

10. 鱗鯺

劉注云：「魚有橫骨在鼻前，如斤斧形，東人謂斧斤之斤為鱗，故謂之鱗鯺。」

案：《南越志》：「鯺魚有橫骨如鐯，海船逢之必斷。」《廣韻》「鐯」字云：「廣刀斧。」是正文及注中「鱗」字當从金作「鐯」，此从魚，誤也。「鱗」、「鯺」二字，《說文・魚部》俱無之。《金部》亦無「鐯」字。《一切經音義》二引薛翊《異物志》，與此注畧同，「鱗」字皆作「鐯」。又《水經・浪水》條注云：「浪水又東逕懷化縣入于海水，有鯺魚。」裴淵《廣州記》曰：「鯺魚長二丈，大數圍，皮皆鐬物，生子子小，隨母覓食，驚則還入母腹。」即此注下文所云也。懷化，本漢番禺地，晉析置懷化縣。

11. 烏賊

劉注云：「烏賊魚腹中有藥。」

案：《酉陽雜俎》云：「烏賊，名河伯從事小吏，遇大魚輒放墨，方數尺，以混其身。江東人或取墨書契，脫人財物，書跡如淡墨，逾年，字即消。海人言秦皇東遊，棄筭袋於海，化為此魚，形如筭袋，兩帶極長。一說烏賊有矴，遇風則蚓前一鬚下矴。」又蘇頌《圖經》謂陶隱居以此魚為鸙鳥所化，引《南越志》云：「其性嗜烏，每自浮水上，飛鳥以為死而啄之，乃卷取而食之，因名烏賊。」賊，或作鰂，蓋即《說文》之烏鰂魚也。則、賊音相近。《王會解》有烏鰂之醬，乃以其骨為之，骨名海鰾鮹。此注所謂「腹中有藥」是也。《本

草綱目》云：「烏鰂，一名墨魚，一名纜魚。言其鬚可粘石如纜也，乾者名鯗。」

12. 黿鼊

劉注云：「龜屬也。其甲有黑珠，文采如瑇瑁，可以飾物，肉可食。」

案：《說文》「鼊」字云：「䶂屬，頭有兩角，出遼東。」其上「䶂」字云：「水蟲也。薉貉之民食之。」則「鼊」亦可食也。《集韻》亦云：「黿鼊，水蟲名。似龜，皮有文」，皆與注合，當是一物。段氏謂此「黿鼊」與《說文》單名「鼊」者各物，豈以此注又言「形如笠，四足縵胡無指」，不云「頭有兩角」，故別之與？

13. 鯖

劉注但云：「出交趾、合浦諸郡」，不言何魚。

案：《廣韻》、《集韻》竝云：「鯖，魚名，青色，有枕骨。」《正字通》云：「形似鯇，即青魚，俗呼烏鰡。南人以作鮓。」《本草圖經》：「青魚，古作『鯖』字，所謂『五侯之鯖』是也。」

14. 鰐

劉注言其形狀已悉。

案：《博物志》云：「南海有鰐魚，狀如鼍，斬其頭而乾之，去齒而更生，如此者三，乃止。」與此注畧同。《說文》作蝉云：「似蜥蝪，長一丈，水潛，吞人即浮，出日南也。」據此注，言廣州有之，則不獨日南郡矣。又《通雅》引《洽聞志》：「鰐魚，別號忽雷，熊能制之，握其嘴至岸，食之。一名骨雷，秋化為虎，三爪鹿甚畏鰐。」《類篇》或作「鱷」。《方輿紀要》謂：「今潮州府海陽縣有惡溪，在城東北，一名鱷溪，亦名意溪。唐元和中，溪有鱷魚，刺史韓愈作文驅之。宋咸平中，通判陳堯佐亦斬鱷魚於此。」

15. 鸀鳿

劉注云：「水鳥也。」

案：楊雄《蜀都賦》「獨竹孤鸀」，注：「竹，屬通。屬玉，水鳥。」本名屬玉，俗加鳥耳。劉注又云：「鸃，如鷺而大，長頸赤目，其毛辟水毒。」段氏引此無「鸃」字，「鷺」作「鶩」，是也。郭注《上林賦》曰：「屬玉似鴨而大，長頸赤目，紫紺色」，正與劉合。胡氏《考異》未及校，似疏。段又引陳

藏器曰：「鵜鶘，主治沙蝨、短弧、蝦鬚等病，能嗾病人身，出含沙躲人之沙箭。如鴨而大，眼赤，觜班。」《元中記》曰：「水弧者，其形蟲也，其氣乃鬼也。鴛鴦、鸑鷟、蟾蜍好食之。」

余謂《元中記》之「鸑鷟」，蓋即《說文》所云「江中有鸑鷟，似鳧而大，赤目」者。鸑鷟乃鵜鶘之聲轉，非鳳屬之鸑鷟也。李氏時珍言此鳥有文彩，如鳳毛，故得同名。若《爾雅》之鵜山鳥及《山海經》「海外互人之國有青鳥，身黃，赤足，六首，名曰鵜」，亦皆為別一種矣。

16. 鶢鶋避風

劉注云：「鶢鶋，似鳳。《左傳》曰：『海鳥爰居，止魯東門外三日，臧文仲使國人祭之。』」

案：所引乃《國語》非《左傳》也。「爰居」，本字，後人加「鳥」耳。《爾雅》：「爰居，雜縣。」釋文引樊光云：「似鳳皇」，正與此注合。郭注云：「漢元帝時，琅邪有大鳥如馬駒，時人謂之爰居。」《莊子·至樂篇》亦說魯事，云：「海鳥止于魯郊，魯侯御而觴之於廟。」司馬彪注：「爰居，舉頭高八尺。」《廣雅》作「延居」云：「怪鳥屬也。」「延」、「爰」，音相近。蓋古說畧同。惟《通雅》云：「《本草》引《景煥閒談》以為海鳥鶢鶋，即今之禿鶩。又楊升庵以禿鶩為《急就章》之乘風即爰居較近。」

余謂惟其為怪鳥，故文仲疑以為神而欲祭之。若禿鶩，何遽乃爾。鶖，隨處水邊有之，亦不定海鳥，說非也。「鶖」，見下文。

17. 鸂鶒

劉注云：「水鳥也，色黃赤，有班文，食短狐蟲，在水中，無毒，江東諸郡皆有之。」

案：《說文·新附》有「鶒」字，《玉篇》云：「鶒，溪鶒也。」重文作「鷘」。鈕氏樹玉謂陸佃《埤雅》引陳昭裕《建州圖經》曰：「溪鶒於水渚宿，先少，若有勑令也。亦其浮游，雄者左，雌者右，群伍皆有式度。」據此，則鶒當作「式」。蓋「式」與「勑」同韻字，其義亦通也。李氏時珍謂：「杜臺卿賦云：『鸂鷘尋邪而逐害』，此鳥專食短狐，乃溪中勑逐害物者。其形大於鴛鴦，而色多紫，亦好竝遊，故謂之紫鴛鴦也。」

余謂鸂鶒形狀與能治短狐毒，皆畧似鵜鶘。故《本草綱目》又言：「《三輔黃圖》及《事類合璧》竝以今人所呼白鶴子者為鵜鶘，謂其鳥潔白如玉也。」

與陳藏器「似鴨紫紺」之說不同，未審孰是。

18. 鸀鳥

劉注云：「似鴨而雞足。」

案：後《上林賦》有「雍渠」，《史記》作「鸀鳥」。《集解》引《漢書音義》曰：「鸀鳥似鶩，灰色而雞足。」《索隱》引郭璞曰：「鸀鳥，一名章渠。」本書注則兩說俱屬郭語，正與此注同。《說文》「鸀」字云：「鸀鳥也」，不云「鸀鳥」，殆亦可單呼「鸀」矣。若其上「鳥」字云：「雖騍也」，則為《隹部》之「雖渠」。又「雖」字云：「石鳥，一名雖渠，一曰精列。」即《詩·常棣》毛傳：「脊令，雖渠」是也。「精列」者，「脊令」之轉聲，與此異物。

19. 鶄鶴

劉注云：「出南海、桂陽諸郡。」

案：如注說，似以「鶄鶴」為一物。段氏謂「鶄鶴鶩鴗，蓋四鳥」，是也。《說文》「鶄」字云：「鵁鶄也。」又「鴗」字云：「鵁鴗也。」是鵁鴗，一名鴗，與《隹部》之「雖」異。《史記》載《上林賦》有「鵁鶄」，《漢書》及本書俱作「交精」。《爾雅》：「鴗，鵁鴗。」釋文云：「本亦作交精。」《白帖》引《禽經》云：「交目，其名鴗。」蓋鵁鴗以交目得名。故又云：「睛交而孕，合稱交精矣。」單呼之則曰「鶄」耳。注連「鶴」言之，未知其審。

20. 鵚

善注引《詩》「有鵚在梁」。毛傳曰：「禿鵚也。」

案：《說文》「鵚」字云：「禿鵚也。」重文為「鵚」。《玉篇》：「鵚，水鳥也，一名扶老。」崔豹《古今注》：「扶老，禿鵚也，狀如鶴而大。」《本草》李時珍曰：「禿鵚，水鳥之大者。青蒼色，長頸赤目，頭項皆無毛。其頂皮紅色，如鶴頂，其喙深黃色而扁直，長尺餘。凡鳥至秋，毛脫禿，此鳥頭禿如秋毨，如老人頭童及扶老之杖，故一名扶老。」又《本草》：「禿鶩，一名鶬鴰。」蓋因「扶老」之名，俗乃於「老」字加「鳥」耳，實無此字也。

21. 魚鳥聱耴

善注云：「聱耴，眾聲也。」

案：《說文》「聱」字在《新附》，蓋「謷」之俗體。《詩·板篇》：「聽我囂

囂」，毛傳：「囂囂，猶謷謷也。」正合「眾聲」之義。與此注引《埤蒼》云：「聱，不聽也」亦合。故《廣韻》云：「聱耴，魚鳥狀也。」《說文》「耴」字云：「耳垂也，從耳乚，下垂，象形。」音陟葉切。此「耴」字，則音牛乙切，非一字也。

22. 珊瑚幽茂而玲瓏

劉注云：「珊瑚樹，赤色，有枝，無華。」

余友胡玉縉曰：「無華，毛本作『無葉』，是也。胡氏《考異》謂「袁、茶本無『無華』二字」，亦非。

余案後《上林賦》注云：「珊瑚生水底、石邊，大者樹高三尺餘，枝格交錯，無有葉」可證。

23. 異葞藍蘺

劉注引《爾雅》：「葞，榮也。」又自說云：「藍，華也。敷蘺，華開貌。」善注引《爾雅》：「蓲，榮也。」郭璞曰：「蓲猶敷蓲，亦草之貌也。」云：「蘺與蓲同。」

案：《爾雅》：「華，葞也。」「華、葞，榮也。」轉相訓。郭注：「今江東呼華為葞。」《說文》琴字重文為「葞」。《方言》云：「華，葞，晠也。齊、楚之間或謂之華，或謂之葞。」郝氏謂「華、葞，古音同。」「葞」、「瓠」，俱從夸聲，故《郊特牲》注以瓜瓠為瓜華也。

余謂《爾雅》「蕍、葞，荼」，亦是蕍之華為荼。又「芙、薊；其實葞。」郭注：「芙與薊，莖頭皆有翁臺，名葞。葞即其實。」郝氏云：「凡草抽莖作翁臺者，即於其上開華結實。芙、薊亦然。故即以葞名其實也。」《爾雅》又云：「蓲、芛、葟、華，榮。」郭注：「蓲亦華之貌。」善注引郭「草」字，蓋「華」之誤矣。劉注：「藍，華也。」當作「藍，敷也。」故善云：「藍與敷同。」《玉篇》《廣韻》竝云：「莔蘺，花貌。」「蘺」同「蓲」，郝氏謂：「蘺，蓋蓲之異文，蓲省作蘺，藍省作莔，藍又敷之借聲。干寶注《說卦傳》『震為旉』云：『鋪為花貌，謂之蓲』是也。」

24. 藿蒳

劉注引《異物志》：「藿香，交趾有之。」又云：「蒳，草樹也，葉如枇櫚而小，採其葉，陰乾之，並雞舌香食，益美。」

案：「藿」，《說文》作「蘿」云：「尗之少也。」蓋豆葉亦名藿。此則即藥品之藿香。《本草綱目》引《廣志》云：「藿香出海邊，莖如都梁葉，似水蘇。」《南方草木狀》云：「出交趾、九真、武平、興古諸國。民自種之，五六月采，日乾，乃芬香。」故此注云「交趾有之」。蘇氏頌曰：「藿香，嶺南多有之，乃是草類。」而《金樓子》及俞益期牋皆云：「扶南國人言五香共一木，其根是旃檀，節是沉香，花是雞舌，葉是藿香，膠是薰陸」，似涉欺罔也。又《法苑珠林》云：「四月八日浴佛，法當取三種香：一都梁，二藿香，三艾蒳香。」「蒳」，或省作納。《廣志》云：「艾納出西國，似細艾。」又有松樹皮上綠衣，亦名艾納，可以和合諸香燒之，與此不同。蒳為香草，疑即艾蒳之類。但淵林所說「葉如枅櫚而小」，似微異。若《齊民要術》云：「山檳榔，一名蒳子」，則又一物矣。

25. 薑彙非一

劉注云：「薑彙，大如累，氣猛，近於臭，南土人搗之以為虀。菱，一名廉薑，生沙石中，薑類也。」

案：「菱」字，《說文》作「荵」，云：「薑屬，可以香口。」段氏謂：「《既夕禮》『實綏澤焉』，注：『綏，廉薑。澤，澤蘭也。』皆取其香且禦濕。綏者，荵之假借字，一名山辣，今藥中三奈也。此賦謂之『薑彙』。」

余謂如注說，是「薑彙」為「廉薑」之異名，然與「非一」字不貫。注下文又云：「彙，類也。《易》曰：『以其彙，征吉。』所謂薑彙非一也。」則仍言薑之種類非一。或因「廉薑」，本薑類，遂亦以「薑彙」稱與。

又案：方氏《通雅》以《史記·樊噲傳》注：「荵人之荵，音雖。孫愐音鎖，乃菱之聲轉。《說文》之荵，乃菱也，即今芫荵，味辛臭，古人有氣觸者，統謂之香。」下亦引《儀禮》「綏澤」為證。此與《本草綱目》畧同，但《綱目》「芫荵」入《菜部》，「廉薑」、「山奈」竝列《芳草部》。「廉薑」，一名「蒝荵」，音族綏。而「山奈」，又云「廉薑」，恐其類殆因三者氣味皆相似故耳。此賦云「薑彙」，則似作「廉薑」說為長。

26. 海苔之類

劉注云：「海苔，生海水中，正青，狀如亂髮，乾之赤鹽，藏有汁，名曰濡苔，臨海出之。」

案：《初學記》引沈懷遠《南越志》云：「海藻，一名海苔，或曰海羅，生

研石上。」《廣雅》:「海羅,海藻也。」王氏《疏證》曰:「《爾雅》:『薅,海藻。』薅為苔之轉聲。孫炎注《爾雅》:『薅,石衣』,云『薅,古薄字今《爾雅》正作薄。』則『薅,海藻』之薅與『薄,石衣』之薄同字。蓋同類者,得通稱也。又張勃《吳錄》云:『薩蘺生海水中,正青,如亂髮。』郝氏謂「此即海羅,羅之與蘺,亦聲相轉。」

余謂後《江賦》「綠苔鬖髿乎研上」,彼注引《風土記》云:「石髮,水苔也。青綠色,皆生於石」,正《南越志》所稱「生研石上」者矣。

27. 綸組

劉注引《爾雅》曰:「綸似綸,組似組,東海有之。」

案:後《江賦》「青綸競糾,縟組爭映。」善注亦引《爾雅》此文。《爾雅》郭注云:「綸,今有秩嗇夫所帶青絲綸。組,綬也說見前《西都賦》。海中草生彩理有象之者,因以名云。」《太平御覽》引吳普《本草》云:「綸布,一名昆布。」陶注《別錄》「昆布」,亦引《爾雅》以證。郝氏謂:「釋文:『綸,古頑反。』綸、昆,聲近。故以昆布為綸耳。」陶云:「今惟出高麗,繩把索之,如卷麻,作黃黑色,柔韌,可食。」而李時珍謂「昆布生登萊者,搓如繩,出閩浙者,大葉似菜」,則亦不同。若其可食者,乃海帶,非昆布。《本草綱目》分列之。陶又云:「青苔、紫菜,皆似綸。昆布,亦似組」,恐即是也。邵氏《正義》從之。然此賦接言「紫絳」,劉注云:「紫,紫菜也。絳,絳草也。」蓋與「綸」、「組」為四。且《江賦》下亦連「紫菜」、「綠苔」言之,皆不應複舉,當是其類,而非一物矣。

28. 食葛

劉注云:「蔓生,與山葛同,根特大,美於芋也,豫章間種之。」

案:孫氏《補正》引盛百二《柚堂筆談》云:「何義門以為食葛,疑今番薯,非也。食葛,理粗如首烏,其大者若小兒形,亦名乾葛,昔在嶺南惠、潮間常食之。」

余謂《本草圖經》云:「葛處處有之,江浙尤多,根大如臂,今人多作粉食。」李時珍曰:「葛有野生,有家種,其根外紫內白,子綠色,八九月采之。《本經》所謂葛穀是也。」今余鄉山中甚多,正如蘇、李所說。其根蒸熟,味甘香,取生者搗爛,入水中,揉出粉可食。賦所云「食葛」,即此矣。

29. 香茅

劉注云：「生零陵。」

案：香茅有二：一曰茅香，《開寶本草》云：「生劍南道諸州，其莖葉黑褐色，花白色。」蘇氏《圖經》云：「今陝西河東，汴東州郡亦有之。」又有白茅香，乃陳藏器所稱生安南，如茅根，道家用作浴湯者。李時珍謂「別是南番一種香草，與香茅異。」此處或可兼言之與？而《圖經》復出「香麻」一條云「出福州，煎湯浴風甚良。」《本草綱目》以為「即香茅也」。「茅」、「麻」音相近，閩人語耳。

又案：陶注《別錄》云：「江南貢菁茅，一名香茅，以供宗廟縮酒，即香蒲之類。」此賦下文云：「職貢納其包匭」，劉注引《禹貢》「包匭菁茅」。據《尚書》鄭注：「菁茅，茅有毛刺者。」則是非「香蒲」，亦非此「香茅」，故注於此，別為之說。

30. 石帆水松

劉注云：「石帆生海嶼石上，草類也。無葉，高尺許，其華離樓相貫連，雖無所用，然異物也。死則浮水中，人於海邊得之，稀有見其生者。水松，藥草，生水中，出南海交阯。」

案：後《江賦》云「石帆蒙蘢以蓋嶼」，正此注所言「生海嶼」也。《本草綱目》引陳藏器曰：「石帆生海底，高尺餘，根如漆色，至梢上漸軟，作交羅紋。」《日華本草》云：「石帆，紫色，梗大者如筋，見風漸硬，色如漆，人以飾作珊瑚裝。」

余謂據《綱目》，石帆亦有主治，則非無用矣。又《別錄》陶注云：「石帆狀如柏，水松狀如松。」蘇氏《圖經》所言水松，正與此注同。

又案：方氏《通雅》以二者入木類云：「水松，水杉也。閩、廣海塘邊皆生之，如鳳尾杉，又如松。其根浸水生鬚，如赤楊。范至能言有石梅、石柏生海中，乃小如鐵樹，非此也。石帆，今之鐵樹也。生海底，出水即堅，高尺餘，色如鐵。太沖賦『草則石帆水松』是也。《七修類稿》言粵西鐵樹有忽開花者，乃別一種。」據此所言，石帆之形狀，正與《本草》同。水松如松，亦相合。殆本是草類而微似木，故稍異耳。

31. 東風

劉注云：「東風，亦草也，出九真。」

案：《開寶本草》有「東風菜」，云：「此菜先春而生，故有東風之號。一作冬風，言得冬氣也。又曰東風菜生嶺南平澤，莖高二三尺，葉似杏葉而長，極厚軟，上有細毛，煮食甚美。」李時珍引裴淵《廣州記》云：「東風菜宜肥肉作羹，香氣似馬蘭，味如酪。」

余謂《本草》所稱當即東風草，以其食之美，故列之《菜部》耳。《廣韻》「東」字下有「東風菜」，正引此賦語為證。注言「出九真」者，漢九真郡與南海、合浦諸郡，俱屬交州，則亦即嶺南矣。

32. 崟緣山嶽之品

劉注引許氏《記字》曰：「品，阪隅而山之節也。」

案：注所稱許氏《記字》，即《說文》也。今《說文》「岊」字云：「阪隅，高山之節也。」節當作卪。注中「而」字乃「高」之誤。「岊」字從山、卪，此處作「品」，他書或作「嵒」，皆以形似，失之。

33. 橡樟

劉注云：「橡樟，木也。」

案：「橡樟」，當作「豫章」。後《子虛賦》「梗枏豫章」，注引服虔曰：「豫章，大木也。生七年，乃可知。」《史記正義》云：「豫，今之枕木也。章，今之樟木也。二木生至七年，枕、樟乃可分別。」是「豫」、「章」雖同類，而有別矣。《本草綱目》亦謂：「樟有大、小二種，紫、淡二色，樟之小者為豫。」《別錄》謂之「釣樟」。鄭樵《通志》云：「釣樟，亦樟之類，即《爾雅》『楰，無疵』是也。」但《爾雅》郭注云：「楰，梗屬，似豫章」，不謂即「豫章」也。《說文》：「楰，母杶也。」段氏謂：「母杶，當作母疵，皆字之誤。古母、無通用。《玉篇》：『楰，木名也。』『柸，無柸木也。』二字為伍，蓋謂一物。《廣韻》云：『無柸木，一名楰』，是也。」

余謂《說文》「楰」不與「杶」相次，段說似可從，謂即釣樟之異名，則未知是否。

34. 杬

劉注引《異物志》曰：「大樹也，其皮厚，味近苦澀，剝乾之，正赤，煎訖以藏眾果，使不爛敗。」

案：《爾雅·釋木》：「杬，魚毒。」字從木，而《說文》魚毒之「芫」，則

從艸。郭注《爾雅》云:「杬,大木,皮厚,汁赤,堪藏卵果」,正合此注。然與「魚毒」有別。顏師古注《急就篇》「芫華」云:「景純所說,乃《吳都賦》所謂『絭杬柟櫨』者耳,非魚毒也。芫草,一名魚毒,煮之以投水中,魚則死而浮出,故以為名,其華可以為藥。」「芫」字或作「杬」。

余謂據小顏之駁郭說,是此賦之「杬」與《爾雅》之「杬」異矣。《爾雅》以「杬」字從木,故入之《釋木》,其實草也。《說文》從艸字,亦有從木者,如「薦」為「橤」,「蒟」為「枸」是也。此「杬」則見《管子‧地員篇》「其木宜蚖菕」,「蚖」即「杬」,同音借字耳菕當亦即櫨,無疵之櫨。

35. 柟

劉注云:「木名。」

案:《說文》:「柟,木也。」引《夏書》「柟幹栝柏」,重文為「㮓」。鄭注《考工記》引《書》亦作「㮓」。《山海經》:「成侯之山,其上多櫄木。」郭曰:「似樗樹,材中車轅。吳人呼櫄音輴,車柟,即今之橁。《莊子》所云『大椿也』。椿、樗,音之轉。」《圖經》云:「椿木,樗木。形幹大抵相類,但椿木實而葉香可噉,樗木疏而氣臭,北人呼樗為山椿。」蓋即《爾雅》之「栲,山樗」也。釋文引《方志》云:「櫄、樗、栲、漆,相似如一。」又《說文》「柟」下別出「㮇」字云:「柟也。」段氏謂:「此柟木別名,非即柟字。《左傳》孟莊子斬雍門之㮇,以為公琴是也。」

36. 㮰

劉注云:「㮰木,樹皮中有如白米屑者,乾擣之,以水淋之,可作餅,似麵,交阯盧亭有之。」

案:《集韻》云:「㮰,木名,出交阯,皮中有米屑之可食」,當即本此注。《本草拾遺》有莎木,云:「生嶺南山谷,大者,木皮內出麵數斛,色黃白。」李時珍曰:「莎,當作莎,謂其葉離披如莎衣也。張勃《吳錄‧地理志》言交阯㮰木皮中有白粉者,即此後人訛㮰為莎,音相近爾。楊慎《卮言》謂㮰木即桄榔,誤矣。左思《吳都賦》『麵有桄榔』,不應一物兩用。又云劉欣期《交州記》『都勾樹似椶櫚,木中出屑,如桄榔麵』,恐此即㮰木也。」

余謂蘇氏《圖經》言桄榔木似栟櫚,李氏以都勾樹如椶櫚,即㮰木,是二者合矣。又謂莎木即㮰木,葉離披如莎衣,則亦似栟櫚也。疑三者木相類而異其名耳。若云一物兩用,則「麵有桄榔」,乃《蜀都賦》語,竝非《吳都》,李

氏誤舉之。

又案：上言「枸桹」，注云：「樹直而高，其用與栟櫚同，出廣州。」而方氏《通雅》證以《魏王花木志》「都勾似栟櫚，木中出屑如麵，如桄榔。」是以「都勾」為「枸桹」也，與時珍謂「都勾即櫚木」者異。「勾」乃「构」之省，方說較勝。下又有「古度」，注云：「樹不華而實，子皆從皮中出，大如安石榴，正赤，初時可煮食也。」《通雅》云：「古度，子從皮出，亦是此類。」且總之云：「南方奇木多，桫蕉，本曰枒子，曰栟櫚，曰構桹，曰蒲葵，曰桄榔，曰檳榔大腹，曰莎麵櫚木，曰海棕鳳尾蕉，曰波羅密，曰古度樹，皆桫蕉之類也。然則數者雖各物而形狀畧同，其桄榔、都勾、莎櫚，尤相似，故說者多混。」方氏以「莎」、「櫚」合言，殆謂「莎」即「櫚」者，近是。

37. 楨

劉注云：「木名。」

案：《說文》「楨」字云：「剛木也。」此但謂木之剛者耳。《廣韻》有「女楨」。《山海經·東山經》「太山上多楨木」，郭注：「女楨也。」殆即此「楨」矣。「楨」或省木作「貞」。《圖經本草》云：「女貞，處處有之，其葉似枸骨及冬青木，至冬不凋。」李時珍謂：「女貞、冬青、枸骨三樹，女貞，俗呼蠟樹；冬青，俗呼凍青樹；枸骨，俗呼貓兒刺。東人因女貞茂盛，亦呼為冬青，蓋一類二種爾。」

38. 桾櫏

劉注引劉成曰：「君遷，子如瓠形。」

案：「桾櫏」，當如注作「君遷」。《正字通》云：「桾櫏，即㮕。」司馬溫公《名苑》云：「君遷子，即今牛奶柹。」《廣雅疏證》謂「㮕，亦牛奶柹」，故似一物。段氏云：「㮕，即《爾雅》之遵羊棗也。」郭注：「實小而圓，紫黑色。今俗呼之為羊矢棗。」若「君遷」，則此注既言「子如瓠形」，《玉篇》亦曰：「桾櫏，子如雞子」，不得以「㮕棗」當之。

39. 楠榴之木

劉注云：「南榴，木之盤結者，其盤節文尤好，可以作器；建安所出最大長也。」

案：胡氏《考異》云：「楠，當如注作南，蓋五臣作楠而亂之。南榴，複

二字為一木名，與枏之別體作楠無涉。五臣誤也。」段氏謂：「楠字不誤，特枏之俗耳。櫾乃瘤之誤，傳寫失之。枏瘤之木，猶今云癭木也。癭木多枏樹所生，故曰枏瘤。四川癭木器物皆出於枏，想建安亦多此也。古有為《楠櫾枕賦》者，為《楠櫾枕銘》者，『瘤』皆誤『櫾』。瘤者，腫也。癭者，頸瘤也。木之瘤，似人之贅疣。庾子山《枯樹賦》云『戴癭銜瘤』。淵林云『建安所出最大長』，謂其癭瘤最長大也。章樵云：『木結成癭瘤，大如栲栳、車輪者，割之有文。』今乃欲改『枏』為『南』，合二字為木名，肊為之說。」

余謂《本草綱目》言「楠樹其近根年深向陽者，結成草木山水之狀，俗呼為骰柏楠，宜作器」，正此段說是也。若以南櫾為木，果何木耶？方氏《通雅》云：「枏櫾乃鬭班癭木。《後山叢談》言嘉州產紫竹、楠櫾。蓋木有癭瘤，取其材多花班，謂之癭子木。書作櫻子木，訛為影子木。俗又呼鬭柏楠，乃鬭班楠，狀其癭瘤文耳」，說亦與段合。

40. 相思之樹

劉注云：「相思，大樹也，材理堅，邪斫則文，可作器；其實如珊瑚，歷年不變，東冶有之。」

案：此即「紅豆樹」也，亦名「相思子」。王維詩云：「紅豆生南國」，下云「此物最相思」，即此。今吳中有之，與注所說正同。

41. 堛塌鱗接

善注云：「堛塌，枝柯相重疊貌。」

案：《說文》無「堛」字。其塌字云：「下也。〔1〕」與「下溼曰隰」略同，殊非。此義《廣韻》云：「堛塌，重累土也」，正重疊之意。而《說文·尸部》云：「屆㞊，從後相臿也㞊，《玉篇》作躃。」《廣韻》云：「屆㞊，前後相次也。以後次前，積疊之謂。」則堛塌，即屆㞊也。此處言草木，故善謂「枝柯相重疊」。《魏都賦》「堛塌參差」，承上「宮室」言之，其為重疊之義，一也。

【校】

〔1〕《說文》：「塌，下入也。」

42. 狿子長嘯

劉注云：「狿子，猿類，猿身人面，見人嘯。」

案：《說文》「狿」字，在《新附》中。《集韻》云：「玃或作狿，通作蓳。」

《玉篇》:「猨,胡昆切。獸如犬,人面,見人即笑。」蓋本之《山海經·北山經》云:「獄法之山有獸焉,其狀如犬而人面,善投,見人則笑,其名曰猨,見則天下大風。」善注別引之,殆以上句已有「猨父哀吟」,此不應又為猿類與?胡氏《考異》謂劉注十一字,袁本、茶陵本俱無之,則是劉於「猨子」未釋也。

43. 狄𪖯

劉注引《異物志》曰:「狄,猿類。」又云:「𪖯,大如猿,肉翼,若蝙蝠。」

案:「狄」,已見《西都賦》。《爾雅》云:「𪖯鼠,夷由。」郝氏謂「狄字,餘幼切,即夷由也。夷由,字之雙聲,合之則為狄矣。」此處劉注分「狄」、「𪖯」為二,非也。

余謂「狄𪖯」與下「猓然」,皆各為一物,疑當如郝說。但「狄」字,或即《說文·鼠部》「𪕮」之借字耳。

44. 麢狼

劉注引《異物志》曰:「大如麤,角前向,有枝下出反向上,長者四五尺,廣州有之,常居平地,不得入山林。」

案:《說文·鹿部》無「麢」字。惟《廣韻》云:「麢狼似鹿,而角向前,入林則掛其角,常在淺草中」,蓋即本此。

45. 桂箭

劉注引《異物志》云:「桂竹,生於始興小桂縣,大者圍二尺,長四五丈。」

案:《中山經》:「洞庭山之首曰篇遇之山,又東南五十里曰雲山,無草木,有桂竹,甚毒,傷人必死。」郭注:「今始興郡桂陽縣出筀竹,大者圍二尺,長四丈。」又「龜山東丙山多筀竹。」郝氏謂:「筀當為桂,桂陽所生竹,因以為名也。」此賦下云「梢雲無以踰」,善注:「梢雲,山名,生竹。」郝疑「梢雲即雲山」,殆當是與?戴凱之《竹譜》則云:「桂竹有二種,一高四五丈,大者二尺圍,闊節大葉,狀如甘竹而皮赤,南康以南所饒也。」與《山海經》所云名同實異。但其所言高大之數,與劉、郭二注皆合,未審為異種否也?「箭」,附見下。

46. 射筒

劉注云：「射筒竹，細小通長當作通中，長丈餘，亦無節，可以為射筒。筒及由梧皆出交趾、九真。」

案：胡氏《考異》云：「射筒當作筒射，各本皆倒。『筒』句絕，『射』下屬，此但可以為筒耳，非單名筒也。」段氏謂此說「蓋不知下『筒』字上奪一『射』字，因之生誤。」正文以竹名類，厠竹名「射筒」，無疑也。謂之「射筒」者，筒者，通簫也，引申之，凡通中者曰筒。此竹長丈餘而無節，與上文「箭竹，細小勁實，可以為箭，通竿無節」正同，故云「亦無節」。惟箭竹實中無節，此通中無節，通中而宜作矢，故謂之「射筒」。曰「可以為射筒」者，竹名、矢名，皆曰「射筒」，猶竹名、矢名，皆曰箭也。今乃云此竹可以為筒，不知作何等筒，且射字何解乎？戴凱之《竹譜》曰：「射筒薄肌，而最長節中貯箭，因以為名。」「節中貯箭」不可通，未聞每矢為一筒函之者。且淵林云「無節」，此云有節異，要亦以「射筒」為竹名，不云可以為筒也。

余謂箭即篠也，與「射筒」皆細小，可以為矢。而「射筒」以通中為異，故得筒名。既云細小，安得可為筒而貯矢乎？此不煩言而解。段尚未之及，《考異》本殆亦因戴《譜》而誤會之與？

又案：元李氏衎《竹譜詳錄》說「射筒竹」，引此賦語，云：「弋人有脩竿，通其節，箭安其內，從本吹之，古人所謂箏筒以射鳥者也。謂此竹可作箭房者，非。吹筒之法，始于武后，今番舶上多用射人。南方此竹，其直如繩，去節，令中通，長二丈餘。箭則輕竹削成，鳥翎纏其上，欲以受氣人猛吹之，著物最易。」據此，與劉注「細小」，「無節」亦不合。且既云始武后，則非古所有，不得為「射筒」之本名也。「射筒」，又附見後《招魂》。

47. 柚梧有箽

注已見上。

案：「柚」，當如注作「由」。「梧」，《玉篇》作「箺」。《集韻》：「箺，竹名，或省作箺。」又云：「柚梧，竹名。」吳筠《竹賦》作「篘箺」。「箺」，亦或作「吾」，《本草綱目》云：「交廣出吾竹，長三四丈，其肉薄，可作屋柱。」戴氏《譜》引此賦語，則作「由衙」，云：「箽與由衙，皆大竹。箽實衙空，土人用為梁柱，俗號箽由衙。」竹為物叢生，《說文》：「箽，竹田也。」前《西京賦》「篠蕩敷衍，編町成箽」，今人即以「箽」為竹，非是。

48. 篥簩有叢

劉注云:「篥竹,大如戟穜,實中勁強,交阯人銳以為矛,甚利。」

案:郭注《中山經》云:「交阯有篥竹,實中勁強,銳以刺虎,中之則死。」郝氏疑篥當為篳。《玉篇》:「篳,竹門也。」《集韻》云「細竹」,而篥為篳篥,不云竹名。張勃《吳錄》:「日南有篥竹,勁利,削為矛。」「篥」當亦「篥」之形似而誤也。戴《譜》云:「筋竹長二丈許,圍數寸,至堅利,南土以為矛。其筍未成竹時堪為弩弦。」見徐忠《南中奏》即是「篥竹」,一物而二名矣。

注又云:「簩竹,有毒,夷人以為觚,刺獸,中之則必死。」

案:此注與郭氏說篥竹同,而郭又以篥竹為桂竹之類,蓋三者皆相似矣。戴《譜》云:「百葉竹生南垂界,甚有毒,傷人必死,一枝百葉,因以為名。亦曰簩竹,一物二名」,并引淵林此注。是「簩竹」即「簩竹」,作「簩竹」者,形似致誤耳。又《集韻》云:「篥簩,竹名,皮利,可為刀。一曰簩竹名,一枝百葉,有毒。」李氏《譜》謂「篥簩竹與簩竹,同異未詳。」《本草綱目》則云:「百葉竹濇者可以錯甲,謂之篥簩。」「簩」亦「簩」之誤,似以為一物。但淵林此注原出《異物志》,而《志》又釋篥簩竹云:「新州有此種,製成琴樣,為礪甲之具,用久微滑,以酸漿漬之,過宿,快利如初。」李《譜》說篥簩竹,正與之合。惟不若《綱目》即以為百葉竹。然則百葉竹即簩竹,殆篥簩別一種與。

49. 翁茸蕭瑟

善注云:「翁茸,茂盛貌。」

案:前《南都賦》「其竹阿那翁茸」,注引《說文》曰:「翁,竹皃也。」《埤蒼》曰:「茸,竹頭有文也。」此處亦說竹而又別為之解。今《說文》「翁」在《竹部》。《玉篇》有「笘」字,義與《埤蒼》同。則二字俱當從竹。謝靈運《山居賦》自注「修竦便娟,蕭森翁蔚」,皆竹貌也。亦誤從艸。

50. 樣橮禦霜

劉注云:「樣,樣子樹也。生山中,實似梨,冬熟,味酸,丹陽諸郡皆有之。橮,橮子樹也。出山中,實亦如梨,核堅,味酸美,交阯獻之。」

案:《本草拾遺》云:「樣子似梨,生江南」,即引此賦語以證。李時珍曰:「樣、留,二果名。薛瑩《荊揚異物志》[1]:『樣子樹,南越、丹陽諸郡山中皆有之。其實如梨,冬熟,味酢。留子樹生交廣、武平、興古諸郡山中。三月

著花,結實如梨,七八月熟,色黃,味甘、酢,而核甚堅。』」正此注所說也。桂氏《札樸》云:「㮕似柰而酸,俗呼酸子,其不酸者曰柒果。」此則北方亦有之。「㮕」與《南都》《蜀都》兩賦之「若㮕」,即石榴者,蓋同名而異物。

【校】

〔1〕據胡刻本《文選》劉淵林注,當作《荊揚以南異物志》。

51. 結根比景之陰

善注云:「《漢書音義》如淳曰:『比景,日中於頭上,景在己下,故名之比景。』比,方利切。一作北景,云漢武時,日南郡置北景縣,言在日之南,向北看日,故名。」

案:《水經‧溫水篇》注云:「自盧容縣至無勞,越烽火,至比景縣,日中頭上,影當身下,與影為比。如淳曰:『故以比影名縣。』闞駰曰:『比,讀蔭庇之庇。影在己下,言為身所庇也。』」全氏祖望云:「吳仁傑曰:『《考古編》言《舊唐志》景州北景縣,晉將灌邃破林邑,五月五日,即其地立表,表在北,日景在南,故郡名日南縣。名北景,唐命太史往安南測日景,亦云然。』」然王充謂「從日南還者,問之,曰:『不盡然』。」蓋惟五月,日影在南,常時則不然也。觀《水經注》比景縣,音芘影,言影為身所芘。此《爾雅》所謂「距齊州以南戴日」者也。《宋書‧州郡志》亦作「北景」,蓋後來傳習成訛,立為異義耳。

余謂前後《漢志》俱作「比景」,酈注又釋之甚悉。胡氏《考異》謂此注「一作北景」至「故名」二十六字,袁本、茶陵本無之,則本非善舊也。張氏《膠言》乃謂宜作「北景」,殆不然矣。

52. 隱賑崴嵬,雜插幽屏。精曜潛穎,硩陊山谷

案:「屏」字與上下似不叶韻,或疑有誤,但如江氏永《古韻標準》所舉《毛詩》中隔韻、遙韻之法。《楚茨》首章「以介景福」,與前遙韻。而中間「以饗以祀,以妥以侑」,上、去自為韻。《生民》卒章「以迄于今」與「上帝居歆」遙韻。而中間「時」、「祀」、「悔」,平、上自為韻。則此處「谷」字與上「樸」、「玉」,下「矗」、「綠」韻;中「屏」、「穎」,可自為韻,不定作兩句一叶也。且此賦用韻本亦變化,如前文「與風飄颻,颿瀏颼颿。鳴條律暢,飛音響亮。」「颻」與「暢」、「亮」韻,而不與「颿」韻。「瀏」與「颿」,

則又句中韻矣。下文如「袒裼徒搏」至「莽罝之野」，「野」與「部」韻，中數句一氣直下，亦暗藏韻。蓋「猰」與「視」韻；「獜」與「合」韻。此段與「干鹵殳鋋」至「昧莫之垌」為對文，而用韻則異。

53. 硌陊山谷

劉注：「言其如硌摘而陊落山谷者。」善注引《說文》：「硌，摘空青珊瑚墮之。」

案：今《說文》「空青」上作「上摘山巖」四字。段氏謂「摘當作擿，墮當作陊。」蓋以此賦正用許語也。但摘即擿之省，陊、墮皆訓落，不必改字。又引《周禮》硩蔟氏，鄭注：「硩，從石、析聲。」謂當作「硩」，而今《周禮》仍作「硩」，古「折」、「析」字，亦往往互異。左氏《僖十五年傳》「蛾折謂慶鄭曰」，釋文：「折，本或作析。」《史記·弟子傳》「公晳哀」，《廣韻》注引作「公皙哀」，是也。

54. 陵鯉若獸

劉注云：「陵鯉，有四足，狀如獺，鱗甲似鯉，居土穴中，性好食蟻。楚辭：『陵魚曷止』。王逸曰：『陵魚，陵鯉也。』」

案：注所引《楚辭》見《天問篇》，「曷止」作「何所」，「陵」俱作「鯪」。《廣雅》：「鯪，鯉也。」王氏《疏證》謂《名醫別錄》陶注云：「鯪鯉，能陸能水，出岸，開鱗甲，伏如死，令蟻入中。忽閉而入水，開甲，皆浮出，於是食之，故主蟻瘻。今人謂其甲為穿山甲，以其穿穴山陵也。在陵，故謂之鯪矣。」

余謂《本草綱目》引《臨海記》：「尾刺如三角菱，故稱石鯪。郭璞《賦》謂之龍鯉。」今《江賦》「鯪鯥鯩鰱」，注於「鯪」字，亦引《楚辭》注。下文又云：「龍鯉一角」，別見彼處。

55. 片則王餘

劉注云：「王餘魚，其身半。俗云：越王膾魚未盡，因以殘半棄水中為魚，遂無其一面，故曰王餘。」

案：善注言見《博物志》，而《志》作「吳王膾餘」，與此云「越王」異。張華亦晉人，與淵林各據所聞也。《本草綱目》云：「或又以為由僧寶誌者，皆不足致辨。」〔1〕蓋即今之銀魚，身圓如筋，潔白如銀，無鱗。若已膾之魚，

故名「鱠殘魚」，出蘇、松、浙江。

余謂單舉江浙，猶不免傅會吳王、越王之說。實則今之潞河出者，尤多而美也。謂之「王餘」者，亦竹有越王餘箏之類耳。

【校】

〔1〕據《本草綱目》，此句作「或又作越王及僧寶誌者，益出傅會，不足致辨。」

56. 開北戶以向日

劉注云：「日南人北戶，猶曰北人南戶也。」善注引《史記》曰：「秦始皇地南至北向戶。」

案：《爾雅》：「觚竹、北戶、西王母、日下，謂之四荒。」郭注：「北戶在南。」《史記·五帝紀》云：「帝舜南撫交阯，北發。」《索隱》以「北發」，當云「北戶」，南方有地名「北戶」。《淮南·墜形訓》作「反戶」，高誘注：「在日之南，皆為北鄉戶，故反其戶也。」《漢志》「日南郡」，顏注：「言其在日之南，所謂開北戶以向日者。」郝氏謂：「北戶，亦地名，特言郡在極南。實則日南非真在日之南，北戶亦非向北看日也。」

余謂《水經·溫水篇》注云：「東逕區粟城南，區粟建八尺表，日影度南八寸，自此影以南，在日之南，故以名郡。望北辰星，落在天際。日在北，故開北戶以向日，此其大較也。范泰《古今善言》曰：『日南張重，舉計入洛，正旦大會，明帝問：「日南，北向視日也。」重曰：「今郡有雲中、金城者，不必皆有其實，日亦俱出於東耳。至於風氣暄暖，日影仰當，官民居止隨情，面向東西南北，迴背無定。』」據此，則與前所引酈注「庇影」之說，正略相仿矣。

57. 畛畷無數，膏腴兼倍。原隰殊品，窊隆異等。象耕鳥耘，此之自與。穭秀菰穗，於是乎在

案：《韻部》四十三「等」本與「粳」、「迥」為類，而顧氏炎武據《廣韻》收「等」字於十五「海」，音多改切，引韓昌黎《許國公神道碑銘》「上之宅憂，公讓太宰，養安蒲坂，萬邦絕等。」又李庾《西都賦》「謚萬類，淳四海，遂開國以報功，差子男之五等」為證。然此處「等」字與「倍」、「在」字為韻。又《景福殿賦》「落帶金釭，此焉二等。明珠翠羽，往往而在。」「等」亦與「在」韻，皆在唐以前矣。惟「與」字在《語部》，古無通「紙」、「賄」

韻者，當是「象耕」四句為對文，「與」可不入韻也。

58. 採山鑄錢

善注引《史記》：「吳有豫章郡銅山，吳王濞則招致亡命盜鑄錢。」

案：所引見濞《傳》，《漢書》同。韋昭曰：「此有豫字，誤。但當言章郡，今故章也章即鄣。」《索隱》亦云：「豫，衍字。」《正義》云：「銅山，今宣州及潤州句容縣有，並屬章。」諸說皆是。蓋濞國，本荊王賈之舊。惟故東陽郡、鄣郡、吳郡，不應越境至豫章。而洪氏《圖志》於新建縣銅山引樂史《寰宇記》云：「吳王濞鑄錢之處，非也。」《樂記》又於吳縣銅坎引《吳地記》曰：「縣西十里銅山，周六十里，有銅坎十餘穴」，下舉此賦語。豈謂濞之鑄錢別一地與？然今近縣無此山，當即銅坑山。「坑」、「坎」字相近。據府志傳，唐宋間鑿坑取沙土，煎之成銅，故名。則左賦殆不指此山，距縣「七十餘里」，「十里」上亦當有脫字。

59. 國稅再熟之稻，鄉貢八蠶之綿

善注引《異物志》：「交趾稻夏熟，農者一歲再種。」劉欣期《交州記》：「一歲八蠶繭，出日南也。」

案：《水經·溫水篇》注云：「九真太守任延始教耕犁，俗化交土，風行象林。知耕以來，六百餘年，火耨耕藝，法與華同。名白田，種白穀。七月火作，十月登熟；名赤田，種赤穀，十二月作，四月登熟。所謂兩熟之稻也。至於草甲萌芽，穀月代種，穜稑早晚，無月不秀，耕耘功重，收穫利輕，熟速故也。米不外散，恒為豐國，桑蠶八熟繭。《三都賦》所謂『八蠶之綿』者矣。」

余謂兩漢《志》交州刺史部有交趾郡、九真郡、日南郡。注云：「日南，故秦象郡，郡屬有象林縣。」酈氏所云「俗化交土，風行象林」，正與善注引《志》《記》合。但再熟之稻，本非一種。《齊民要術》注云：「今世有黃稻、黃陸稻、青稗稻、豫章青稻、尾紫稻、青杖稻、飛青稻、赤甲稻、烏陵稻、大香稻、小香稻、白地稻、孤灰稻，一年再熟是也。且今非一地，我省亦間有之。江西、福建皆然，臺灣并一歲三熟矣。」

又案：張氏《膠言》謂《林邑記》：「九真郡，蠶一年八熟。永嘉郡有八輩蠶，蚖珍三月績，柘蠶四月初績，蚖蠶四月績，愛珍蠶五月績，愛蠶六月末績，寒珍蠶七月末績，四出蠶九月初績，寒蠶十月績，是實有此八種。」

余謂種類各別，故得屢熟，此說近之。若《海物異名記》云：「八蠶綿八

蠶，共成一繭。」或偶有其事，亦安見定八蠶乎？且與一蠶一繭者，即大小分而不能多出也。至《廣東新語》云：「廣蠶歲七熟，閏則八熟。自三月至九月，月一熟。蠶以三十二日為度，歲當立春，桑穀生，蠶駒始出，繭既成，時當正月，是曰大蠶。大蠶一歲一熟，熟至八日而出蛾，配其雌雄，又至八日而蛾卵。其二蠶、三蠶曰小蠶，亦曰連蠶。言相連不絕，月月熟也。」李商隱詩「八蠶璽綿小分炷」，又云「小炷八蠶綿」，及太沖賦皆言綿而不言絲。蓋以蠶養至第八次，不中為絲，但可作綿《西溪叢語》亦如此說。然吾廣第八蠶，皆可為絲，所謂珍蠶也。凡蠶再熟者謂之珍，況於八輩蠶乎。《本草》言南粵蠶有兩生、七出、八出者。蓋蠶屬陽，喜燥惡溼。南粵，火之所房，炎精盛實，故蠶至於八輩也。然則八蠶在粵東為常事，吳境及此，故賦稱之耳。

60. 佩長洲之茂苑

注引《漢書》枚乘《上吳王書》曰：「修治上林，圈守禽獸，不如長洲之苑。」

案：《困學紀聞》以長洲宰圃扁曰「茂苑」，而謂長洲非此地。後漢《郡國志》廣陵郡東陽縣有長洲澤，吳王濞太倉在此。東陽，今盱眙縣，長洲之名縣，始唐武后時。閻氏若璩則云：「唐置長洲，蓋取《越絕書》《吳越春秋》『走犬長洲』之文。」又《王莽傳》「臨淮瓜田儀等為盜賊，依阻會稽長洲」，此與《元和志》所云「苑在長洲縣西南七十里」者同指在蘇言，非東陽也。果屬東陽，不得冠以會稽。萬氏希槐《集證》并據《太平御覽》引《吳地記》：「長洲在姑蘇南，太湖北岸，闔閭游獵處。魏太祖嘗謂吳使徐詳曰：『孤願濟橫江之津，與孫將軍游姑蘇之上，獵長洲之苑。』」所證皆確。

余謂蘇之長洲縣名始於唐，地名不始於唐。此賦上文固云「造姑蘇之高臺」矣。圃扁曰「茂苑」，未為不可。但賦所云「帶朝夕之濬池」、「窺東山之府」、「覯海陵之倉」及此句竝用枚乘《書》語，則太沖已不免於混，故善注亦全引《漢書》而不他及也。

61. 橫塘查下

注云：「橫塘在淮水南，近家渚，緣江築長堤，謂之橫塘。北接柵塘。」

案：胡氏《考異》謂此注袁本、茶陵本無之。則當為後人所校增。《方輿紀要》曰：「橫塘在江寧府西南。《實錄》云：『在秦淮南岸，近石頭西陶家渚。』吳大帝時，自江口緣淮築堤，謂之橫塘。《吳都賦》所稱『橫塘查下』，樓臺之

盛，天下莫比者也。自橫塘而北，接于柵塘，即今秦淮逕口矣。」所說正與注合。惟注於「家渚」上脫「陶」字耳。據此，知地在金陵，非蘇之橫塘也。

注又云：「查下、查浦，在橫塘，西隔內江。自山頭南上十里，至查浦。」

案：此亦非原注。《紀要》云：「查浦在府西南十里，大江南岸。《實錄》云：『石頭南二十里，即查浦。查浦南十里，即新亭也。』晉蘇峻之亂，陶侃入援，屯于查浦」是已。

62. 珂𤥁

劉注云：「老鵰化西海為𤥁，已裁割若馬勒者謂之珂。𤥁者，珂之本璞也。日南郡出珂𤥁。」

案：《說文》「珂」字在《新附》。《集韻》：「珂，或作䃗。」是當从石。《廣雅》：「𤥁、玏、珂，皆石之次玉。」王氏《疏證》謂：「《玉篇》：『珂，石次玉也。』亦瑪瑙絜白如雪者。蓋珂者，馬勒飾石形似之，因以名焉。《吳都賦》注言老鵰所化，亦其類也。」

余謂《玉篇》又言「一云螺屬也，在海中。」《爾雅翼》曰：「貝大者珂，皮黃黑，骨白，可飾馬具」，即此注所說也。《說文》無「𤥁」字。《廣韻》：「𤥁，珂屬。」《類篇》「或作珬。」《玉篇》：「珬，玉名，一云珂珬，與𤥁同。」

63. 縑賄紛紜

劉注云：「縑，蠻夷貨名也。《扶南傳》曰：『縑貨布帛曰賄。』」

案：《說文》「縑」字云「合也。」此蓋謂貨賄所集，凡蠻夷之貨，亦皆在焉。故下言「器用萬端」，似非專以為貨之名也，即《扶南傳》語，亦當從集、會取義。

64. 蕉葛升越，弱於羅紈

注云：「蕉葛，葛之細者。升越，越之細者。」

案：「蕉」為草名，竝無「細」義。「升越」，尤非理，且不明「越」為何物。段氏分作四事，謂「升」當為「竹」，辨之云：「此注節首無『善曰』字，然必非淵林注也。蕉，即芭蕉也。《藝文類聚》引《廣志》曰：『芭蕉，其皮中莖解散如絲績，以為葛，謂之蕉葛。』《南州異物志》曰：『甘蔗，取其葉以灰練之，績以為練音疏。』《異物志》曰：『取鑊煮之，如絲，可紡績為絺綌。』蘇頌《本草圖經》云：『閩人灰理芭蕉皮，令錫滑，緝以為布，如古

之錫衰焉。』《唐六典》:『江南道建州貢蕉練,嶺南道端州調以蕉布』,此蕉布之證也。葛布,則見於諸經傳詳矣。竹布,一見王符《潛夫論・浮侈篇》曰:『葛子竹越,筩中女布。』此四事:葛子,一也;竹,一也;越,一也;筩中女布,一也。《後漢書・王符傳》載此篇,章懷注引沈懷遠《南越志》云:『布之品有三:有蕉布,有竹子布,又有葛焉。雖精粗之殊,皆同出而異名。』然《南越志》言『蕉』、『竹』、『葛』,而不言『越』,章懷亦未釋『越』,疏矣。今本《潛夫論》《後漢書》及《文選》,『竹』皆譌作『升』,由草書二字不別也。一見《禹貢》『鳥夷卉服』,《正義》引《吳都賦》『蕉葛竹越』,而近日注疏本皆誤作『升越』,莫能諟正也。一見《史記・夏本紀》『島夷卉服』,《正義》曰:『東南朝服,葛越蕉竹之屬。』此句全用《吳都賦》而獨作『竹』,不誤,又錯互其辭,明知『竹』不與『越』為一事。一見本賦注云:『始興以南,又多小桂,夷人績以為布葛。』云小桂者,桂竹之小者也。此竹,夷人績為布,如葛,亦竹布之一證也。一見《南方草木狀》云:『篁竹,葉疏而大,一節相去五六尺,出九真。彼人取嫩者,磓浸紡績為布,謂之竹練布。』一見《太平御覽》引顧微《廣州記》『平鄉縣有笣竹,可為布。』一見《唐六典》『嶺南道貢竹布』。一見《元和郡縣志》『韶州貢竹布十五匹也』。越者,何也,紵布也。其字古作『越』,今作『絨』。《廣韻》:『絨,紵布也。』《集韻》:『絨,一曰紵布。』即《禹貢》及《潛夫論》、《吳都賦》之『越』也。《尚書》孔傳曰:『南海島夷,卉服葛越。』孔沖遠不知『葛越』為二事,但云『葛越,南方布名,葛為之。』以為一物,誤矣。《夏本紀》正義曰:『東南草服,葛越蕉竹之屬。』又云:『越,即紵布也。』惟此得『越』之解。《唐六典》山南道、淮南道、劍南道,賦貢皆以紵。賦云『弱於羅紈』者,謂四物以草竹為之,而膩於蠶絲所成。故王符以與細緻、綺縠、冰紈、錦繡竝稱,而葛子竹越居首也。」

　　余謂段說甚核,其所舉《廣州記》之「笣竹」,李氏《譜》謂即此賦前文所稱「笣筍抽節」者也。本書作「苞」,「苞」、「笣」字通。而劉注云:「冬筍也」,說與之異。《草木狀》之「篁竹」,戴《譜》作「單竹」,云:「為布精如縠。」賦前文言「篔簹」,李《譜》云:「一名篔竹。」《廣州記》云:「節長一丈,今曲江縣及蜀中俱有之。圍尺五六寸,節相去六七尺,夷人煮以為布。」所說形狀與本書劉注同。段氏謂即「篔竹」,而戴、李二《譜》俱分為二。然李《譜》於篔竹引「或說亦名篔竹」,「篔」與「篔」,字形相似,則是一物也。

李《譜》又別有「麻竹」，引晉安海《物記》曰：「麻竹夏晚而生，可鍛為麻。」注云：「其筍可為筍。謂麻者，取其瓤煆灰，治經緯，為布，為華練。」據此，諸書竹之為布，章章若是注。乃因「竹」誤為「升」，遂望文生義，宜段氏以為非淵林原注也。《說文》：「絨，采彰也。一曰車馬飾。」不以為「紵」者，蓋古祇作「越」也。《急就篇》「絨」字注同《說文》，而引黃氏說，則云「紵布」。《本草綱目》云：「苧麻可以績紵，故謂之紵。陶弘景謂『苧，即今績苧麻』是也。」亦見陸氏《草木疏》、蘇氏《圖經》皆言「苧麻剝其皮可緝為布」。但「苧」與「紵」二字不同，已見前《南都賦》。

　　又案：方氏《通雅》云：「越，蒲屬，可緝布。禮有越席，越，音活。」余謂《禮記·禮運》「越席疏布」，鄭注：「越席，翦蒲席也。」左氏《桓二年傳》「大路越席」，疏亦云：「結蒲為席。」《廣韻》：「越或作趏，草也。」方說固有據，但蒲之為席，未可即以為布而弱於羅紈也，仍訓「紵」者是。若其引《荊州記》「秭歸女盡織布至數十升，謂之升越」，則亦從「升」之誤字矣。

65. 儠譶

　　善注云：「儠，所立切。《蒼頡篇》曰：『譶，不止也，佇立切。』」

　　案：「儠」，當從亻。《說文》：「儠，行皃。」《廣韻》：「眾行皃此從段引。」注引《倉頡》「譶」下脫「言」字。《說文》：「譶，疾言也。」故從三言。後人「儠譶」二字連用，遂俱屬言。《廣韻》分儠、偟為二字，云：「儠譶，言不止。」《集韻》則以言不應從亻，遂亦從言作「讋」，當從《說文》一行一言。此賦下云「交貿相競」，蓋謂闤闠中行動往來，言語譁沓也。若後《琴賦》「紛儠譶以流漫」，注云：「儠譶，聲多也。」此特借以狀其聲之多，言固有聲，行亦有聲，義得通矣。

66. 藏鉈於人

　　劉注云：「鉈，矛也。《方言》曰：『吳、越以鉈為矛。』」

　　案：《說文》：「鉈，短矛也。」「鉈」即「鉈」字。《廣雅》作「䄜」，王氏《疏證》曰：「䄜，曹憲音蛇。後世言蛇矛，名出於此案《晉書》丈八鉈矛、左右盤鉈矛，即蛇矛也。又《荀子·議兵篇》『宛鉅鐵鉈，慘如蠆蠆。』楊倞注：『鉈，矛也。』《史記·禮書》作『鐵施』，字竝同。」

67. 建祀姑

劉注云：「祀姑，幡名，麾旗之屬。《國語》曰：『吳王夫差令服兵擐甲，陳王卒，官帥擁鐸，建祀姑。』」

案：「祀姑」，《國語》作「肥胡」。韋注：「幡也。」「幡」當為「旛」。《說文》：「旛，幅胡也。」《韻會》作「幡胡」。段氏云：「旛胡，蓋古語，如甀甎，名甌瓵，見《廣雅》。漢《堯廟碑》作『墦瑚』。玉曰璠璵，艸木盛曰緐廡，皆雙聲字。『旛胡』，即肥胡，謂大也。」

余謂《一切經音義》引《埤蒼》云：「甌瓵，大甀也。」又引《通俗文》云：「甀方大，謂之甌瓵。」《說文》「瀙」字从旛，大波也。是「旛」，言其大。《說文》下云：「謂旗幅之下垂者。」《肉部》：「胡，牛頷垂也。」則「胡」有「下垂」之義。「肥」、「胡」亦雙聲，「肥」與「祀」形近，「胡」、「姑」同韻字，故致誤。

68. 將校獵乎具區

劉注引《周禮·校人》「掌王田獵之馬，一校千二百九十六匹。」

案：胡氏《考異》云：「袁、茶本無『一』字。此節引鄭注，乃五種合之數，尤本誤。」

余謂校有左右、駑馬三良馬之數。鄭注：「良馬一種四百三十二匹，五種合二千一百六十四。駑馬三之，為千二百九十六匹。」此不得單言駑馬，胡說非。《疏》引鄭荅趙商曰：「邦國六閑，四種，其數適當千二百九十六匹。諸侯不分左右，則正是一校。」劉注殆言侯制與？惟「校」作「實」字用，殊不辭。「校」與「較」通，疑當如《長楊賦》「校武票禽」之「校」。若《漢書·成帝紀》注：「校獵者，大為闌校以遮禽獸而獵取也」，亦不知何本。似因《說文》「校，木囚也」而傅會之。

69. 驫駥馬喬

善注云：「眾馬走皃。」

案：《說文》「驫」字云：「眾馬也。」故从三馬。《玉篇》云：「走皃。」《廣雅》亦云：「驫驫，走也。」王氏《疏證》謂「驫驫，猶《詩》之儦儦也。」此注四字竝釋，蓋約言之。「駥」字，字書所無，當作「狨」。《說文》「狨」在《新附》中，而《玉篇》有「狨」，云「獸走皃。」「馬喬」與「獢」通，《說文》無「獢」，《禮記·禮運》「故鳥不獢，故獸不狨。」鄭注：「獢、

狁，飛走之皃。」《集韻》亦云：「獝，獸走皃。」《周禮·大司樂》注引《禮記》作「喬」。釋文：「喬，本亦作獝。」「獝狁」，或為「獝、狁」。又本書《江賦》「鼓翅鷁鴋」，皆同聲通用。

70. 俞騎騁路，指南司方

注引《管子》曰：「桓公北征孤竹，見人長尺，冠而右袪衣，走馬。管仲曰：『登山之神有俞兒者，霸王之君興，走馬前導也。』」又引《鬼谷子》曰：「鄭人取玉，必載司南之車。」

案：《隋書·禮儀志》：「指南車，大駕出，為先啟之乘。漢初，置俞兒騎，竝為先驅。」後廢騎而存車，是「俞騎」與「指南」相連，故賦竝言之。且漢初所置，晉以前當同，而《續漢志》未載。若指南車之始，《古今注》言起於黃帝與蚩尤戰，蚩尤作大霧，士皆迷路，故作之。又言成王時，越裳來貢，迷歸路。周公錫以軿車五乘，為司南之制。而《御覽》引《鬼谷子》則謂肅慎氏獻白雉於文王，還，恐迷路。周公作指南車送之。所傳各異。

附案：《考工記·車人》注有定張車，孔氏廣森謂《書大傳》主夏者張，張為鶉火。南方之中定張車，疑即司南車，此亦足廣異名。

71. 長矟短兵

善注引《廣雅》曰：「矟，矛也。」

案：矟，今《廣雅》作矟。王氏《疏證》謂：「《釋名》云：『矟，矛長九尺者也。矟，霍也，所中霍然，即破裂也。』《說文繫傳》引字書：『槊，小矛也。』與『矟』竝字異而義同。」

余謂《說文》無「矟」有「槊」，似即字書之「槊」，而釋云：「軍中士所持殳也」，不以為矛。惟《集韻》矟有矟、矟二體之異。

72. 虩魁魖

善注引《爾雅》曰：「魁，白虎。魖，黑虎。」

案：《說文》無「魁」字，惟「䰢」字云：「白虎也」，讀若鼏。《玉篇》魁俗作䫏，別出魁字。《廣韻》同。《爾雅》釋文：「魁，《字林》下廿反，又亡狄反。」「亡狄」，即魁之音。郝氏謂「篆文甘與日形近，而䰢誤衍為魁是也。」《說文》：「魖，黑虎也。」《爾雅》釋文：「隸，今作魖。」《海內經》：「幽都之山多玄豹、玄虎。」郭注：「黑虎名隸。」隸、隸，皆「魖」之省。

《說文》又有「虩」字，云：「魋屬。」段氏以為即「魋」。然「去」與「甘」形、聲皆不近。「魋」之別有「虩」，同為白虎，猶「䖝」之別有「䖹」，同為黑虎矣。

73. 緤纍麚

劉注云：「緤，絆前兩足也。《莊子》曰：『連之羈緤音燮。』」

案：注此訓蓋《說文》語也。《廣雅》作「緤，絆也。」今《莊子·馬蹄篇》作「連之以羈馽。」釋文：「馽，司馬、向、崔本竝作緤。」「緤」，乃「緤」之省耳。

注又云：「麚，大麃也，桂林有麚。」

案：二「麃」字皆譌。胡氏《考異》謂袁本、茶陵本作「麈」，亦非。當作「麠」是也。《爾雅》：「麔，大麃，牛尾，一角。」《說文》「麔」，重文為「麚」。釋云：「大鹿也，牛尾，一角。」正用《爾雅》之文。「鹿」亦當為「麠」。郝氏謂《王會解》「發人麠麠者若鹿」，然則麠亦鹿屬矣。但麔、麚為一。而《中山經》云：「尸山，其獸多麚。」郭注：「似鹿而小」，與《說文》異，疑郭誤也。且《說文》「麠」下，大徐本作「麔屬」，小徐本作「麚屬」，《韻會》所引作「麚屬」，《爾雅》郭注亦云：「麠，即麚。」所傳各異，要之，皆同類耳。

74. 封豨猲

善注引《淮南子》申包胥曰：「吳為封豨脩蛇。」《方言》曰：「南楚人謂豬為豨。」

案：《說文》：「豨，从豕。」云：「豕走豨豨也。古有封豨脩蛇之害。」正本《淮南》書，即《左傳》申胥所謂「封豕長蛇」也。馬融《廣成頌》「拕封豨」，注：「豨，豬也。」《楚辭·天問》「封豨豕射」，注則云：「神獸也。」蓋豨雖豕類，以其大而特異，故神之。此賦與下「神蝝掩」對舉可見。

注又云：「猲，豨聲，呼學切。」

案：今字書或作「豞」，未知孰是。《正字通》「豞」與「豿」同。而《廣韻》有「豿」無「豞」，「豿」云「豕聲。」《集韻》引《字林》亦云：「豿，豕鳴也。」

75. 覽將帥之拳勇

善注云：「《毛詩》曰：『無拳無勇』，拳與權同。」

案：《說文》：「捲，氣埶也。」引《國語》有「捲勇」。今《齊語》「捲」作「拳」。許所據當係古本。《史記·孫子傳》「解紛糾者，不控捲。」注：「捲，即拳也。」此云「與權同」者，張參《五經文字》「權」下曰：「古拳、握字从手作攉。」《九經字樣》亦云：「攉，古拳字，俗作權，譌。」《詩·盧令》鄭箋：「鬈，讀當為權。權，勇壯也。」段氏謂「權亦攉之誤。」蓋「拳」者，「捲」之借字。「攉」者，「捲」之或體也。今人但以「捲」為「舒卷」字，乃《說文》別一義，而「捲」之為「勇」，罕知者。

76. 雖有石林之崟崿

劉注云：「《楚辭·天問篇》曰：『鳥有石林』。此本南方楚圖畫，而屈原難問之，則石林當在南也。」

案：「鳥」字誤，《楚辭》作「焉」。文云：「焉有石林，何獸能言。焉有龍虯，負熊以遊。」《集注》未詳。今本附載李賀引《海外紀》云：「石林山在東海之東，有洞深五百里，有鳥，多□羽，大水□龍虯[1]。有獸，色白，九尾，善飛，亦能言。有石，如木挺立數仞，枝幹皆備。開花朱色，爛然茲山，故名。」據此，石林是山，故賦言「崟崿」，下「攘臂而麾」，即謂搏殺其獸也。柳子厚《天對》舉「西極猩猩」為證，桑氏悅非之。《楚辭燈》曰：「《拾遺記》須彌山有五色玉樹，蔭五百里，以石色如玉也。」《山海經》：「熊山有穴，恒出神人，疑乘龍虯以游者，神熊也。」似皆不如賀說為合，但賀所引今無考。

【校】

〔1〕□□兩處為脫文，高步瀛《文選李注義疏》引朱王荇《集釋》作「有鳥，多翠羽，入水化為虬。」未明何據。

77. 仰攀鶲鶈

善注引《淮南子》許注：「鶲鶈，鷩雉也。」

案：許注，即今《說文》語也。《爾雅》「鷩雉」，郭注：「似山雞而小，冠背毛黃，腹下赤，項綠色鮮明。」《漢書》載《上林賦》顏注與郭略同，惟多「尾紅」二字。段氏謂：「許於鷩下云赤雉者，不必全赤，但赤多耳。」又《山海經》於《中山經》「牡山」、《西山經》「小華之山」竝云：「鳥多赤鷩。」

郭注：「即鷩雉。」然雉亦可稱山雞，《水經·浪水篇》注引《南越志》曰：「增城縣多鶄鶋，鶄鶋，山雞也。毛色鮮明，五采眩耀，利距善鬭。世以家雞鬭之，則可擒也。」而《正字通》云：「鶄鶋，似山雞而小，即錦雞。」要皆「鷩」之類矣。

又案：《子虛賦》「射鶄鶋」，郭注云：「似鳳，有光采。」《廣雅》以鶄鶋為鳳皇之屬。《御覽》引《倉頡解詁》云：「鶄鶋，神鳥，飛竟天。」又引《雜字解詁》云：「鶄鶋，似鳳皇。」殆不以為即「鷩雉」意。「鶄鶋」，本鳳屬。而「鷩雉」，文采亦似鳳，故得此名與。然《子虛賦》所稱與此處，宜非有二也。

78. 俯躓豻貘

善注引《爾雅》曰：「貘，白豹。」

案：後《上林賦》「貙旄貘犛」，注釋「貘」正用此文。彼處與今《爾雅》俱作「貘」。《爾雅》郭注云：「似熊，小頭，庳腳，黑白駁。能舐食銅鐵及竹骨，骨節強直，中實少髓，皮辟溼。或曰豹白色者，別名貘。」《史記》作「貘」，與此處同。《集解》引張揖云：「貘，白豹也。似熊，庳腳，銳䰅，骨無髓，食銅鐵」，義與郭合。《漢書》注亦引張說。《說文》：「貘，似熊而黃黑色，出蜀中。」釋文引《字林》云：「似熊而白黃，出蜀郡。」《逸周書·王會解》「不令支玄貘」，是貘兼黑、白、黃三色矣。「貘」，又作「貊」，《後漢·西南夷傳》「哀牢夷出貊獸」，章懷注引《南中八郡志》云：「貊大如驢，狀頗似熊，多力，食鐵，所觸無不拉。」又郭注《中山經》云：「卬來山出貊，貊似熊而黑白駁，亦食銅鐵。」前《蜀都賦》劉注亦以為貊獸。蓋貊、貘音同也，聲轉又為「猛」。《西山經》云：「南山獸多猛豹」，郭注：「猛豹似熊而小，毛淺有光澤，能食蛇，食銅鐵，出蜀中是也。」

余謂豹非食銅鐵，未必白者獨異，諸家多渾言之。而郭氏引或說，獨別言之，似不以為一物。諸書云出蜀中，出蜀郡，出南山、卬來山，皆蜀地也。疑食鐵之貘出蜀中，而白豹則吳境有之。《詩正義》引陸《疏》云：「毛赤而文黑，謂之赤豹；毛白而文黑，謂之白豹。」《列子·天瑞篇》釋文引《尸子》云：「中國謂之豹，越人謂之貘」，是特以豹得貘名，不定謂其食鐵也。太沖自言鳥獸草木，驗之方志，故賦蜀都云「戟食鐵之獸」，而此處所稱，殆祇謂豹之白色者與。

79. 翳薈無麛鷇

善注引《說文》曰：「麛，麛也。」

案：今《說文》作：「麔，鹿麛也。从鹿，弭聲。讀若偄弱之偄。」《廣雅》：「麔，麛也。」王氏《疏證》謂：「麔與麛同。《玉篇》音奴亂切。凡字從而聲、耎聲、需聲者，聲皆相近。小栗謂之梗，小魚謂之鮞，小雞謂之鷇，小兔謂之㲸，小鹿謂之麛，其義一也。」麛為小鹿者，《爾雅》：「鹿，其子麛。」或作麑，《論語》「素衣麑裘」，皇侃疏云：「麑，鹿子。麑之言兒，弱小之稱也。」麛之言偄，亦弱小之稱。

注又引《說文》曰：「鷇，鳥大雛也。」

案：今《說文·隹部》：「雛，鳥大雛也雛即鶵籀文，鶵从鳥。」《鳥部》：「鷚，天鸙也。」《爾雅》：「鷚，天鷚。」釋文云「鸙」，《說文》作「蕭宋本《說文》作龠」，是二者各別。小徐本以鷚、雛俱為天鷚，非也。《說文》「雛」下「一曰雉之莠子為雛。」實本《爾雅》，而《爾雅》作「鷚」。《淮南·時則訓》「天子以雛嘗黍」，高誘注：「春鷚也」，亦作「鷚」，蓋「隹」、「鳥」二部字，往往互用。

80. 宏舸連舳，巨檻接艫

劉注云：「舳，船前也。艫，船後也。」

案：《說文》諸書多以舳為船尾，艫為船頭。本書《辯亡論》「舳艫千里」，注引《漢書·武帝紀》注李斐曰：「舳，船後持柂處。艫，船頭刺櫂出處。」語尤明顯。惟《小爾雅》「船頭謂之舳，尾謂之艫」，乃劉所本。段氏云：「蓋《小爾雅》呼設柂處為船頭也。」余友胡墨莊又云：「舳艫前後，本可互名，竝作調人之論。」但《方言》曰：「舳所以制水也。」郭注：「今江東呼柂為舳，未聞柂有在船前者。」似當從戴氏震說。以此前、後二字為互譌。若《說文》云「《漢律》名船方長為舳艫」，則二字本不分析矣。

81. 稽鸛鷫

劉注云：「鸛鷫，鳥也。」引《楚辭》：「從玄鶴與鸛鷫。」

案：「鸛鷫」，一作「焦明」。後《上林賦》「掩焦明」，注引張揖曰：「焦明似鳳，西方之鳥也。」據《說文》言「五方神鳥，南方焦明」，則「西」字當為「南」之誤。《上林賦》以「焦明」與上「鳳皇」、「鵷鶵」竝列，自是鳳屬。善注又引《樂緯汁圖徵》云：「焦明，狀似鳳皇。」宋衷曰：「水鳥也。」然則

此鳥蓋似鳳而善水游，故此賦與下「鵁鶄」對舉。本書《難蜀父老》文「焦明已翔乎寥廓之宇，而羅者猶視乎藪澤。」彼注亦引《樂緯》語也。

82. 鉤餌縱橫

劉注引莊周曰：「任公子為大鉤巨緇，五十犗牛以為餌。」善引《列子》：「芒針為鉤，剖粒為餌。」

案：《說文・鬲部》云：「鬻，粉餅也。」重文為「餌」。而釣者所以唅魚，亦為餌。注引莊、列，蓋以鉺為餌。《玉篇》則云：「鉺，鉤也。」不即作唅魚之食解矣。

83. 筌鮞鱏

善注云：「鮞鱏，鮪也。」《史記》載《上林賦》郭璞注同。

案：「鮞鱏」，《說文》作「鮞鮥」云：「周雒謂之鮪，蜀謂之鮞鮥。」「鮞」為「鮞」之省，「鮥」與「鱏」，則音之轉也。《爾雅》：「鮥，鮛鮪。」「鮛」或作「叔」，郭注：「鮪，鱏屬也。」郭又云：「小者為叔，鮪大者為王鮪。」《詩正義》引陸璣《疏》云：「鮪魚，形似鱏，益州人謂之鮞鱏。」《山海經》注亦云：「鮪，即鱏也。」蓋同類之物，古人往往不別，故《蜀都賦》「鱏」字，劉注以「鮞鱏」釋之。

84. 䍲鰽魦

「䍲」為「纚」之誤，胡氏《考異》已言之。

案：「䍲」為魚名，不得與上「筌」字，下「罩」、「翼」字竝言，自當作「纚」。《說文》：「纚，冠織也。」引伸之則為網名。前《西京賦》「纚鰋鮋」，薛注云：「纚網如箕形，狹後廣前是也。」以纚為網者，《詩・小雅》「魚麗于罶，鱨魦。」《廣雅》：「麗，離也。」故《邶風》云：「魚網之設，鴻則離之。」《方言》云：「羅謂之離。」《周禮・小司寇》注亦云：「杜子春讀『麗』為『羅』也。」後《江賦》「筍㸚連鋒」，善注引舊說曰：「筍㸚，皆釣名。」《考異》謂「㸚亦即纚，或為網，或為釣，說者不同耳」，義當是。

85. 罩兩魪

劉注云：「魪，左右各今本亦作魝，誤。一目，所謂比目魚也。須兩魚竝合乃能游，若單行，落魄著物，為人所得，故曰兩魪。丹陽、吳會有之。」

案：比目魚為鰈，見後《上林賦》。而段公路《北戶錄》謂之「鰜」，《廣韻》亦以「鰜」為比目魚，則名不一矣。至郭注《爾雅》云：「江東又呼王餘魚。」然此賦上文言「雙則比目，片則王餘」，明非一魚，前劉注已詳。郝氏謂「王餘魚單行，非兩兩相合，郭注誤也。」《本草綱目》乃以郭說屬之，劉淵林非是。比目魚，又稱魪者，《爾雅·釋詁》：「介，助也。」《詩·生民》箋：「介，左右也。」《廣雅》之「蛤解」，亦呼為「蛤蚧」。《南海藥譜》引《廣州記》：「蛤蚧，生廣南水中，有雌雄，狀若小鼠，夜居榕樹上，投一獲二。」正與「兩魪」相類，故字俱從介。《玉篇》亦云：「兩魪，比目魚也。」

86. 罺鱅鰕

劉注云：「罺，抑魚之器也。」

案：《小雅》「烝然汕汕」，毛傳：「汕汕，樔也。」箋云：「樔，今之撩罟也。」釋文：「樔，或作罺。」疏引《爾雅》「樔謂之汕。」今《爾雅》作「罺」，郭注與箋同。《說文》有「樔」無「罺」，「樔」字異訓，見後《東征賦》。陳氏《稽古編》疑古止有「樔」字，「罺」則後人所益。郝氏云：「罺者，樔之或體。」

余謂捕魚者，惟「罧」用木。「罺」既是「撩罟」，似非從木之「樔」。《玉篇》：「罺，罟也。」《御覽》引舍人曰：「以薄翼魚曰罺者也。」「罺」與「樔」，同音通用耳。若《說文》：「汕，魚游水皃。」亦引《嘉魚》詩，則與《爾雅》、毛傳俱異，殆三家說與。

又案：上句「罩」字，劉注云：「籚也。編竹籠魚者也。」引《詩》：「烝然罩罩」。而此不引《詩》，善注亦未及。彼毛傳：「罩罩，篧也。」本《爾雅》「篧謂之罩。」《說文》作「籱」，重文為「篧」。小徐本作「篧」。《詩正義》引孫炎曰：「今楚罩也。」郝謂「罩用竹，無竹則以荊，故曰楚罩。《淮南·說林訓》：『罩者，抑之。』蓋漁人以手抑按於水中以取魚也。」而劉注「罺」亦云「抑魚」，是二者略相似矣。

善注引《爾雅》曰：「鱅，大魚。」

案：「魚」為「鰕」之誤。《說文》：「鱅，大鰕也。」正用《雅》訓。郭注：「鰕，大者長二三丈，鬚長數尺。今青州呼鰕魚為鱅。」《水經·淈水》注引《廣州記》：「刺史楊修鄉人言鰕鬚長一丈，修以為虛，其人至東海取鰕鬚，長丈四尺，示修，修始服。」此乃今之蝦也。《爾雅》別有「魵，鰕」，出穢邪頭國；「鯢，大者謂之鰕」，見《上林賦》，彼皆魚名，非一類。

87. 罦罳僱束

善注云:「罦,已見《西京賦》。」又曰:「罳,兼有也。」

案:彼處「罦」字引《說文》,此「又曰」亦《說文》語。「罳」,蓋今之牢籠,字故意取兼包,即為羅絡之義。《玉篇·有部》「罳」下曰:「馬罳頭。」又《革部》「鞼」下曰:「轡鞼也。籠頭繞者。」是「籠」與「罳」通矣。《說文》「鞼」下,今本作「龍頭」,當是字之誤。段氏謂「罳頭,即羈也。罦罳者,縶而籠其頭也。」但此本屬馬言,而賦上句云「沈虎潛鹿」,乃借以狀其受縶耳。

88. 黴鯨輩出於羣犗

注云:「黴鯨,魚之有力者也。魚大者莫若鯨,故曰黴鯨。」

案:《爾雅》「魚有力者黴」,蓋謂魚有力之通名,未嘗專屬。此注當刪上「鯨」字,但云「黴,魚之有力者也。」下釋語正不誤。郝氏疑黴鯨相儷,以為魚名,非是。

下句云「攙搶暴出而相屬」,注引《淮南子》「鯨魚死而彗星出」。

案:《爾雅》彗為攙槍。《春秋孔演圖》:「海精死,彗星出。」注云:「海精,鯨魚。」又《考異郵》:「鯨魚死,彗星合。」注云:「鯨魚,陰物,生於水。今出而死,是將有兵相殺之祥也,故天應之以妖彗。」此正可與《淮南》相證。

89. 精衛銜石而遇繳

善注引《北山經》曰:「發鳩之山有鳥名精衛,赤帝之女,姓姜,游於東海,溺而死,常取西山木石,以填東海。」

案:「姓姜」二字,今《山海經》作「名曰女娃」。後《魏都賦》注引同。郝氏謂「此處姓乃娃之譌,薑字衍」,是也。郝又云「《列仙傳》載炎帝少女,追赤松而得仙。是知東海溺魂,西山銜石,乃神靈之變化,非仇海之冤禽矣。女尸之為蕃草,猶是也。」

余謂《述異記》「炎帝女死化為精衛,偶海燕而生子,一名鳥市,一名冤禽,一名志鳥,俗呼帝女雀。」「冤禽」字見此,但「女娃」之為「精衛」,亦如「望帝」之為「子規」,特自古相傳,無憑指實,又何從定其靈與冤乎?

90. 文鰩夜飛而觸綸

善注引《西山經》曰:「秦器之山,濩水出焉。是多鰩魚,狀如鯉,魚身而鳥翼,蒼文而白首,赤喙,夜飛而行。」

案：今《山海經》作「泰器之山後《七啟》注引亦作「泰器」，則此處「秦」字，誤也，觀水出焉。是多鰩魚」，下同。《呂氏春秋・本味篇》云：「藋水之魚，名曰鰩。」高誘注：「藋水在西極。」「藋」即「觀」之省也。《本草拾遺》曰：「此魚生海南，大者長尺許，有翅與尾齊，群飛海上。海人候之，當有大風。」《說文》「鰩」字在《新附》中。鈕氏樹玉謂「《山海經》名物多怪誕，或《說文》不盡收其字。」惟本書《洛神賦》「騰文魚以警乘」，注云：「文魚，有翅能飛」，引《楚辭》「文魚兮失瀨」。所稱「文魚」，當即此文「鰩」矣。又《廣東新語》云：「海南多飛魚，疾如鳥，觸綸輒有光射潮。夜見漁火，爭投船上。」亦其證也。

91. 虸費錦繢

注云：「虸費，錦文貌。」

案：「虸」或作「虯」。《說文・壴部》、《壺部》竝無其字。惟《廣韻》：「虸，貪也。」《方言》亦云：「荊、汝、江、湘之間，貪而不施者，謂之虸。」而於義殊乖。注言「錦文貌」，亦望文為解耳。本書《上林賦》「繽紛軋芴」，郭注引孟康曰：「軋芴，緻密也。」虸既從乙，又為於既切，與乙音亦近。《月令》鄭注：「乙之言軋也。」《漢書》曰：「奮軋於乙」，故乙亦音軋。《說文》：「芴，菲也。」「菲，芴也。」互相訓。「芴」、「菲」與「費」音俱近。「緻密」之解，正合「錦繢」。然則此「虸費」當與「軋忽」義通，虸則借音字之變體矣。

92. 飛輕軒而酌綠酃

注引《湘州記》曰：「臨水縣有酃湖，取水為酒，曰酃酒。」

案：「酃」或作「醽」，以其為酒，故從酉，實則酒因地得名，作「酃」是也。《水經注・耒水》云：「酃縣有酃湖，湖中有洲，洲上民居以給，釀酒甚醇美，謂之酃酒，歲常貢之。」又本書《笙賦》「傾縹瓷以酌酃」，注亦引《吳錄》曰：「湘東酃水以為酒，有名。」惟彼賦正文專言酃固可，但以酃證之。此處言「綠酃」，似以「綠」為色。桂氏《札樸》云：「綠當作淥。《西京雜記》鄒陽《酒賦》『其品類則沙洛淥酃。』《荊州記》：『淥水出豫章康樂縣，其間烏程鄉有酒官，取水為酒，極甘美，與湘東酃湖酒年常獻之，世稱酃淥。』」據此，是「酃」、「淥」為二酒名，「綠」非色。而注單舉「酃」，失之。又《晉書・地理志》「酃縣屬湘東郡，康樂縣屬豫章郡」，本各一地。而《通鑑》「陸

納破丁道貴於淥口」，注云：「衡陽縣東二十里有酃湖，其水湛然綠色，取以釀酒甘美，謂之酃淥。淥口，即酃湖口也。」則直以水名酒，名之俱別者，混合為一。且因其水色之綠，或遂相傳稱之曰「綠酃」，並誤作从酉之字矣。

93. 繞霤未足言其固

劉注引《漢書》王莽策命前將軍曰：「繞霤之固，南當荊楚。」

案：此為莽命明威侯王級語。彼處顏注：「謂之繞霤者，言四面塞陿，其道屈曲，谿谷之水，回繞而霤。即今商州界七盤十二紆是也。」《通典》云：「商山，一名地肺山，四皓所隱之地，險阻」，下亦引此文。《方輿紀要》謂「即商洛山，亦謂之商阪。《史記》蘇秦說韓王曰：『西有商阪之塞。』『秦孝公十一年，城商塞。』蓋武關在焉。京相璠曰：『武關，楚通上雒陃道也。』上雒即商州。」據此，知自古稱要隘。故莽云「南當荊楚」，而與「羊頭」、「肴黽」、「汧隴」三方竝舉，特「繞霤」之名始此耳。

94. 樳木

劉注引《山海經》曰：「樳木長千里。」

案：此所引見《海外北經》，「樳」作「尋」。郭璞《游仙詩》及前《東京賦》注引此《經》同。惟《廣韻》云：「樳，木名，似槐。」「尋，長也。」亦引此《經》。是「尋木」，本謂木之長者，後人因加木傍而為木名耳。郝氏謂：「《穆天子傳》『天子乃釣於河，以觀姑繇之木。』郭注云：『姑繇，大木也。』引此《經》云：『尋木長千里，生海邊。』謂此木類。」《山海經》言「生河上」，與《穆天子傳》合。郭注：「海字，疑譌。」

余謂《大荒北經》「先民之山有槃木千里」。郝云：「尋木，非槃木。」然「尋」言其高，「槃」言其大，正相似。《山海經》多有兩處互見者，惟此等本屬幻辭，或同或異，無可深辨。

95. 龍燭

劉注引《山海經》曰：「鍾山之神，名曰燭龍，視為晝，瞑為夜。」

案：此所引亦見《海外北經》，「燭龍」作「燭陰」。又《大荒北經》有「章尾山」，與此略同，乃作「燭龍」。「章」與「鍾」，「陰」與「龍《七月》詩陰字與沖韻」，皆聲近而轉也。彼郭注引《離騷》曰：「日安不到，燭龍何燿。」《詩含神霧》曰：「天不足西北，無有陰陽消息，故有龍銜火精以往照天門

中。」又《淮南子・墜形訓》云:「燭龍在鴈門北,蔽於委羽之山,不見日。」
高誘注:「委羽,北方山名,一曰龍銜燭以照太陰,蓋長千里。」亦見後《思
玄賦》注。

96. 孟浪之遺言

劉注云:「孟浪,猶莫絡也,不委細之意。」

案:「孟浪」與「莫絡」為雙聲,蓋以聲得義。注又引《莊子・齊物論
篇》「夫子以為孟浪之言」,彼注李頤云:「孟浪,猶較略也。」崔譔云:「不
精要之貌。」正此注意。又《廣雅》:「無慮,都凡也。」王氏《疏證》謂「『無
慮』字與『莫絡』,亦一聲之轉,皆總度事情之謂。」故此賦下言「略舉梗
概」也。

又案:《宋書・傅隆傳》:「太祖以新撰《禮論》付隆使下意,隆上表曰:
『蚩鄙茫浪,伏用竦叔。』」「茫浪」,即「孟浪」,與「不委細」、「不精要」義
合。

《文選集釋》卷八

魏都賦　左太沖

1. 謀蹕駮於王義

善注引司馬彪《莊子注》曰：「蹕，讀曰舛。舛，乖也。」

案：《說文》「舛」為部首，云：「對臥也。从夂、牛相背。」重文為「蹕」，云：「楊雄作舛，从足、春。」是司馬以為「舛」、「蹕」各字，而楊、許則為一字矣。又「舛」之本義為「對臥」，字亦作「僢」。《王制》注釋「交趾」云：「浴則同川，臥則僢足」是也。段氏謂：「引伸之，凡足相抵皆曰僢。《典瑞》『兩圭有邸』，注云：『僢而同本』是也。《淮南書》及《周禮》多用『僢』字。」

余謂舛為足相抵，故蹕之或體，即从足，春則其聲也。此「蹕駮」，蓋謂其譌舛耳。

2. 造沐猴於棘刺

張注引《韓子》：「燕王好微巧，衛人曰：『臣能以棘刺之端為母猴。』」

案：陸氏《詩疏》云：「猱，獼猴也。楚人謂之沐猴。」《初學記》引孫炎曰：「猱，母猴也。」《說文》「夒」下夒，音人周反，字亦或作猱曰：「一名母猴。」「為」下曰：「母猴也。」「玃」下曰：「大母猴也。」「禺」下曰：「母猴屬也。」段氏謂：「母猴乃此獸之名，非謂牝者。」「沐猴」、「獼猴」，皆聲之轉耳。郝氏謂「玃，今呼馬猴。」「馬」、「沐」，聲亦相轉。

3. 眈眈帝宇

善注引《漢書》「客謂陳涉曰：『夥，涉之為王沈沈者。』」應劭曰：「沈沈，宮室深邃之貌。」

案：此語及應注亦見《史記》，蓋涉之客見其殿屋帷帳甚盛，故驚而偉之。前《西京賦》「大廈耽耽」，薛注与應劭義同。引伸為凡深邃之稱。《吳都賦》「玄蔭耽耽」，注云：「耽耽，樹陰重貌」是也。亦作「沈」者，本書《上林賦》「沈沈隱隱」，注云：「沈沈，深貌也。」《詩·賓之初筵》序「沈湎淫液」，釋文：「沈字或作耽。」故此善注云：「沈与耽，音義同也。」字多从耳，而此从目，則「耽」与「眈」，以同聲通用矣。

又案：梁氏玉繩云：「劉伯莊謂：『沈沈，猶談談。』『談』，疑『淡』之誤。『淡淡』，水平滿貌，見《高唐賦》。与『潭』亦近。『淡』轉為『潭』，猶『談』之作『譚』。」此說音韻固通，而以見其殿屋言之，似應義長。

4. 變為煨燼

善注引《廣雅》曰：「煨，燼也，烏瓌反。」《廣雅》曰：「煨，煙也。」

案：胡氏《考異》謂《廣雅》竝無「煨，燼也」之訓。惟《釋詁》云「煨，熅也」，「煙」必「熅」之誤。此以「煙」為「熅」，是也。但《釋言》又有「煨，火也。」「火」，蓋「烓」之壞字阮宮保《經籍籑詁》引此正作烓。「烓」，即「燼」字，《說文》作「烓」。古多「煨燼」連文，「煨」既訓「熅」，《集韻》云：「熅，火微」，正合「燼」義。則此「煨，燼也」，乃據《釋言》文，可正今本《廣雅》之誤。王氏《疏證》謂：「煨，火也。煨，當為煤。《方言》：『煤，火也。』」然觀善注似唐時本不如是矣。

5. 北臨漳滏，則冬夏異沼

張注云：「漳、滏，二水名，經鄴西北。滏水熱，故曰滏口。水有寒有溫，故曰『冬夏異沼』也。」

案：《續漢志》魏郡鄴下有滏水，注引此注云：「水經鄴西北。滏水熱，故曰滏口。」蓋謂水之經過於鄴耳。趙氏一清乃以為引《水經》之文，非也。今《水經·濁漳水篇》注云：「漳水於武安縣東，清漳水自涉縣東南來流注之，世謂決入之所為交漳口。」《經》云：「又東出山，過鄴縣西」，而不言北。注則云：「漳水又北，滏水入焉〔1〕。又東逕梁期城南。《地理風俗記》曰：『鄴北五十里有梁期城，故縣也。』」是漳水經鄴西北矣。注竝言漳、滏者，滏亦合

漳也。今《水經注》無「滏水」。趙氏補之云:「《山海經·北山經》曰:『又北三百里曰神囷之山,滏水出焉。而東流注于歐水。』《御覽》引《水經注》:「滏水發源出石鼓山南巖下,泉源奮涌,若滏之揚湯矣。其水冬溫夏冷,崖上有魏世〔2〕所立銘,水上有祠,能興雲雨。又東流,注于漳,謂之合河。」

余謂《御覽》所引當是今本酈注之脫文,其言「冬溫夏冷」,正此賦所云也。漳水,別見後劉公幹《贈五官中郎將》詩。

【校】

〔1〕「濫水」,《水經注校證》作「滏水」。

〔2〕「魏世」,《水經注校證》作「魏州」。

6. 神鉦迢遞於高巒

張注引「《冀州圖經》曰:『鄴西北鼓山上有石鼓之形。』俗云:『石鼓鳴,則天下有兵革之事。』」

案:《北山經》郭注云:「滏水,今出臨水縣西釜口山。」郝氏謂「据《水經注》,石鼓山當即滏口山之異名。」《方輿紀要》云:「滏山在今磁州武安縣武安,今改屬彰德府東南二十里,即滏口,太行第四陘也。亦曰鼓山,有二石如鼓,南北相當。俗云:『南鼓北鼓,相去十五。』」

余謂《淮南·墜形訓》「釜出景」,高誘注:「景山在邯鄲西南,釜水所出,其源浪沸湧,如釜中湯,故曰釜。」邯鄲與磁州,今俱屬廣平府。是「景山」亦石鼓山之異名也。《說文》:「鉦,鐃也」,與「鼓」異。而稱「神鉦」者,《詩·小雅》「鉦人伐鼓」,蓋本相連之物。《水經·沔水下篇》注云:「洞庭南口有羅浮山,浮山東石樓下有兩石鼓,扣之清越,所謂神鉦者也。」則石鼓之即為「神鉦」,固有他證矣。

7. 溫泉毖涌而自浪

張注云:「溫水,在廣平都易縣,俗以治疾,洗百病。」

案:胡氏《考異》謂「當作廣平郡易陽縣」是也。據《方輿紀要》,今廣平府附郭之永年縣西四十里有臨洺城,本漢之易陽縣,屬趙國,後漢因之,晉屬廣平郡。故《續漢志》趙國易陽下,劉昭注引此賦語并注。但今縣境惟滏水、洺水,無溫水。賦語似即指滏水,未詳。

善注云:《說文》:「泌,水駛流也。」「泌」與「毖」同。

案：今《說文》：「泌，俠流也。」段氏云：「俠者，曑也。《三輔》謂輕財者為曑。俠流者，輕快之流如俠士。」然解似稍迂。或云此注「駃」字，當是「駚」，「駚」有「疾」義。但《說文》無「駚」字，不應別據以釋。

余謂《廣韻》：「駃，苦夬切。」與「快」同，俗以「駃」為「快」。《酉陽雜俎》「河水色渾駃流」，《尸子》曰：「黃河龍門駃流如竹箭」，「駃」皆「快」字。則此注「駃流」即快流。而《說文》之「俠流」，亦「快流」也。又疑「駃」當為「決」。《易·雜卦傳》：「夬，決也。」《集韻》：「駃，音玦。」是「駃」、「決」音同。《說文》：「決，行流也。」《廣雅·釋訓》：「決，決流也。」《廣韻》：「決，疾貌。」莊子《逍遙游》《齊物論》二篇釋文引李注同。「決」既為「疾」，亦與「輕快之流」義合。

8. 墨井

張注云：「鄴西高陵西伯陽城西有石墨井，井深八丈。」

案：《水經·濁漳水》注云：「冰井臺下有冰室，室有數井，井深十五丈，藏冰及石墨焉。石墨可書，又然之難盡，亦謂之石炭。又有粟窖及鹽窖，以備不虞。今窖上猶有石銘。」是「墨井」為冰室，內藏石炭之所，即在鄴城中。而《方輿紀要》：「臨漳縣，本漢魏鄴地，有伯陽城在縣西北。」豈此注與酈氏所稱各一處歟？

9. 鹽池

張注云：「河東猗氏南有鹽池，東西六十四里，南北七十里。」

案：左氏《成六年傳》：「晉人謀去故絳，諸大夫曰：『必居郇、瑕氏之地，沃饒而近鹽。』」服虔曰：「鹽，鹽池也。」杜預《春秋釋地》云：「今解縣西北有郇城。」京相璠曰：「河東解縣西南五里有故瑕城。」《山海經·北山經》云：「景山南望鹽販之澤」，郭注：「即鹽池也。今在河東猗氏縣。」郝氏謂：「《水經·涑水》注及《太平御覽》引此注，『鹽池』上竝有『解縣』二字，今本脫也。《穆天子傳》『戊子至於鹽』，郭注：『鹽，鹽池，在河東解縣。』《呂氏春秋·本味篇》云：「和之美者，大夏之鹽。」高誘注：『大夏，澤名。』考『大夏』，古晉地，此澤亦即鹽澤矣。《地理志》『河東郡安邑鹽池在西南。』《晉書·地理志》『河東郡解，有鹽池。』」

余謂酈注云：「涑水西南逕監鹽縣故城，城南有鹽池，上承鹽水。水出東南薄山。」「又逕安邑故城南，西流注于鹽池。」「許慎謂之鹽盬。長五十一

里，廣六里，周一百一十四里。呂忱曰：『宿沙煮海謂之鹽，河東鹽池謂之解鹽。』今池水東西七十里，南北七十里，紫色澄渟，渾而不流。水出石鹽，自然印成，朝取夕復，終無減損。惟水暴雨澍，甘潦奔泆，則鹽池用耗。故公私共堨水徑，防其淫濫，謂之堨水。」「池西又有一池，謂之女鹽澤，東西二十五里，南北二十里，在猗氏故城南。」據此，與張注里數稍異，而地則同。今之解州，本猗氏及解縣地，安邑亦州所屬也。

又案：今《說文》：「鹽，河東鹽池也。袤五十一里，廣七里，周百十六里。」《左傳正義》《後漢書》注所引竝同，而《水經注》獨異。《郡國志》注引楊佺期《洛陽記》又云：「長七十里，廣七里。」合之《水經注》所引呂忱說及此賦注，皆有參差。段氏以為蓋隨代有變，是已。

10. 嘉祥徽顯而豫作

善注引文帝《答曹植詔》：「徽顯成章」。毛本「徽」作「微」，注同。

案：《尚書・立政》「予旦已受人之徽言」，蔡邕《石經》作「微言」。孔傳以「徽言」為「美言」。孫氏星衍謂：「微与㜫，聲義竝近，㜫言亦美言也。」是「徽」與「微」通。《易・繫辭》「微顯而闡幽」，賦語當本此，則毛本亦非誤字。

11. 古公草創而高門有閌

善注引《毛詩》語，「皐，亦作高。」

案：《禮記・明堂位》「天子皐門」，注云：「皐之言高也。」《釋名・釋親屬》亦云：「高，皐也。」是「皐」、「高」聲義竝同。「閌」，《毛詩》作「伉」，此從《韓詩》，見釋文。前《西京賦》亦云「高門有閌」，注「伉」與「閌」同。

12. 欒櫨疊施

善注云：「《廣雅》曰：『曲枅謂之欒。』《說文》曰：『欂櫨，柱枅也。』然『欒』、『櫨』一也，有曲直之殊耳。」

案：《說文》「欒」為「欒木，似欄。」段氏謂：「欄者，今之楝字。欒借為圜曲之偁，如鐘角曰欒，屋曲枅曰欒，是已。」

余謂前《西京賦》「結重欒以相承」，薛注云：「欒，柱上曲木，兩頭受櫨者」，義與《廣雅》同。後《魯靈光殿賦》「曲枅要紹而環句」，正指「欒」言。《景福殿賦》「欒栱夭蟜而交結」，即言其曲狀。故《釋名》亦云：「欒，攣也。

其體上曲，攣拳然也。」

注引《說文》語，蓋統舉之。

案：今《說文》：「欂，壁柱也。」「櫨，柱上枅也。」「枅，屋櫨也。」《爾雅·釋宮》：「開謂之槉。」郭注：「柱上欂也，亦名枅。」又《廣雅》：「欂謂之枅。」是「欂」与「枅」一也。《爾雅》釋文：「櫨，即欂也。」又引《字林》云：「欂，櫨也。」是「欂」与「櫨」亦一也。「欂」、「櫨」、「枅」異名，實一物。惟《說文》欂為壁柱，不嫌異訓。而《玉篇》《廣韻》分「欂」、「欂」為二字。段氏從之，遂於欂篆外，別作欂篆，是臆增《說文》之所無矣。其實欂為欂之省，固一字耳。至櫨之為枅，《一切經音義》引「《三蒼》云：『櫨薄，柱上方木也。』山東、江南皆曰枅。」《漢書》顏注：「薄櫨，柱上枅也。」與此注及《甘泉賦》《魯靈光殿賦》《長門賦》諸注引《說文》皆合。然今《說文》「栭」字亦有證。《爾雅》釋文引《字林》云：「櫨，柱上栭也。」《漢書·楊雄傳》，蕭該《音義》引同。《淮南·本經訓》「欂櫨」注：「櫨，柱上栭，即梁上短柱也近邵氏《釋爾雅》引此二文及《說文》，皆改為枅。」據此，則「栭」字亦非誤。「枅」既有「屋櫨」之訓，而「櫨」為「柱上栭」義，正兩相足，似不必援此注以改今本「栭」字。或曰今《說文》乃後人據《字林》改之，未知其審。

13. 暉鑒楧桭今本二字俱誤从手

張注云：「楧，中央也。桭，屋宇檼也。」

案：後《甘泉賦》「日月纚經於楧桭」，注引服虔曰：「楧，中央也。桭，屋梠也。梠，即檼也」，與此注正合。《說文》無「桭」字，惟「宸」字云「屋宇也。」段氏謂：「屋者以宮室上覆言之，宸謂屋邊。故古書言『楧桭』者，即棟宇也。《西京賦》『消氛埃於中宸』，「中宸」，即楧桭。韋昭注《國語》云：『宸，屋霤也。宇，邊也。』若《玉篇》引賈逵云：『宸，室之奧者』，當亦是《國語》注，而其說異矣。」

余謂《廣韻》有兩「桭」字，一云「屋梠」，一云「兩楹間」，而「宸」字則云「天子所居。」《集韻》「桭，或作梐」，訓與《廣韻》同，其說又異。

14. 中朝有酡

善注引毛萇《詩傳》曰：「酡，赤貌也。」

案：此與後《琴賦》「瑤瑾翕酡」注引《詩傳》「酡，赤色貌」同。今《詩》

無「赩」字，惟《采芑篇》「路車有奭」，毛傳：「奭，赤貌。」又《瞻彼洛矣》「靺韐有奭」，釋文亦云：「奭，赤貌。」而《白虎通》引《詩》「奭」作「赩」。故此注遂以「赩」為「奭」，而云「赤貌」也。「赩」字《說文》在《新附》中。

15. 蹡蹡濟濟

善注引《禮記》曰：「大夫濟濟，庶士蹡蹡。」

案：「庶」為衍字，今《禮記》無之。「蹡蹡」作「蹌蹌」。釋文：「蹌，本又作鶬，或作蹡。」同前《吳都賦》劉注「蹡蹡，行步貌。」蓋亦以「蹡蹡」為「蹌蹌」矣。依《說文》，「蹌」為行皃，當作「蹌」。「鶬」、「蹡」皆同音借字。「蹌」從足，訓「動」，義得與「蹌」通矣。

16. 蘭渚莓莓

善注引《左氏傳》曰：「原田莓莓」。

案：「莓」，今《左傳》作「每」。《說文》：「每，艸盛上出也。」故杜注云：「晉君美盛，若原田之艸，每每然。」「每」，本從屮。「屮」，即艸也，俗又加艸。作「莓」，非是。賈昌朝《羣經音辨》引《左傳》作「苺苺」。

17. 三臺列峙以崢嶸

張注云：「銅爵園西有三臺，中央銅爵臺，有屋一百一間。南金虎臺，有屋一百九間。北冰井臺，有屋百四十五間袁本、茶陵本四作三。《水經注》作百四十間。」

案：《水經・濁漳水》注云：「城之西北有三臺，皆因城為基，巍然崇舉，其高若山，建安十五年魏武所起。《春秋古地》云：『葵邱，地名，今鄴西三臺是也。』」「銅雀臺高十丈，其後，石虎更增二丈，立一屋，連棟接榱，彌覆其上，盤迴隔之，名曰命子窟。又於屋上起五層樓，高十五丈，去地二十七丈，金虎、冰井二臺，俱高八丈」，下即引此賦語。《方輿紀要》云：「晉永嘉二年，劉淵遣石勒等寇鄴，殺魏郡太守王粹於三臺。六年，石勒自棘津濟河至鄴。時劉績為魏郡太守，保三臺以自固。咸康初，石虎徙鄴，名銅雀曰鶴雀臺。是年，臺崩，虎修之，倍於其舊，又築九華宮其上。永和五年，石閔執其主遵於南臺，殺之，即金虎臺也。繼石鑒立居於中臺，復為閔所殺。升平元年，慕容雋徙都鄴，復作銅雀臺，以兵亂圮毀。齊高洋天保七年，修廣三臺宮殿，發丁匠至三十餘萬，歷三年乃成。九年，更名銅雀曰金鳳，金

虎曰聖應，冰井曰崇光。后周主入鄴，詔毀三臺宮殿。大象二年，楊堅焚燒鄴都，樓臺盡毀，惟土阜存焉。」此雖後事，存之足廣異聞。

又案：汪氏師韓云：「銅爵作於建安十五年，金虎作於十七年，冰井作於十八年。」攷《魏志》，十八年作金虎臺，而冰井未及，此不知何據。《水經注》以三臺俱係之十五年者，渾舉之也。汪又云：「石虎重修，其名未改，北齊文宣帝乃改之。注云『南有金鳳臺』，必李氏傳鈔之誤。」然今尤氏本正作「金虎」，非「鳳」也。汪所見刻本誤耳，不得以咎李氏。

18. 長途牟首

張注云：「牟者，閣道有室者也。《霍光傳》說昌邑王輦道牟首，鼓吹歌舞。」

案：今《漢書》注引孟康曰：「牟首，地名，上有觀。」如淳曰：「輦道，閣道也。牟首，屏面也。以屏面自隔也。」臣瓚曰：「牟首，池名也，在上林苑中。」師古以瓚說為是，而疑此賦誤用。

余謂諸家說各異，但以「鼓吹歌舞」觀之，當在閣道之室中，且與上「長塗」連言。蓋即《上林賦》所稱「步櫚周流，長途中宿」者也。彼注引郭璞曰：「中途，樓閣間陛道。」又《西京賦》云：「長廊廣廡，途閣雲蔓」，薛注：「謂閣道如雲氣相延蔓也。」上言廊廡，皆屋也，竝與此合。即孟康云「上有觀」，亦似謂閣道之屋，但非地名耳，孟陽此注固可從。張氏《膠言》引劉攽云：「牟首者，岑牟也。鼓角士胄，謂是輦人之牟首。」故下有「禁兵」、「司衛」之語。然下文隔數語云「附以蘭錡」，然後及「禁兵」。不應先言「禁兵」之胄，又與上「長塗」絕不相屬，殊為不辭，亦非也。

19. 豪徽互經

張注云：「豪徽，道也。」

案：《說文》：「徽，循也。」《廣韻》義同。又云：「小道也。」前《西都賦》「徽道綺錯」，注引《漢書》「中尉掌徽循京師」，如淳曰：「所謂游徽循禁，備盜賊也。」《後漢書·班固傳》注云：「徽道，徽循之道」，義正同。則此亦當以「道」為「徽循」之所經。「豪」者，其長也。

20. 藐藐標危

善注引《禮記》鄭注：「危，棟上也。」

案：此為《喪大記》「中屋履危」注。又《史記・魏世家》「痤因上屋騎危」，《集解》亦同。《說文》「危」為部首，云：「在高而懼也。」本書《七命》注又引《論語》鄭注：「危，高也。」棟上乃屋之極高處，故稱「危」。桂氏《札樸》則云：「危當為厃。《說文・厂部》：『厃，屋棕也。秦謂之桷，齊謂之厃。』」據此，是「危」亦借字，危本從厃也。

21. 菀以玄武

張注云：「玄武菀在鄴城西，菀中有魚梁、釣臺、竹園，蒲陶諸果。」

案：《水經・洹水篇》：「又東北出山，過鄴縣南。」注云：「淇水際其西，逕魏武玄武故苑。苑舊有玄武池，以肆舟楫。有魚梁、釣臺、竹木、灌叢。今池林絕滅，略無遺跡矣。」此處「苑」作「菀」，《詩・菀柳》毛傳：「菀，茂木也。」《國語・晉語》「人皆集于苑」，注亦云：「苑，茂木貌。」是「菀」、「苑」字通用，後人因以為園囿之稱。

22. 蒹葭㩻

注引《說文》曰：「㩻，分別也。」

案：此所引為《虤部》文，下云：「从虤對爭貝，讀若回。」今音則為「胡畎切」。此字《廣韻》兩收之：一《三十二霰》云：「獸名」，即《爾雅》所謂「㩻，有力」者也。又《二十七銑》：「一曰對爭貝，倒一虎者，非倒字，今誤作從。」此賦語蓋形容之詞，或從《爾雅》之義。孫氏《補正》引王觀國《學林》云：「蒹葭蒼然，若強有力者。」或從《說文》之義，段氏謂「蒹葭茂密，若爭地而生」，似皆可通。

23. 綠荑泛濤而浸潭

善注引《說文》曰：「白濤，大波也。」

案：「白」為衍字，當因涉上「曰」字而誤。今《說文》「濤」字在《新附》。鈕氏樹玉疑「濤」即「淖」之別體。「濤」者，潮也。《說文》「淖」，從朝省。「朝」，從舟聲。「舟」、「壽」，古通。如《書・無逸》「譸張」字，《詩》及《爾雅》竝作「侜」是也。

余謂前《西京賦》注引《蒼頡篇》云：「濤，大波。」《一切經音義》引同。此注所引殆非《說文》語。近沈氏濤乃以「濤」為經典正字，引此注為證。下又云：「《春秋》有袁濤塗，謂許君偁《春秋》《左氏》古文也。」然善注竝未

載引《春秋》語。且胡氏《考異》云：「此注袁本、茶陵本無之」，則是後人據新附《說文》竄入者耳。

24. 若咆渤澥與姑餘

張注引《淮南子》曰：「軼鷦雞於姑餘。」

案：此所引見《覽冥訓》。「鷦雞」作「鸚雞」，二者一物也，已見前《西京賦》。《淮南》上句云「過歸鴈於碣石」，高誘注：「言其御之疾。自碣石過歸鴈，便復東南軼過鸚雞於姑餘山也。」此賦則借言之，但謂禽之或南或北，而總集於苑中，故下句云「常鳴鶴而在陰」耳。「渤澥」與「碣石」同，皆舉北地。高注又云：「姑餘山在吳。」據《方輿紀要》，今蘇州府西三十里有姑蘇山，一名姑胥，一名姑餘，皆音相近也。《志》云：「在橫山西北，今人稱為胥臺山」者，蓋闔閭所造之姑蘇臺在其上。

25. 西門漑其前，史起灌其後

善注引《河渠書》曰：「西門豹引漳水漑鄴，以富魏之河內。」《漢書》曰：「史起為鄴令，遂引漳水漑鄴。」

案：《呂氏春秋‧樂成篇》云：「魏襄王為羣臣祝，皆如西門豹之為人臣也。史起對曰：『魏氏之行田也以百畝，鄴獨二百畝，是田惡也。』漳水在其旁，而西門豹弗知用，是其愚也。」梁氏玉繩謂《後漢書‧安帝紀》「初元二年，修西門豹所分漳水為支渠以漑田。」《水經‧濁漳水》注亦云：「豹引漳以漑鄴」，皆與《史記》合。《呂覽》之言殆不足據，《漢書‧溝洫志》乃誤仍之耳。惟此賦所稱，斯得其實。

26. 墱流十二，同源異口

張注云：「鄴下有天井堰，在城西南，分為十二墱。」

案：《水經‧濁漳水篇》注云：「魏武王又堨漳水，迴流東注，號天井堰。二十里中，作十二墱，墱相去三百步，令互相灌注，一源分為十二流，皆懸水門。陸氏《鄴中記》云：『水所漑之處，名宴陂澤』」，下引此賦語為證。《方輿紀要》謂：「《史記》言西門豹鑿十二渠，故後名西門渠。宋天聖四年，王沿上言魏之十二渠，歷漢、魏、齊、隋不絕，唐至德後遂廢。今相魏磁、洺之田，竝漳水者，斥鹵不可耕，請復十二渠，扼中流以作堰，下流大渠，分置斗門，餘水東入於御河。或水盛溢，則下板閉渠，以防奔注。復三百年之廢迹，漑數

萬頃之良田，議卒不行。」《紀要》又云：「天井堰在紫陌橋下，紫陌在故鄴城西北五里與注云「西南」不合，疑有誤，本名祭陌。」蓋即西門豹沈巫處矣。

27. 石杠飛梁，出控漳渠。疏通溝以濱路，羅青槐以蔭塗

張注云：「石竇橋在宮東，其水流入南北里。魏武時，堰漳水在鄴西十里，名曰漳渠堰。東入鄴城，經宮中東出，南北二溝夾道，東行出城，所經石竇者也。」

案：《水經・濁漳水》注云：「魏武又以郡國之舊，引漳流自城西東入，逕銅雀台下，伏流入城東注，謂之長明溝。渠水又南逕止車門下，溝水南北夾道，枝流引灌，所在通溉。東出石竇堰下，注之洹水，故魏武《登臺賦》曰：『引長明，灌街里』，謂此渠也。」《方輿紀要》云：「石竇堰在鄴城東，魏武之石竇堰也。晉永和六年，冉閔之亂，後趙將張賀度據石瀆，即石竇矣。」

余謂《說文》「竇」字本从「瀆」省聲。《荀子・脩身篇》注云：「瀆，水竇也。」《周禮・大司樂》注「四竇」，釋文：「竇，本作瀆」，是二字通也。《紀要》又引《典略》云：「建安十八年，曹公作金虎臺，於其下鑿渠，引漳水入白溝以通漕」，亦即指此。

28. 肅肅階闥

善注引《爾雅》曰：「兩階間曰闥。」

案：今《尔雅・釋宮》「兩階間謂之鄉。」《集韻・四十一漾》引作「謂之闥」。《說文》：「闥，門響也。」「響」，疑當作「鄉」。《易・繫辭》「其受命也如嚮」，是以「嚮」為「響」。此又以「響」為「嚮」，但古祇作「鄉」，即今之「向」字，与「闥」通。《廣雅》云：「窔、牖，闥也。」《詩・七月篇》「塞向墐戶」，毛傳：「以向為北出牖」，是也。

29. 都護之堂，殿居綺牕

注於「殿」無釋。

案：《困學紀聞》云：「《周禮・槁人》注：『今司徒府中有百官朝會之殿。』」後漢《蔡邕集》所載『百官會府公殿下』者也。古天子之堂未名曰殿。《說苑》：『魏文侯御廩災，素服辟正殿。』《莊子・說劍》云：『入殿門不趨。』蓋戰國始有是名。《燕禮》注：『當東霤者，人君為殿屋也。』疏謂〔1〕舉漢以況周。然漢《黃霸傳》『先上殿』，注謂『丞相所坐屋』。古者屋之高嚴，

通呼為殿，不必宮中也。」翁氏元圻注引宋葉大慶《考古質疑》曰：「《初學記》言《史記·始皇紀》始曰『作前殿』，是稱殿起于秦。據《通鑑外紀》『晉平公布蒺藜于殿下，齊景公怒，有罪者縛至殿下。』已見于春秋時。又曰：『《漢書》「梁王立，謂傅相尚苛刻，宮殿之裏過失亡不陳。」』〔2〕而魯恭王靈光巋然，議者不以為僭，則人臣亦謂之殿矣。《藝文類聚》『宮闕名』蕭何、曹參、韓信皆有殿。至魏《張遼傳》文帝為起殿舍，又特與遼母作殿。齊高帝為齊公，以石頭城為其世子宮，以聽事為崇光殿，外齋為宣德殿。即是而觀，唐以前上下猶稱殿也。」

余謂葉氏說甚覈，古天子諸侯有朝，卿大夫亦有朝，後世惟天子之室稱宮，而古上、下通稱。《內則》「由命士以上，父子皆異宮」是也，殿當相類。若顏師古注《黃霸傳》以通呼殿，屬古，則唐已不然可知。而《董賢傳》「起大第，重殿洞開」，顏注又云：「殿有前後，僭天子制者」，此殆以「重殿」為僭，而非謂殿之名為僭耳。

【校】

〔1〕據《困學紀聞》，「疏謂」下脫「漢時殿屋四向流水」。

〔2〕《困學紀聞》引作「梁王立謂傅相不以仁義輔翼大臣，皆尚苛刻，宮殿之裏，毫釐過失，亡不暴陳。」

30. 瑋豐樓之閈閎

張注引《左傳》：「高其閈閎。」

案：所引見《襄三十一年》，彼釋文云：「《爾雅》所以止扉謂之閎，讀者因改《左傳》作各音。」《傳》下文云：「門不容車」，此云「高其閈閎」，俱謂門耳，於義自通，無為穿鑿。而《爾雅》郭注引《傳》作「閈閎」。《匡謬正俗》云：「門既不大，止扉又高，不容車入，故子產壞垣。」尋文究理，郭得之。近段氏因謂杜注「閎，門也」，此必有誤。郭、顏所據不誤，陸之音義，孔之正義，皆據誤本。郝氏《爾雅義疏》說同。惟王氏《經義述聞》設「七不可通」以辨之，末云：「徐仙民所作《左傳音》，但音『宏』不音『各』，陸元朗亦但謂讀者改作『各』音，而不言舊本作『閣』。然則賈、服諸家之本，皆作『閈閎』，無作『閣』者可知。」

余謂王說是也。《爾雅》「術門謂之閎。」上云「小閨謂之閣」，「閣」本「閤」之誤，或遂疑「門」可名「閣」，又以下「止扉」之物混合之。不知

《爾雅》固別為一條，不相涉也。「止扉」者，正當為「閣」。釋文及《廣韻》竝作「閎」，「閣」是而「閎」非矣。《左傳》「閉閣」連文，與下「牆垣」一例。若作「閉閣」，則不辭，「閎」是而「閣」非矣。此賦「營客館」以下，暗用《傳》語，而正文及注俱作「閎」，則誤。在東晉之後，惟景純與仙民同時，徐不誤而郭誤，何耶？

又案：此注引《爾雅》「閎，巷門也。」「巷」，即「術」字。「一曰閎，門中所從出入也」，當是本《爾雅》舊注。

31. 弓珧解觖

張注云：「《爾雅》曰：『弓以蜃者謂之珧。』蜃，骨也。」

案：《爾雅》郭注云：「珧，小蚌。」用蚌飾弓兩頭，因以為名。《說文》：「珧，蜃甲也。」所以飾物。《楚辭‧天問篇》云：「馮珧利決」，王逸注：「珧，弓名也。」釋文：「珧，以蚌飾弓弭。」蓋《爾雅》「弓無緣者謂之弭」。「弭」者，弓末之名也。

32. 振旅輷輷

善注引《蒼頡篇》曰：「輷輷，眾車聲也，呼萌切。」今為輷字，音田。

案：《說文》：「轟，羣車聲也。」《一切經音義》：「轟，今作輷，字書作輷，同呼萌切。」段氏謂：「古字作輷，今字作輷，《玉篇》作輷，皆當在真、臻部。」

余謂「田」本讀為「陳」，此賦語蓋即《詩‧采芑篇》之「振旅闐闐」也。《說文‧口部》引又作「嗔嗔」。「闐」、「嗔」、「輷」皆字異而義同。注亦當引《詩》而云「輷與闐通。」

33. 武人歸獸而去戰

張注引《尚書》曰：「往伐歸獸。」

案：所引乃《武成》序文，非《書》語也。彼處釋文：「獸，本或作嘼，嘼為畜之正字。」《爾雅‧釋獸》與《釋畜》各分。《書》序語，蓋即《樂記》所云：「歸馬華山，放牛桃林」者，馬牛皆畜類，故曰「歸嘼」。孫氏《考異》以《匡謬正俗》謂「獸當作嘼」，是也。但獸既从嘼，又从犬，犬亦畜也。《史記‧周本紀》：「乃罷兵西歸，行狩，記政事。」孫氏星衍謂「狩與獸通已見前《東京賦》。」「行狩，記政事」，正《書》序「歸獸，識其政事」之義。

然則作獸亦可，猶之兩足曰禽，四足曰獸。而渾言之，獸或統稱禽矣。

又案：孔氏廣森云：「歸獸之事，蓋孟子所謂『驅虎豹犀象而遠之』者，出於《武成》之篇。梅氏古文但摭拾《樂記》『放牛』、『歸馬』二語，恐未足以當之。觀《漢書·律麻志》引《武成》數處。今《逸周書·世俘解》具有其語，而《世俘》載虎貓羆犀等各若干，頗與『歸獸』事相類，意《武成》《世俘》多大同。」據此，則「歸獸」正不必作「歸罍」，亦一義也。

34. 鐻耳之傑

善注引《山海經》曰：「青要之山，魖武羅司之，穿耳以鐻。」郭璞曰：「鐻，金銀之器名。魖，音神。」

案：所引見《中山經》。郝氏謂：「鐻，假借字也。《說文》以為虡之或字，其《新附》字引此《經》則作『璩』，云：『璩，環屬也。』《後漢書·張奐傳》云：『遺金鐻八枚。』」據此知鐻者以金銀為耳飾也。但言山神，殊不相屬。攷《海內南經》有離耳國，郭注云：「鎪離其耳，分令下垂以為飾，即儋耳也。」「離」與「鐻」，音相近。「儋耳」，亦見《大荒北經》，《說文》作「瞻耳」，《淮南·墜形訓》作「耽耳」，《博物志》作「檐耳」，字竝通。《海外北經》又有「聶耳」。《逸周書》伊尹獻四方令有「闒耳」，亦皆其類。《說文》云「南方有瞻耳國」，即《海內南經》之「離耳」也。《呂氏春秋·任數篇》「北懷儋耳」，即《大荒北經》之「儋耳」也。《逸周書》「闒耳在正西」，則西方亦有之。前《吳都賦》注引《異物志》曰：「儋耳人鏤其耳匡」，《漢書》張晏注云：「儋耳，鏤其頰皮，上連耳，分為數支，狀似雞腸，累耳下垂。」《後漢書·南蠻傳》云：「珠崖儋耳，其渠帥貴長耳，皆穿而縋之。」又《西南夷傳》云：「哀牢人皆穿鼻儋耳，其渠帥自謂王者，耳下肩三寸，庶人則至肩而已。」《水經·溫水篇》注引《林邑記》云：「儋耳民好徒跣，耳廣垂以為飾。」諸書所載大略相似。今苗人男婦皆穿耳，戴大銀鐶，或四或二，其遺俗猶然，當即此賦所謂「鐻耳」也。

35. 二嬴之所曾聆

善注云：「《史記》曰：『趙氏之先，與秦同祖。』然則秦、趙同姓，故曰二嬴也。」

案：前《西京賦》用秦穆公聽鈞天廣樂事，此注引《史記》趙簡子與之同，故賦語云。然顧氏《日知錄》云：「《秦本紀》太史公曰：『秦以其先造

父封趙城,為趙氏。』《陸賈傳》:『秦任刑法,卒滅趙氏。』《索隱》引韋昭曰:『秦與趙同出蜚廉,造父有功,周穆王封之趙,由此一姓趙氏。』《漢書·武五子傳》:『趙氏無炊火焉。』韋昭曰:『趙,秦之別氏。』《南越傳》:『蒼梧秦王』,晉灼曰:『秦王即趙先也〔1〕。趙本與秦同姓,故曰秦王。』《淮南子》亦稱秦始皇為趙政。《三國志》陳思王上疏:『絕纓盜馬之臣赦,楚、趙以濟其難。』《文選》王融《策秀才文》:『訪游禽於絕澗,作霸秦基。』」及此賦皆以同祖互稱也。

余謂秦、趙同出伯翳,於舜時賜姓嬴氏,則趙之先原屬嬴姓矣。逮商、周間,惡來之後為秦,惡來弟季勝之後為趙。「造父」,季勝後也。是穆王之賜姓,與秦無預。而《史記》言惡來之後非子以造父之寵,皆蒙趙城姓趙氏。如顧氏所引諸條,大抵秦之為趙,至趙之為嬴,惟見此處,轉較秦不為冒稱耳。

【校】

〔1〕「趙先」,《漢書·南粵傳》晉灼注作「趙光」。

36. 餘糧棲畝而弗收

善注引《淮南子》曰:「昔容成之時,置餘糧於畝首。」

案:《困學紀聞》云:「子思子曰:『東戶季子之時,道上雁行而不拾遺,餘糧宿諸畝首見《初學記》九《帝王部》』。」「餘糧棲畝」本於此。翁氏元圻注以為「厚齋此條,蓋正王楙《野客叢書》以『餘糧棲畝』始於左思之誤。」

余謂善注引《淮南》見《本經訓》,而《繆稱訓》又云:「東戶季子之世,道路不拾遺,耒耜、餘糧宿諸畮首。」文與子思子略同。高誘注:「東戶季子,古之人君。」是同屬《淮南》,而所稱之人亦各異。蓋傳述古語不能一致也。

37. 優賢著於揚歷

張注引《尚書·盤庚》曰:「優賢揚歷」。

案:今《書》為東晉古文,云:「其敷心腹腎腸,歷告爾百姓于朕志。」而夏侯等書「心腹」二字作一「優」字,「腎腸」作「賢揚」,「歷」字屬上讀。孟陽,晉初人,尚及見今文《尚書》,故引之如此。何氏焯乃謂「《盤庚》無此文,何其疏與。」詳見余《尚書廣異》。

38. 雖自以為道洪化以為隆

案：胡氏《考異》謂：「何云：『下「以為」二字，傳寫誤加。』陳云：『道洪化隆』中間不當有『以為』二字。」所說是也，各本皆非。」

余謂「化」字當在「以為」下，「道洪」、「化隆」為對，「雖自以為道洪，以為化隆」。此與下「世篤玄同」三句皆韻。若上裁為一句，轉嫌累疊，兩著「以為」字，於文義有何不可通。《禹貢》：「荊州浮于江、沱、潛、漢。」《史記・夏本紀》「漢」上有「于」字，當讀「浮于江、沱、潛」為句，「于漢」又為句。段氏謂：「《書・無逸篇》云：『無淫于觀于逸于游于田』，以『淫』領四『于』字。此以『浮』領二『于』字，句法正同。釋文不善會《史記》而讀作『潛于漢』，誤也。賦語亦其例矣。」

39. 鴛鴦交谷

張注云：「鴛鴦水，在南和縣西。交谷水，在鄴南。」

案：《太平寰宇記》邢州龍岡縣下云：「渲水，一名澧水，俗謂之百泉。水出縣東平地，以其導源總納眾泉，合成一川故也，亦謂之鴛鴦水。《魏都賦》所云『鴛鴦交合』，當作『交谷』。」據此，知樂史所見作「交合」，蓋誤本也。今本皆作「交谷」。又引劉良曰：「鴛鴦水在南和縣西，交谷水在鄴南」，正與此注同。又南和縣下引《水經注》云：「鴛鴦水在縣北五里。」又云：「南和西官冶東有便水，一名鴛鴦水。」此兩引《水經注》，今本皆無。其文惟《濁漳水篇》云「水與渲澧通為衡津」，「渲澧」，即「鴛鴦水」也。

40. 虎澗

張注云：「在鄴西南。」

案：《水經・洧水篇》注云：「黃水東南流，與上水合，水出兩塘中，一源兩分，泉流派別，東為七虎澗水，西流即是水也。」《渠水篇》注云：「渠水又東，清池水注之。清池水又北流，至清口澤，七虎澗水注之。水出華城南岡，一源兩派，津川趣別，西入黃雀溝，東為七虎谿，亦謂之華水也。」又云：「華水東北逕鹿臺南岡北，出為七虎澗，東流，期水注之，水出期城西北平地，世號龍淵水。東北流，又北逕期城西，又北與七虎澗合，謂之虎谿水。亂流東注，逕期城北，東會清口水。司馬彪《郡國志》曰：『中牟有清口水，即是水也。』」全氏祖望曰：「有河南之中牟，有河北之中牟。張守節以鄴西牟山為趙中牟者，近之。《管子》所謂『築五鹿、中牟、鄴者，三

城相接也。』」

余謂《方輿紀要》言「中牟在今湯陰縣西五十里」，此即河北之中牟也。湯陰屬彰德府，府故鄴都也。然則「虎澗」在中牟，正與張注足相證明矣。

41. 龍山

張注云：「在廣平沙縣。」

案：《續漢志》魏郡沙侯國下劉昭即引此注，云：「有龍山沙縣，本漢置，後漢因之。」《方輿紀要》云：「後因漳水溢，人民徒涉，改曰涉縣。建安九年，曹操圍鄴，涉長梁岐以縣降此見《魏書》。晉屬廣平郡。」

余謂《水經·清漳水》「東過沙縣西」，注云：「漳水於此有涉河之稱。」孟陽，晉人，宜稱「涉」。此殆以本為「沙縣」字形相似，遂仍作「沙」耳。「涉縣」，今屬彰德府。

42. 掘鯉之淀

張注云：「掘鯉淀，在河間莫縣之西。」

案：今之任邱縣為漢鄚縣地，「鄚」或省作「莫」，本屬涿郡，後漢屬河間國，晉因之。《太平寰宇記》鄚縣下云：「掘鯉淀在縣西二十里，俗名掘柳淀」，即引此賦語，正與張注合也。又任邱縣下云：「狐狸淀在縣西北二十里」，引《水經注》「鄚縣東南隅水有狐狸淀，俗亦謂之掘鯉淀」，非也。此乃今本《水經注》之逸文。《方輿紀要》於任邱縣云：「掘鯉淀在縣東南，鐵鎧竿口之水自河間縣引流東北出，入縣境，匯而為淀，遇霖潦，則洪波東注，溢入于五官淀而入海。《唐志》：『莫州有九十九淀，今縣境以淀名者不一，掘鯉淀，其一也。』」據此云在東南，似以狐狸淀為掘鯉淀矣。今鄚州故城已圯，任邱城亦非其舊，則方位自不免移置。然洪氏《圖志》言「任邱有掘鯉淀在縣北，狐狸淀在縣西北」，與顧氏年歲不遠，何以參錯，疑《紀要》有誤。

43. 蓋節之淵

張注云：「蓋節淵，在平原鬲縣北。」

案：《漢志》平原郡鬲下云：「平當以為鬲津。」《續志》注即引此注語。《禹貢》：「九河，徒駭最北，鬲津最南。」「蓋」有「割」音，與「鬲」同聲。「節」、「津」，又雙聲字。則「蓋節」，即「鬲津」也。今濟南府平原縣，

本鬲縣地。余嘗經之,尚有黃河涯之名,殆其遺跡與?

44. 邯鄲躧步,趙之鳴瑟

張注引《史記》曰:「趙中山鼓鳴瑟,趾躍躧。」

案:所引見《貨殖傳》。《傳》云:「中山地薄人眾,為倡優女子,則鼓鳴瑟跕屣。」《漢書·地理志》後論正本《史記》作「彈弦跕躧」。此注「趾躍」二字,誤也。《漢書》注引如淳曰:「跕,音蹀,足之蹀。」師古曰:「躧與屣同。屣,謂小履之無跟者也。跕,謂輕躡之也。」錢氏《斠注》云:「跕,即疌字。跕躧,服虔所謂『蹀屣履』是也。古無蹀、屣二字,蹀亦即疌,屣即躧耳。」

余謂《說文·止部》「疌」字云:「機下足所履者。」段氏云:「疌者,躡也。」亦小顏以「跕」為「輕躡」之義,又見後《長門賦》。

45. 醇酎中山,流湎千日

張注云:「中山郡出好酎酒。」

案:《說文》:「酎,三重醇酒也。」俗語一醉千日,極言其厚耳。注載有人醉死,三年,開塚而起,事殊怪誕。據《周禮·酒正》鄭注「三酒」云:「事酒,今醳酒也。昔酒,今酋久白酒,所謂舊醳者也。清酒,今中山冬釀,接夏而成。」賈疏:「漢之醳酒,冬釀春成。昔為久酋,亦遠久之義。《晉語》『味厚寔腊毒』,酒久則毒也。《郊特牲》『舊醳之酒』,彼注是昔酒也。對事酒為新醳,昔酒為舊醳,清酒不得醳名。以昔酒為久,明清酒久於昔酒,自然接夏也。」

余謂《說文》無「醳」字,《禮記》作「澤」。《釋名》曰:「醳酒,久釀酉澤,則澤即醳矣。」賦前文稱「肴醳」,《南都賦》「十旬兼清」,善亦引鄭注「中山之釀」。

善注引《韓詩章句》曰:「均眾謂之流,閉門不出客謂之湎。」賈疏引此賦作「洗湎」。《校勘記》云:「洗當是沈。《文選》作流,誤。沈湎者,貌其大醉。作流,則無義。」《初學記》引《韓詩》曰:「齊顏色,均眾寡曰沈。閉門不出客曰湎。」善注誤舛,當以《初學記》正之。今《初學記》奪「客」字,當以《毛詩音義》補之。然賦語蓋本《樂記》「流湎以忘本」,與《孟子》「流而忘反」通,善注失引,不得謂「流」無義也。

又案：後張景陽《七命》「傾罍一朝，可以流湎千日。」注引《韓詩章句》亦作「流」，竝引《漢書》谷永曰「流湎媟嫚」，則「流」非誤，特所傳本異耳。

46. 淇洹之笳

善注云：「杜預《左傳注》：『洹水出汲郡。』汲，即衛地也。」

案：《水經‧洹水篇》：「洹水出上黨泫氏縣。」注云：「水出洹山，山在長子縣也。」《經》又云：「東過隆慮縣北。」《漢志》隆慮屬河內郡。應劭曰：「隆慮山在北，避殤帝諱，改曰林慮。」《續志》林慮下注引徐廣曰：「洹水所出，林慮今為彰德府之林縣地，晉時屬汲郡。」故杜注云然，與徐廣同。若《水經》所言，則其源尚非在此矣。賦與「淇」竝舉者，《水經》云：「淇水出河內隆慮縣西大號山，至內黃縣東北，與洹水合也。」但古言竹之盛，在淇不在洹。注又云：「洹或為圜」，蓋音相近也，疑當作「圜」。《方輿紀要》云：「淇園在今衛輝府淇縣之西北，地名禮河社。」酈注淇水云：「《詩》：『瞻彼淇澳，菉竹猗猗。』毛傳：『菉，王芻也。竹，萹竹也。』漢武帝塞決河，斬淇園之竹木以為用。寇恂為河內，伐竹淇川，治矢百餘萬，以益軍資。今通望淇川，無復此物。唯王芻、萹草，不異毛興。」據此，知北魏時，淇園已無竹。而太沖晉人，此賦尚言之，豈中更永嘉之亂，兵燹焚燬，遂沒其跡與？

47. 縣纊房子

張注云：「房子出御縣。」

案：《困學紀聞》云：「曹操夫人《與楊彪夫人書》：『送房子官縣百斤。』《古文苑》誤為『官錦』，而注者妄解。《晉陽秋》：『有司奏調房子、睢陽縣，武帝不許。』《水經注》：『房子城西出白土，可用濯縣。』」據《漢志》，房子縣屬常山郡，光武即位，更名高邑。《寰宇記》引《隋圖經》云：「高邑縣房子城出白土，細滑膏潤，可用塗飾，兼用之濯錦，可致鮮潔，一名赤石岡。」以酈注核之，則「錦」字亦當為「縣」之誤。高邑縣，今屬趙州，房子城在縣西南十五里。

48. 縑總清河

善注引《廣雅》曰：「總，絹也。」

案：今《廣雅》作「繐」，與「總」同。《廣韻》：「繐，細絹也。」《一切

經音義》引《通俗文》「輕絲絹曰總」。云「縑總」者,《說文》:「縑,並絲繒也。」《釋名》云:「縑,兼也。其絲細緻,數兼於絹也。」然則縑亦絹類矣。

「清河」,據張注,一名甘陵,蓋本周之甘泉市地。漢為信成縣,屬清河郡。後漢改甘陵,晉曰清河縣,今縣仍舊隸廣平府。《寰宇記》引《隋圖經》云:「清河絹為天下第一。」又《太平御覽》引何晏《九州論》曰:「清河縑總,房子好綈」,與此賦二語正相同。

又案:《說文》:「繐,帛青色。」省之為「蔥」,即《爾雅》「青謂之蔥」也。後《藉田賦》之「繐犗」是已。「繐」與「總」異字,疑《廣雅》之「繐」當作「總」。

49. 職競弗羅

張注引逸詩云:「兆云詢多,職競弗羅。」

案:「逸詩」見左氏《襄八年傳》,彼文為「職競作羅」,杜注:「言既卜且謀多,則競作羅網之難,無成功。」孫氏《考異》引圓沙閣本云:「恐太沖引文有誤。」

余謂賦言段干木之事,注云:「干木寂然不競於俗,故曰職競弗羅也。」此當是反其語而用之,注乃因正文而誤耳。

50. 嗛嗛同軒

善注引《易》「謙謙君子」,云:「嗛,古謙字。」

案:此與後《東征賦》「思嗛約兮」注略同。《易·謙卦》釋文:「謙,子夏作嗛。」《漢書·藝文志》「《易》之嗛嗛」,注亦云:「嗛字與謙同。」《禮記·少儀》注:「嗛,遠之也。」釋文:「嗛,本又作謙。」蓋从言从口之字,往往互用。

又案:《藝文志》下句「一謙而四益」,「謙」又从言。劉氏攽《刊誤》曰:「嗛與謙同,何為作兩字。」吳氏仁傑因疑「卦名與鳴謙、勞謙、撝謙皆當从言。而初六,嗛嗛,當从口。字書:謙,敬也。歉通作嗛,不足貌。則嗛嗛,蓋自視欿然之意。子夏傳作嗛嗛,本止初六一爻。今卦中盡作嗛,則傳者失之。意孟堅所見《易》本為得其真。」

余謂《說文》:「嗛,口有所銜也。」與「鼸」通。《爾雅》:「鼸,鼠。」古本亦作「嗛」,又與「嫌」通。《易·文言》「為其嫌於無陽也」,「嫌」,荀爽作「嗛」。或借為「歉」字,《國語》引《商銘》「嗛嗛之德」,韋注:「嗛嗛,

猶小小」是也。亦借作「謙」字，此所引是也。《漢志》特轉寫偶異。李氏鼎祚《集解》引鄭康成注：「嗛，亨，君子有終。」「六四，撝嗛。」《序卦傳》有「大而能嗛」，字皆从口。知古本《易》非「嗛」、「謙」兩出，劉、吳說未確。

51. 秦餘徒裂

善注引《廣雅》曰：「裂，餘也。」

案：王氏《疏證》云：「《玉篇》：『裂，力制切。帛餘也。』《齊語》『戎車待游車之裂』，韋注：「裂，殘也。」《舊音音例》引《說文》：『裂，餘也今《說文》餘上有繒字。』裂與裂同，即《左傳》『紀裂繻』之裂也。《小雅》『垂帶而厲』，毛傳：『厲，帶之垂者。』厲與裂之同義，謂垂帶之餘以為飾。故下文云『匪伊垂之帶』，則有餘也。《爾雅》：『烈，餘也。』《詩序》云『宣王承厲王之烈』，烈與裂，古亦同聲。」

余謂「列」字从歺，《說文》「歺」為部首，云：「剡骨之殘也。」《呂覽‧權勳篇》注：「殘，餘也。」故从「列」之字皆得「餘」訓。「裂」即為「裂」者，从巾字，亦或从衣，如「常」、「帗」、「幝」之與「裳」、「裒」、「襌」，一也。

52. 或明發而躍歌

善注引《爾雅》曰：「躍躍、契契，愈遐急也。」又云：「佻，或作躍。」

案：今《釋訓》作「佻佻」，如注語，是所引本作「佻」也。《爾雅》釋文：「《詩》云『佻佻』，獨行歡息也。」此引《詩》即《大東篇》之「佻佻公子」。彼處釋文言：「《韓詩》作躍躍。」郝氏謂：「从兆、从翟之字，古多通用。『守祧』注云：『故書祧作濯』，亦其證矣。」又上張注云：「躍歌，巴土人歌也。何晏曰：『巴子謳歌，相引牽連手而跳歌也。』」孟陽蓋以「躍」為「跳」，「跳」與「佻」同音。《大東》釋文：「佻，本或作窕。」《爾雅‧釋言》：「窕，閒也。」舍人注：「跳者，躍之閒。」「佻」、「跳」，既竝通「窕」，則「跳」亦通「佻」。《說文》：「跳，躍也。」「躍，迅也。」《方言》：「佻，疾也。」「迅」、「疾」，義一也。賦以此句說蜀，下句「或浮泳而卒歲」說吳，故張引何平叔語。

53. 風俗以韰惈為嫭

善注引楊雄《反騷》「何文肆而質韰。」應劭曰：「韰，狹也。」

案：《漢書・楊雄傳》「蠻作𪖰」，彼乃假借字。《集韻》：「蠻，或作儳。」《廣雅・釋詁》：「儳，陿也。」「狹」與「陿」通。《廣韻》：「儳，俠也。」「俠」，亦當為「狹」。注又引《方言》曰：「㮣，勇也。」今本無此文，豈逸脫與？《廣雅》多本《方言》，有「㮣，勇也」之訓。《廣韻》「㮣」字云：「《蒼頡篇》果敢作此㮣」，是通用矣。注又引《說文》曰：「嬚，靜好也。」《廣雅》亦云：「嬚，好也。」然則賦語蓋言風俗以狹陿果敢為好耳。而楊氏慎釋「蠻㮣」與「解果」、「蟹螺」為一，引《荀子》「解果其冠」。《說苑》「淳于髡言祠田蟹螺者宜禾」。方氏《通雅》謂「其音義全不同」是也。惟方氏所見本，「嬚」或作「嫌」，殆字之形似而誤。

54. 可作謠於吳會

案：《日知錄》云：「宋施宿《會稽志》言《三國志》孫賁、朱桓《傳》皆稱吳、會二郡。前輩讀為都會之會，未是。錢康功曰：『《漢書・吳王濞傳》「上患吳會輕悍」』，今《史記》《漢書》竝作『患吳、會稽』，不知順帝時，始分二郡。漢初安得言『吳、會稽』？當是錢氏所見本未誤，後人妄增之。蓋吳會漢初原有此名，如『吳都』云爾。至孫賁、朱桓《傳》則後人之文偶合此二字，不可以證《吳王濞傳》也。」中間博引諸書竝及此賦，謂義皆如此。

余謂《史記・貨殖傳》云「都國諸侯所聚會」，故下文屢言都會，則吳都之稱吳會，固無不可。但顧氏說亦未然，考秦時三十六郡，雖無吳郡之名，而《漢書・高帝紀》以故東陽郡、鄣郡、吳郡五十三縣，立荊王。又《灌嬰傳》云：「攻吳郡長吳下，得吳守。」明漢初已稱吳郡。錢氏《考異》以為楚、漢之間所分置是也。前漢《志》吳仍屬會稽，蓋景帝三年，濞反，國亡。復秦制為會稽郡，在高帝以後。而東漢順帝始又分置耳。然則《吳王濞傳》之云吳、會稽，非誤。顧氏所引錢康功一人之論，宜不足憑。觀魏文帝《雜詩》上云「適與飄風會」，下即云「行行至吳會」，不應相連重韻，可見吳會自以吳、會稽竝言。至王氏鳴盛《十七史商榷》引孟浩然《適越留別譙縣張主簿申屠少府》詩「得與古人會」，下云「浮雲在吳會」，兩字分叶，是不知魏文帝詩已在前也。王又云：「晉唐人言吳、會，皆謂吳與會稽，則非東漢以前即如此，是又不知《吳王濞傳》已言吳、會稽也。」

又案：納蘭氏成德《淥水亭雜識》云：「諸葛孔明論荊州形勢云：『東連

吳會』。東漢《蔡邕傳》云：『寄命江海，遠跡吳會。』謝承《後漢書・施延傳》云：『吳會未分。』吳張紘謂：『收兵吳會，則荊揚可一。』王羲之為會稽內史，時朝廷賦役繁重，吳會尤甚。石崇論伐吳之功曰『吳會僭逆』，則斥言孫氏。《莊子》釋文：『浙江，今在餘杭郡，後漢以為吳、會分界，今在會稽、錢塘。』又「宋褚伯玉，吳郡錢塘人，隱居剡山。齊太祖即位，詔吳、會二郡以禮迎遣。六朝亦有『下吳、會二郡，造船若干』者，此類甚多，皆以吳會為吳越。或疑會稽二字可獨稱會乎？考宋元嘉時，以揚州、浙西屬司隸校尉而分浙東五郡為會州。晉、宋間亦以會稽為會土，故謝靈運有《會吟行》，此單稱會之徵也。」

余謂諸所引皆東漢以後事，中如石崇以吳會斥孫氏，則即為吳之都會之稱，正亦可通。至郡、縣兩字者，單舉一字，後世省文習有之，又不獨會稽也。因其證據甚博，故附著之。

55. 曤焉相顧

張注云：「曤，懼也。《左傳》曰：『駟氏曤）懼。』」善曰：「張以慫，先壟反。今本並為曤。曤，大視，呼縛反。」

案：如李氏說，則張注作慫，蓋本之《說文》。《說文》：「慫，懼也。從心，雙省聲。」引此《傳》亦作「慫」。《傳》文見《昭公十九年》，今本作「聳」，段氏謂後人所易也。又《昭六年傳》「聳之以行」，《漢書・刑法志》引作「慫」，晉灼曰：「古悚字」。「慫」，本從雙省，《漢書》「雙」不省耳。

余謂「慫」與「竦」，音義皆近，故「慫」亦作「竦」。《說文》：「竦，敬也。」敬則懼，《詩・長發》「不戁不竦」，毛傳：「竦，懼也。」《家語・弟子行》用《詩》語「不戁不悚」，注亦云：「悚、懼，則通作悚。」本書《長楊賦》「整輿竦戎」，注云：「竦與聳，古字通。」是又通作「聳」。《方言》：「聳，悚也。」《集韻》「悚」與「慫」、「慫」同。《一切經音義》：「聳，古文竦、慫、懲三形。」然則「悚」者，「慫」之或體。「聳」者，「悚」之借字也。此處作「曤」，當因涉次句「瞗」字從目而誤。注中下「懼」字衍。

56. 瞗焉失所

善注引《說文》曰：「瞗，失意視，他狄反。」

案：「瞗」字，今《說文》作「睼」。段氏謂：「瞗，音他狄反，猶滌之切亭歷，皆於條取聲。脩聲不得切他狄也，譌為睼，乃溷同睼字。而《篇》《韻》

皆曰救周切矣，當以此作瞜。」

余謂條、脩竝从攸聲，音形俱相近，故瞜或為瞗。胡氏《考異》依今本《說文》謂「瞜當作瞗」，與段說正相反。《集韻·二十三錫》出「瞗」字，而仍從「他歷切」之音。下文有「蓧，草名，蓨也」，則以「條」、「脩」二字互通耳。

57. 神怂形茹

善注云：「字書曰：『菾，垂也，謂垂下也。』怂，與菾同。《說文》曰：『怂，心疑也。』」

案：《說文》「怂」為部首，「從三心，讀若《易·旅》『瑣瑣』。」段氏謂「今人以疑為多心」，是也。下出「纍」字云：「丞也」，則垂下之義當作「纍」。亦見後《藉田賦》。《說文》別無從艸之「蕊」，而從「三止」者，尤為俗譌，注兼引，非。

注又云：「《呂氏春秋》曰：『以茹魚驅蠅，蠅愈至而不可禁。』茹，臭敗之義也。」

案：「臭敗」之訓，在此殊過當，宜從王逸注《離騷》以「茹」為「柔懦」方合，注亦失之。「茹」可訓「柔」者，蓋以為「濡」之同音借字也。

《文選集釋》卷九

甘泉賦 楊子雲

1. 詔招搖與太陰兮

「招搖」，已見《西京賦》。「太陰」，注引張晏曰：「歲後三辰也。」

案：《廣雅》云：「青龍、天一、太陰，太歲也。」王氏《疏證》謂：「《爾雅》『太歲在寅曰攝提格。』《淮南子·天文訓》：『太陰在寅，歲名曰攝提格。』《開元占經·歲星占篇》引許慎注云：『太陰謂太歲也。』《天文訓》又云：『天神之貴者，莫貴於青龍，或曰天一，或曰太陰。』」「太陰」，一曰「歲陰」。《史記·天官書》云：「攝提格歲，歲陰左行在寅，歲星右轉居丑」是也。近人又謂太歲者，歲星出時，斗杓所直十二辰之位也。太陰者，歲星出時，紫宮中陰德星所直十二辰之位也。《天官書》前列直、斗、口三星，曰陰德，或曰天一，此太陰為陰德星之證。《淮南》云：「子為開，主太歲；丑為閉，主太陰。」則二者非一物。

余謂太歲、太陰，惟斗杓與陰德星為異，而俱為歲星出時所直十二辰之位，故或以為一，或以為二。蓋對文則別，散文則通耳。

又案：宋吳氏仁傑《兩漢刊誤補遺》曰：「《翼奉傳》：『初元二年，奏封事云：「今年大陰建于甲戌。」』按：是年甲戌歲也。四年，上疏云：『如因丙子孟夏，順太陰以東行。』按：是年丙子歲也。以奉言推之，太陰即太歲。孟康乃云：『太陰在甲戌，則太歲在子。』張晏亦曰：『丙子，太陰在甲戌。是誤以

為太歲之外，別有太陰矣。」近王氏引之有《太歲太陰考》極辨二者不當分，謂：「《爾雅》言太歲而不及太陰，《淮南》言太陰而不及太歲，足明其為一說與。」吳氏合又云：「古今言太陰者有二：一為主歲之太陰，即太歲之別名。《淮南》以為天之貴神，故此賦云詔之也。一為歲後二辰之太陰，今陰陽家所謂歲后也。《潛夫論・卜列篇》：『太歲、豐隆、鉤陳、太陰將軍之屬。此乃天吏，非細民所當事也。』《抱朴子・登涉篇》：『三呪曰：諾皋、太陰將軍。』蓋皆謂歲后二辰之太陰。《五行大義》曰：『太陰即太歲之陰神也。右行四孟，一歲一移，與左行之太陰迥殊。』」

余謂歲后之太陰，既為陰神，並有將軍之稱。《潛夫論》繼「豐隆」、「鉤陳」而言之。賦下句亦云「伏鉤陳使當兵」，則此「太陰」即如張晏說，以為「歲後二辰」之太陰，當亦可通。惟「二辰」，今本「二」誤為「三」。

2. 八神奔而警蹕兮

注引服虔曰：「自招搖遊神之屬也。」張晏曰：「堪輿至獝狂，八神也。」善言八方之神，蓋据《漢書・武帝紀》「用事八神」文穎注。

案：如服說，不知何者為「八神」。如張說，則上文「屬堪輿以壁壘兮」，《漢書》顏注云：「以壁壘委之。梢，擊也。」不得以「壁壘」為神。又「梢夔魖而抶獝狂」，既云梢而去之，何復使之奔走乎？故李氏別自為說，似可從。前《東京賦》「八靈為之震慴」，注引《楚辭》「合五嶽與八神」，王逸曰：「八靈，八方之神也」，與此注同。攷《周禮・馮相氏》疏引《易通卦驗》云：「冬至日，置八神。」此賦殆本之與？

又案：《史記・封禪書》云：「秦始皇東游海上，祠八神。一曰天主，二曰地主，三曰兵主，四曰陰主，五曰陽主，六曰月主，七曰日主，八曰四時主。」至武帝亦東巡，祠八神，蓋即始皇所祀。而文穎乃謂：「武帝登太山，祭太一，並名山於大壇西南，開除八通鬼道，故言八神」，非也。然即所祀「八神」，恐與此亦不相合。

3. 霧集而蒙合兮

注引《爾雅》曰：「天氣下，地氣不應曰霧。」

案：今《爾雅》：「天氣下地不應曰雺，地氣發天不應曰霧。霧謂之晦。」「霧」字，《說文》所無。釋文云：「本亦作霿。」則「霧」為「霿」之俗字。後顏延年《北使洛》詩注引《爾雅》「霿謂之晦」，是所見本不誤也。「雺」或

作「蒙」者，今《尚書·洪範》曰「蒙」，孔疏云：「霿聲近蒙」，又「霿為氣連蒙闇」，其義通也。此注既誤以「天氣下」為「霧」，下又云「霧與蒙同」，合兩字為一，使正文「霧」與「蒙」淆混，即「霧」本作「霿」，亦未免偏舉。當云：「《爾雅》『天氣下地不應曰霿。』蒙與霿同。『地氣發天不應曰霧。』霧與霧同。」《漢書·楊雄傳》顏注：「霧，地氣發也。」「蒙，天氣下也。」固自分明。

4. 六素虯

注引《說文》曰：「虯，龍無角者。」

案：此與《漢書》顏注同。今《說文》「虯」字下作「龍子有角者」，而別於「螭」字下有「或云無角曰螭。」又《廣雅》「有角曰䖼」，「䖼」即「虯」字；「無角曰蛇」，「蛇」即「螭」字，與此乖異。王氏《疏證》亦未知孰是。但《廣雅》上言「有鱗曰蛟龍」，《疏證》已以蛟、龍本二物。龍皆有鱗，噉其非確訓。則此有角、無角，疑亦不為典要。況張氏注《上林賦》「無角曰虯」，見於李注所引，不應一人而異其說。而小顏於此處既自云「無角」，何《上林賦》注又引張說云「龍子有角者」。殆今本「有」為「無」之誤也。至李注於此二賦及《離騷》引王逸注，固主「無角」之說矣。而注《景福殿賦》又引《廣雅》「無角曰螭，有角曰虯」，殊無定見。若《說文》，則段氏直據《韻會》並此注所引，斷為舊本作「龍無角」者，而他本所引作「有角」皆誤。更證之他書，如高誘《淮南注》、《後漢書·馮衍傳注》及《玉篇》《廣韻》皆作「無角曰虯」，似段說得之。蓋同一龍子，而有角者雄，無角者雌，諸家各就所見聞言之，遂致參差耳。

5. 流星旄以電爥兮

注引《周書》曰：「樓煩星旄者，羽旄也。」

案：今《逸周書》「旄」作「施」，「羽」作「珝」。「旄」、「施」，字形相近，「施」亦為「旗」，義得通。陳氏逢衡謂「星施，即熊旗五游，以象伐之類。珝旄，謂以氂牛尾析而著旗之兩旁也。」《北山經》：「潘侯之山，有獸狀如牛，而四節生毛，名曰旄牛。」又《中山經》「荊山其中多犛牛」，郭注：「旄牛屬也。」郝氏謂：「《說文》云：『犛，西南夷長髦牛也。』旄、髦、犛，實一字耳。」王氏應麟曰：「《爾雅》『犤牛，旄牛也。』顏師古云：『今謂偏牛。』《荀子》『西海文旄』。」

余謂《周書》孔注以「樓煩」為「北狄」，而《荀子》言「西海」，則西北皆有之矣。

6. 列新雉於林薄

注引服虔曰：「新雉，香草也。雉、夷聲相近。」

案：「雉」、「夷」聲近，並以聲得義。左氏《昭十七年傳》正義引樊光、服虔云：「雉者，夷也。」郝氏謂《古微書》引《春秋感精符》云：「雉之為言弟也。弟音替，與夷近。夷，古音稀，與雉通。」《周禮·序官》「薙氏」注云：「薙或作夷。」釋文：「薙字或作雉，同他計反。」是「雉」、「薙」、「夷」，俱聲義同。又《爾雅·釋詁》：「雉，陳也。」「夷」、「陳」，亦聲轉字通。故《春秋經》「夷儀」，《公羊》作「陳儀」，《喪大記》釋文云：「夷，陳也」，皆其證也。

余謂《一切經音義》「雉，古文鶨同。」「鶨」，《說文》作「鷐」。「夷」、「弟」字篆形相似，每致互淆。「新」亦與「辛」通，《禮記·月令》「其日庚辛」，注云：「辛之言新也。」《釋名·釋天》亦云：「辛，新也。」《後漢書·馮衍傳》注云：「新夷，亦樹也，其花甚香。」故此注即以「新雉」為「辛夷」也。

注又引《本草》：「辛夷，一名辛引。」

案：《漢書》注作「新矧」。「矧」與「雉」，亦聲之轉，即「夷」、「陳」相通之理。《詩·甫田》「農夫克敏」，「敏」與「止」、「子」韻。《采芑》「鴥彼飛隼」，「隼」與「止」、「試」韻。江氏永謂：「『準』與『水』聲諧。《考工記》『輈注則利準』，鄭司農讀『準』為『水』，是也。」

7. 攢并閭與茇葀兮

「并閭」，已見《西京賦》，注云：「茇葀，草名也。」

案：「茇」，《廣雅》作「菝」。「葀」，《漢書》作「苦」，實皆一字。今本《廣雅》「葀」，或从禾，作秳，則形近而誤。「茇葀」，蓋疊韻字也。《廣雅》云：「蘵蒤，菝葀也。」《玉篇》亦云：「蘵，菝葀也。」「菝葀，瑞草也。」《廣韻》義同。而《本草綱目》謂：「陳士良《食性本草》作菝蔄，即今之薄荷，但薄荷不得為瑞草」，恐未然。

8. 據軨軒而周流兮

注引韋昭曰：「軨，欄也。軒，檻板也。」善曰：「軨與軨同。」

案：《說文》「軨」字重文為「櫺」。司馬相如說「軨从霝」。蓋古「令」、「霝」字通。如「零」或作「霝」，「苓」或作「蘦」是也。段氏謂《左傳》「陽虎載蔥靈」，「蔥」，本作「囪」，「靈」即「軨」也。《尚書大傳》「未命為士，不得有飛軨」，鄭注：「如今窗車也。」是「軨」字同「櫺」，又為車窗格之義。此注云：「軨即櫺」者。《說文》：「楯，闌檻也。」「櫺，楯間子也。」則櫺之从車，正言車有窗櫺，與闌楯之有窗格為櫺者一也。「軨」乃「櫺」之借字矣。「軒」字義亦假借。《說文》：「軒，曲輈藩車也。」此云「檻板」者，欄檻必曲折為之，板所以為藩蔽也。後《上林賦》「宛虹拖於楯軒」，司馬彪曰：「軒，楯下板也」，與此正合。若本書《蜀都賦》劉注云：「高軒，堂左右長廊之有牕者。」暨《魏都賦》「周軒中天」，《琴賦》「高軒飛觀」注並同。殆因牕為廊之藩蔽，而引伸其義，如有藩之車，亦必施窗格耳。

9. 翠玉樹之青葱兮

注引《漢武帝故事》曰：「上起神屋，前庭植玉樹，珊瑚為枝，碧玉為葉。」

案：顏師古注：「玉樹者，武帝集眾寶為之，用供神也」，與此所引正合。宋張氏淏《雲谷雜記》云：「《三輔黃圖》：『甘泉谷北岸有槐樹，今謂玉樹。』楊震《關輔古記》：『相傳此樹即楊雄所賦。』劉賓客《嘉話錄》：『雲陽縣界多漢離宮故地，有似槐而葉細，土人謂之玉樹。』《甘泉賦》『玉樹青葱』，左思以為假稱珍怪，蓋不詳也。但《黃圖》《嘉話》所言乃甘泉所產之木，子雲所稱乃漢飾以象此木者，使果為種植之木，則子雲決不與璧飾鐘虡竝言矣。」

余謂此說已見《演繁露》，方氏《通雅》亦引之。太沖殆誤認子雲用《海內西經》之文「玉樹」，故疑非甘泉所有。而不知其為人所製，亦不得舉「槐樹」以實之也，自當從小顏及善注為是。

10. 璧馬犀之瞵珛

注云：「言作馬及犀為璧飾也。」

案：《漢書》「璧」作「壁」。顏師古曰：「馬犀，馬腦及犀角也。」以此二種飾殿之壁。王氏《學林》云：「此賦自『仰撟首以高視』下，皆以下句釋上句。則璧為璧玉之璧，其曰『據軨軒而周流兮，忽坱圠而亡垠。』然後言玉、木、金人者，蓋謂依欄檻而四顧，廣大無際，但見庭中玉木之青葱，金人之巖巖耳。玉木植於殿庭，金人捧露盤亦在殿庭，此皆言望見殿庭中物，不應反言

殿壁也。」

余謂李善本雖是「璧」字，而云「作馬犀為壁飾」。揆其語意，似仍以璧為壁。五臣注「又作碧馬、犀牛等物為飾」，「飾」上無「壁」字較合，故王氏以為連玉樹言之。惟「馬犀」之訓，當如顏注，非以璧造為馬及犀牛之形也。五臣「作」字，宜為「以」。且璧既是玉，與上「玉」字複，則作「碧」正通，「璧」、「碧」音同。《漢武故事》本云碧玉為葉花，子或青或赤，悉以珠玉為之，自兼馬腦、犀角而言，故云「璧馬犀之瞵瑉」也。或碧言其色，以上「翠」字例之，尤相稱。《甘泉賦》，《文選》與《漢書》異字甚多，傳錄不同，遂致訓詁亦別矣。

11. 象泰壹之威神

注引《春秋合誠圖》曰：「紫宮帝室，太一之精。」

案：《史記‧天官書》云：「中宮天極星，其一明者，太一常居也。」《鶡冠子》云：「太一者，天之中央。」即甘氏《星經》所稱「天皇大帝，其神曰曜魄寶」者也。《周禮‧大宗伯》「以蒼璧禮天」，鄭注云：「此謂天皇大帝在北極者」，又「以禋祀祀昊天上帝」，注云「所祀天皇大帝」皆是。近人或謂即「鈎陳」，然《星經》及《晉書‧天文志》竝云：「天皇大帝一星，在鈎陳口中」，則是非鈎陳矣。若《步天歌》於紫薇垣宮門外別出太一一星，在天一南，與此又異。惟太一常居不動，處天中央，為天之樞紐，即《論語》之「北辰」。《晉志》云：「天皇大帝，其神曜魄寶，主御羣靈，執萬神圖」，正與眾星共之義合。故此賦上句云「配帝居」，而下即言「揓北極之嶟嶟」也。至後文復及「泰壹」，則謂禮其神，雖兩用而不嫌複。

12. 閌閬閬其寥廓兮

注引《說文》曰：「閬閬，高大之貌也。」

案：注中下「閬」字，蓋為「門」之誤。而胡氏《考異》本未及。今《說文》：「閌，門高也。」段氏謂《𨸏部》「阬，閬也」，與此合為一義。《詩‧大雅》：「皋門有伉」，毛傳云：「伉，高兒。」「伉」當是「阬」，「閌」亦「阬」之異體也。許書中無「閌」字。

13. 豻桂椒而鬱栘楊

楊注引《爾雅》曰：「棠棣，栘也。」

案：「棠」，今《爾雅》作「唐」。《論語》疏引舍人曰：「唐棣，一名栘。」而《藝文類聚》引《詩》「何彼穠矣，棠棣之華。」《說文》：「栘，棠棣也。」是本作「棠」，「唐」其借字也。「唐」又與「常」音同，《爾雅》下言「常棣」。「棣」，《說文》：「棣，白棣也。」白者為棣，則棠為赤可知。段氏謂《小雅》毛傳：「常棣，棣也。」而《秦風》傳曰：「棣，唐棣也。」蓋「常」、「唐」同字，渾言之則「白棣」，亦呼「唐棣」矣。「唐棣」之別名，見於《論語疏》引陸璣云：「奧李也。一名雀梅，亦曰車下李。」《廣雅》云：「山李、䕩某、䕩李，鬱也。」「䕩」與「雀」，「某」與「梅」竝同。《本草》又作「郁李」，《詩·七月》傳：「鬱，棣屬也。」後《上林賦》「隱天鬱棣」，《漢書》作「薁棣」，《御覽》引曹毗《魏都賦》「若榴郁棣」。王氏謂：「薁、郁，古同聲。鬱、薁，聲之轉也奧與薁同。」《爾雅》郭注：「江東呼夫栘。」郝氏謂：「《類聚》八十九引《詩》：『夫栘，燕兄弟也。閔管、蔡之失道。夫栘之華，蕚不煒煒。』所引乃三家《詩》，郭所本也。」但郭又云「似白楊」，段氏謂「白楊，大樹也。」《古今注》云：「栘楊，亦曰栘柳，亦曰蒲栘，圓葉弱蒂，微風善搖。」正今之白楊樹，安得有韡韡偏反之華耶？因一「栘」字掍合之，則郭注誤也。

余謂此賦「栘楊」竝稱，若作「唐棣」，殊與「楊」不類，疑當如《古今注》所說耳。

14. 薌呋肸以捆批兮

注云：「薌，亦香字。批，擊也。」

案：「批」，《漢書》作「根」，是也。顏注：「言風之動樹，聲響振起眾根。」蓋以「薌」為「響」之借字，故下云「聲駍隱而歷鍾」也。若仍作「馨香」解，則與上「香芬茀以穹隆兮」複疊，且下句不相連貫矣，李注失之。

15. 帷弸彋其拂汩兮

注云：「弸彋，風吹帷帳之聲也。」

案：「帷」，《漢書》作「惟」，非也。《說文》無「彋」字，其「弸」字云「弓強皃」，此本義也。《廣韻》釋「弸彋」為「開張」。《集韻》云：「弸彋，弓聲。」蓋二字從弓，故為此訓。而引伸之，即為帷帳之聲。《漢書》注引孟康曰：「弸彋，風吹帷帳鼓皃。」此注實本之。故《玉篇》亦云：「弸彋，帷帳起皃。

16. 冠倫魁能

注引應劭曰：「冠其羣倫魁桀也。」

案：《漢書》注亦引應說。應不及「能」字者，常語無容釋也。小顏誤認，遂於「魁」字割斷為注，云「冠等倫而魁桀」。以「能」字下屬「函甘棠之惠」為句，殊為不辭。

余謂《禮記·檀弓》「不為魁」，鄭注：「魁猶首也。」與「冠」同義。蓋謂魁其才能之士也。從李本為是。

又案：錢氏大昕《養新錄》云：「北斗以魁為首，故有九魁之稱。而凡物之首，人之帥，皆以魁名之」，說是也。下引「魁下六星相比，曰三台。〔1〕」謂古「台」字作「能」。此「魁能」即「魁台」也。「能」之通「台」，見後盧子諒《贈劉琨》詩，然在此頗似未合。

附案：《日知錄》亦云：「能字當屬上句，言為能臣之首。」

【校】

〔1〕錢大昕《十駕齋養新錄》作「魁下六星，兩兩相比，曰三台。」

17. 陳眾車於東阬兮

注引如淳曰：「東阬，東海也。」

案：《說文》訓「阬」為「閬」，則有高義。凡地之高者，其旁必陷，故《爾雅·釋詁》：「阬，虛也。」後漢《馬融傳》注引《蒼頡篇》：「阬，壍也。」但以「東阬」為「東海」，似非。此處雖設言周流曠遠，升降天地，然下文龍淵曰漂，弱水曰梁，不應於海陳車。且下句云「肆玉軑而下馳」，明為自高而下之意。《漢書》注不採如說，師古曰：「阬，大阜也，讀與岡同」，義當是矣。

又案：《楚辭·九歌·大司命篇》「導帝之兮九坑」，「坑」即「阬」。《集注》云：「坑與岡同，謂山脊也。」「九坑」者，《周禮·職方氏》：「九州之山鎮曰會稽、衡山、華山、沂山、岱山、嶽山、醫無閭、霍山、恒山也。」據此，亦可見阬之非海，海不得以九稱也。或「阬」為「岡」之音近借字。

18. 肆玉軑而下馳

注引晉灼曰：「軑，車轄也。《楚辭》曰：『齊玉軑而竝馳』。」

案：《說文》：「軑，車輨也。」段氏謂：「此注及《楚辭》王逸注，《玉

篇》《廣韻》皆云『車轄』，『轄』皆『輨』之誤。」今謂「輨」與「轄」字形相近。「轄，鍵也」與「輨」亦相連，故或以「轄」言之。趙岐《孟子題辭》「五經之輨轄」，蓋竝稱矣。《說文》又云：「輨，轂耑錔也。」「輨」或從金，顏師古注《急就篇》曰：「輨，轂耑之鐵也。」《方言》曰：「關之東西曰輨，南楚曰軑，趙魏之間曰鍊鐑。」「鍊」，音柬。阮宮保云：「鍊，即《說文》之鋼。鐑，即軑字。音同而俗相假耳。」又云：「釭謂之鐑。」然《說文》「鋼，車軸鐵也。」《釋名》曰：「鋼，間也。間釭軸之間，使不相摩也。」則在軸者曰鋼，在轂者曰釭，亦有別。又云：「古車轂中，輨以金為之，其形內外皆圓而薄，其長不過四寸許。至周末以後，乃有以玉為之者，故曰玉軑。玉雖堅而易碎，如金之內外皆圓則薄矣，故琢玉為外方內圓形。今時舊玉中，每有此物，俗即稱為釭頭也。」段氏則謂：「轂孔之裏，以金裏之曰釭，轂孔之外，以金表之曰輨。」戴氏震亦云「輨、軑為約轂外端」者，竝與阮說異。

又案：「軑」，亦為「輪」之名。《方言》曰：「輪，韓楚之間謂之軑。」《廣雅》亦云：「軑，輪也。」而下又云：「軑，錧也。」蓋分從車、從金為二字二義，實則「軑」與「釱」通耳。本書謝玄暉《始出尚書省》詩「青精翼紫軑」，彼注亦引《方言》，而下云：「天子之車，以紫為蓋，故曰紫軑。」則似為車之通稱，猶之車或稱輪，舉一端以見也。若此處言「玉軑」，則不得屬輪，李氏分著之，是已。

19. 漂龍淵而還九垠兮

注引應劭曰：「龍淵在張掖。」

案：《水經·漾水篇》注云：「西漢水與馬池水合，水出上邽西南六十餘里，謂之龍淵水。言神馬出水，因名焉。」又引《開山圖》曰：「隴西神馬山有淵池，龍馬所生。」疑即此所謂「龍淵」者也。「上邽」為今秦州。

20. 躡不周之逶迤

注引《山海經》曰：「西海之外，有山不合，名曰不周。」

案：所引見《大荒西經》，與後《思玄賦》注引同。今本「海」上有「北」字，「不周」下有「負子」二字。郭注引《淮南子》曰：「昔者共工與顓頊爭帝，怒而觸不周之山。天維絕，地柱折。」故今此山缺壞，不周帀也。又《西山經》「崇吾之山西北三百七十里曰不周之山」，郭注云：「西北不周，風自

此山出。」郝氏謂：「《離騷》『路不周以左轉，指西海以為期。』王逸注云：『不周山在昆侖西北。』高誘注《呂氏春秋·本味篇》同，竝非也。此《經》乃在昆侖東南。《漢書·司馬相如傳》張揖注言在東南矣。而以為二千三百里，亦非也。不周去昆侖一千七百四十里。」

余謂郝所計里數，依《西山經》「不周又西北四百二十里，曰崶山。又西北四百二十里，曰鍾山。又西北八十里，曰泰器之山。又西北三百二十里，曰槐江之山。又西南四百里，曰昆侖之邱。」合之得是數。

21. 皋搖泰壹

注引如淳曰：「皋，挈皋也即桔槔。積柴挈皋頭，置牲玉其上，舉而燒之，欲近天也。」張晏曰：「招搖、泰壹，皆神名。」

案：「皋」，五臣本作「招」，與《漢書》同，此即張說也。故顏注專引之。如意則與上「燎薰皇天」為對語，下文「樵蒸昆上，配藜四施」及「炎感黃龍，爓訛碩麟」，皆承此而言，且不複前後，「招搖」字似為近之。《漢書·郊祀志上》言秦之郊「通權火」，注引張晏曰：「權火，烽火也。狀若井挈皋矣，其法類稱，故謂之權火。慾令光明遠照，通於祀所也。」此「權火」雖非燔牲玉之火，而其制略同，亦可為如淳以皋為挈皋之證。顏師古乃謂「權猶舉也」，然觀《志》後文云：「權火舉」，則其說非矣。「搖」，《漢書》作「繇」，二字通。《明堂位》注：「今之步搖。」釋文：「搖，本又作繇」，是也。善云：「搖與遙同」，與此無涉。「遙」字，《說文》在《新附》中。

又案：如張義，則篇內「招搖」字，凡三見。前文屬「乘輿」言，與《西京賦》「樹招搖」同；此則謂其神至；後之「徘徊招搖」，作虛用，故善注云：「招搖，猶彷徨也。」

22. 登長平兮雷鼓磕

注引如淳曰：「長平，坂名，在池陽南。」

案：《漢書》顏注：「長平，涇水上坂名也。」《方輿紀要》云：「涇陽縣為漢之池陽地，縣西南五十里有長平坂，東方朔謂秦時置獄處也。漢武帝上甘泉，經此。宣帝自甘泉還，登長平坂。又有長平館在其上，元后登長平館，臨涇水是也。」據此，知長平為幸甘泉途之所經，故此賦於敘「迴車而歸」，言其登長平也。

23. 上天之縡

注云：「縡，事也。《毛詩》曰：『上天之載』，縡與載同。」

案：《說文》：「縡，帛也。」重文為「縡」。云「籀文縡从宰省。楊雄以為漢律祠宗廟丹書告也。」段氏引此賦語云：「蓋即謂郊祀丹書告神者，此則从宰不省者也。」

余謂《廣韻》引《字林》云：「縡，事也。」亦以「縡」為「載」之借字。許引楊說，非謂此賦祠宗廟與郊祀亦有別。且下句「杳旭卉兮」，注云：「杳，深遠也。旭卉，幽昧之貌。」正《詩》「無聲無臭」之義，賦當即用《詩》意。子雲好奇字，故以「縡」易「載」耳。段說雖新，似近傅會。

藉田賦　潘安仁

24. 正月丁未

注云：「《晉書》曰：『丁亥藉田，戊子大赦。』今為丁未，誤也。」

案：《月令》：「孟春，乃擇元辰，躬耕帝藉。」鄭注：「元辰，蓋郊後吉亥也。」《正義》曰：「知用亥者，陰陽式法。正月亥為天倉，以其耕事，故用天倉也。」盧植、蔡邕並云：「郊天是陽，故用日；耕藉是陰，故用辰。」皇氏云：「正月建寅，日月會辰在亥，故耕用亥也。」據此，是耕藉用正月亥日為正。而《國語》虢文公言「自今至于初吉」，韋注：「初吉，二月朔日也。」下乃備陳藉禮，則已在二月。陳氏《禮書》云：「後漢藉田儀：正月始耕，常以乙日祠先農，已享，乃就耕位。」《隋書·禮儀志》：「梁初藉田，依宋、齊，以正月。天監十二年，武帝以為：『啟蟄而耕，在二月節內。《書》云：『以殷仲春』，藉田理在建卯。』於是改用二月。」其日，則漢文帝初用丁亥，東漢明帝亦用亥，章帝耕於定陶於懷，皆丑日。至晉武帝泰始四年，正月丁亥耕藉，即此賦所稱是也。後八年，正月癸亥。十年，正月辛亥，竝為亥日。宋、齊、梁俱遵用之，然則「丁未」為「丁亥」之誤明甚。但梁時既改二月，而仍有亥日，又非五行說寅與亥合之義。若《南齊書·禮志》載顧昺之議獨云酌舊用丑時，既不行。近秦氏蕙田《五禮通考》謂：「元者，始也。故社用甲日，耕藉宜用子日。」義雖通，而於古無徵矣。

25. 藉于千畝之甸

注引《禮記》曰：「天子藉田千畝。」

案：注不云「甸與田同」，疑正文本作「田」。《周語》「邦內甸服」，注云：「甸，王田也。」《職方氏》「甸服」，注云：「甸，田也，治田入穀也。」是「甸」與「田」義得通用。故《周禮》於「田獵」字，亦多作「甸」。

26. 紺轅綴於黛耜

注無證。

案：桂氏《札樸》引《隋書‧禮儀志》沈約云：「『親幸耕藉，御之三蓋車，一名芝車，又名耕根車，置耒耜於軾上。』即潘岳所謂『紺轅屬於黛耜』者也。謂此條可補《選》注，李善、五臣皆漏引。」

余謂固然，然《晉書‧輿服志》明云：「耕根車，駕四馬，建赤旗，十有二旒，天子親耕所乘者也。」「一名芝車，一名三蓋車，置耒耜於軾上。」潘岳，晉人，不必引《隋書》也。又《晉書‧禮志》：「武帝泰始四年，下河南，處田地於東郊之南，洛水之北。於是乘輿，御木輅以耕，則耕根車，即木輅矣。」而《東京賦》「農輿輅木」，薛注云：「農輿無蓋，所謂耕根車也，言耕稼於藉田，乘馬無飾，故稱木。」彼處「無蓋」，乃「三蓋」之譌。《續漢書‧輿服志》：「耕車有三蓋，置璜耒耜之箙，上親耕所乘也。」劉昭注引薛語，正作「三蓋」。

27. 儼儲駕於廛左兮

注云：「古耕以耒而今以牛者，蓋晉時創制，不沿於古也。」

案：牛耕始於后稷孫叔均，見《海內經》《大荒西經》以為稷之弟台璽生叔均，始作耕。即如《周禮》疏謂漢趙過始教民牛耕，亦非晉創。《說文‧耒部》：「耕，犂也。」《牛部》：「犂，耕也。」兩字互訓。則耕之用牛，造此字時已有之。又《木部》「㭒」云：「六叉犂，一曰犂上曲木，犂轅。」《金部》「鈐」云：「鈐，鑮大犂也，一曰類枱。」許氏，漢人，說牛耕之具甚詳，蓋相傳已古矣。古既有牛耕，原為力省。若耕藉田必專用人力，是賤者力省，貴者力轉勤，無是理也。《月令》「天子親載耒耜」，《祭義》「天子諸侯躬秉耒」，似耒、耜專為人用。然犂正耒耜之屬，《莊子‧胠篋篇》釋文引李注云：「耒，犂也。」是言耒而犂已該，不言駕牛者，文不具耳。此賦上文云「葱犧服于

縹軛」，謂駕牛「紺轅綴於黛耟」，即所謂「親載耒耟」也，竝言之方備。李氏殆因前事無徵而賦藉田自此始，遂望文生義，以為晉創，非也。下文「三推而舍」，注又曰：「既云以牛而又言推者，蓋沿古成文，不可以文而害實。」然《月令》釋文：「推，謂伐也」，蓋伐土也。牛耕雖借物力，而人於後扶犂以發土，獨不可謂之推乎？注亦泥。

又案：《說文》：「儲，偫也。」此與《東京賦》「儲乎廣庭」同義。注既云「儼然在於壃左，以待天子躬親履之」，意已顯。下乃又云「耕以儲蓄，故曰儲駕」，非也。

28. 接游車之轔轔

注引《毛詩》曰：「有車轔轔。」

案：今《詩》作「鄰鄰」，毛傳：「眾車聲。」釋文：「鄰，亦作轔。」《說文》「轔」字在《新附》中。鈕氏樹玉謂《五經文字注》云：「《詩》本亦作鄰。」是「轔」，古通作「鄰」也，亦作「蹸」。《廣雅·釋言》：「轔，轢也。」後《子虛賦》「掩兔轔鹿」，注引司馬彪說同。《說文》「蹸」訓「轢」，義亦合。《集韻》云：「蹸，或作轔。」

29. 中黃曅以發揮

案：「揮」，《晉書》作「輝」，他本有作「暉」者。惟尤本如是作，或疑其誤。然「發揮」字，兩見於《易·乾·象傳》及《說卦傳》釋文，一引王肅云：「揮，散也。」一引鄭注云：「揮，揚也。」雖亦言「揮」本作「輝」，而不作光輝解。此處「發揮」，蓋即旌斾飛揚之義。上「曅」字，已是「光貌」，不必更作「輝」矣，似從「揮」字較勝。

30. 瓊鈒入蘂，雲罕晻藹

注引臧榮緒《晉書》：「雲罕車，駕駟，戟車載。」「鈒」，又云：「鈒與鈒音義同。」

案：《說文》：「鈒，鋋也。」「鋋，小矛也。」《廣韻》：「鈒，戟也。」《集韻》：「鈒，或作鈒。」《史記·商君傳》：「持矛而操闟戟者，旁車而趨。」《索隱》曰：「闟，亦作鈒。」蓋鈒从及，闟从翕，音相近。故《楚辭·九章》「吸湛露之浮涼」，與《甘泉賦》「噏青雲之流瑕」，字異而義同也。

注又引《蒼頡篇》曰：「藹，聚也。」

案：《集韻》：「蘽，或作蘽，通作榮。」《廣韻》亦云：「榮，聚也。」王氏《疏證》謂：「哀十三年《左傳》『佩玉蘽兮』，杜注：『蘽然服飾備也。』《廣韻》：『蕊，草木叢生皃。』《離騷》『貫薜荔之落蘽』。《蜀都賦》劉注：『蘽者，或謂之華，或謂之實，一曰華鬚頭點。』皆聚之義是也。」今則分「蘽」、「蘽」為二字矣。

注又引《楚辭》曰：「揚雲霓之晻藹。」

案：注以「雲霓」證「雲罕」，似謂旌旗，與上所引「雲罕車」異義。《說文》：「罕，网也。」《史記‧天官書》「畢曰罕車。」本書《羽獵賦》「及至罕車飛揚」，注云：「罕，畢罕也。」又《上林賦》「載雲罕」，注引張揖曰：「罕，畢也。」前有九流雲罕之車，是雲罕固屬車言。前《東京賦》「雲罕九斿，闡戟耰轙」，正與《晉書》合。彼薛注乃云：「雲罕，旌旗之別名也。」然《東京》《上林》二賦，皆先言雲旗，後言雲罕，則雲罕非旗。疑車上必建旌，綴以九游，故說者不同。而《索隱》又云：「說者以雲罕為旌旗，非也。」且《中朝鹵簿圖》「雲罕駕駟」，不兼言九斿，罕車與九斿車別。據此，則《東京賦》之「雲罕九斿」，乃二車，未知孰是，竝存之。

31. 三推而舍，庶人終畝。貴賤以班，或五或九

注引「《國語》：『王耕一墢，班三之，謂王一，公三，卿九，大夫二十七。』《國語》與《禮記》不同，而潘雜用之。」

案：此數語本用《月令》之文。「班」者，謂貴賤之差等耳，未嘗雜入《國語》也。且陳氏《禮書》云：「王必三推，即所謂一墢也。三公五推，卿、諸侯九推，即所謂班三之也。」《月令》所言者，推數也。《國語》所言者，人數也。據此，則本無不同，以是議潘賦，殆不然。

32. 思樂甸畿，薄采其茅。大君戾止，言藉其農

案：「茅」，《晉書》作「芳」，非也。觀注云「茅，即上旬師之所供者」，則「茅」字不誤。或以與「農」韻為疑。

余謂何氏焯校本音「蒙」，是也。「茅」從矛聲，「矛」與「蒙」，一聲之轉。《尚書‧洪範》：「曰蒙」，鄭、王皆作「霿」。孔疏云：「霿，聲近蒙。霿亦從矛聲也。」詳見余《尚書廣異》。安仁以「茅」叶「農」，蓋古音之僅存者。又與束皙《勸農賦》：「惟百里之置吏，各區別而異曹，考治民之踐職，美莫富乎勸農。」「冬」、「豪」韻相叶，正一例。

又案:《廣雅·釋訓》:「紛纆,不善也。」王氏《疏證》云:「纆,曹憲音女交、奴孔二反。《詩·大雅》『以謹惽恢』,毛傳曰:『惽恢,大亂也。』惽恢與紛纆,聲近而義同。」

余謂「紛纆」即「紛恢」,「纆」、「恢」,蓋雙聲字。「纆」從農,當在冬韻,與肴韻之「恢」,音義皆通,可無疑於「農」之叶「茅」矣。蓋「肴」、「豪」部中字,多即「尤」、「侯」之聲,而「東」、「侯」二部聲氣交通,故胡墨莊引《毛詩》「橫從其畝」,《韓詩》作「橫由」。《史記·衛青傳》「大當戶銅離」,徐廣曰:「一作稠離。」《易林》:「衣繡夜游,與君相逢,除患解惑,使君不憂。」為「侯」、「幽」與「東」、「冬」相協之證。戴氏震《聲韻考》、孔氏廣森《聲類》並同此說。又《讀書雜志》云:「《大戴禮·勸學篇》以從、由為韻。《楚辭·天問》以龍、游為韻。《左傳·昭五年》『吳子使其弟蹶由犒師』,《韓子·說林篇》『由』作『融』。《說文》『東北曰融風』,《易通卦驗》作『調』,見《左傳·隱五年》正義。」他如:「尻」字,以九為聲,而《呂氏春秋·觀表篇》注:「讀如穹窮之穹。」「牢」字,古讀如「畱」,而《說文》從冬省聲。凡似此相通者,殆不勝舉。亦見後《離騷經》。

附案:《詩·齊風》「遭我乎猺之間兮」,「猺」,奴刀切。《漢書·地理志》「猺」作「嶩」,是字亦音近通用也。

子虛賦　司馬長卿

33. 敗於海濱

案:「海濱」,即《爾雅》之「海隅」也。《淮南·墜形訓》云:「齊之海隅」,又云:「申池在海隅」。《史記·齊世家》集解引左思《齊都賦》注,正本《淮南》。郝氏謂:「海隅是大名,申池是其間小地名。左氏《襄十八年傳》『焚申池之竹木』,《文十八年傳》『公游於申池』,蓋地饒林木,足可娛游。杜注乃依京相璠說,以『齊南城西門名申門,左右有池』為是江氏《考實》,亦仍杜注。《水經·淄水》注反是。杜而駁《齊都賦》注皆失之。今自登萊及青州、武定諸府界,延袤千餘里,皆海隅之地。《管子》所謂『渠展之鹽』,《左傳》『澤之萑蒲』,『藪之薪蒸』,胥在是焉。《子虛賦》言『列卒滿澤,罘網彌山』,『鷖於鹽浦』,『平原廣澤,游獵之地』,皆非虛語。」

余謂「海隅」與「雲夢」並十藪之一,恰可對舉。然此如《孟子》說「文

王之囿方七十里」，特因自然之藪澤而田其中，未嘗廢民田。若上林，據《元和志》云：「周二百四十里《紀要》作三百里」。《水經・渭水下篇》注云：「武帝建元中，使虞邱壽王與待詔能用筭者，舉籍阿城以南，盩厔以東，宜春以西頃畝〔1〕，屬之南山以為上林苑。東方朔諫，乃賜黃金百斤，卒起上林苑。故相如請為天子游獵之賦也。」後賦云：「地方不過千里，而囿居九百，是草木不得墾闢，而民無所食。」語斥齊、楚，其實齊、楚未嘗如是。而上林則然，此其所以為風與。

【校】

〔1〕《水經注校證》作「宜春以西，提封頃畝及其賈直」。

34. 射麋腳麟

注引韋昭曰：「腳，謂持其腳也。」

案：《史記索隱》引司馬彪曰：「腳，掎也。」又《說文》曰：「掎，偏引一腳也。」今《說文》無「一腳」二字。左氏《襄十四年傳》：「譬如捕鹿，晉人角之，諸戎掎之。」杜注：「掎之，掎其足是也。」《漢書》「腳」作「格」，則宜為从手之「挌」。《說文》：「挌，擊也。」云「腳」者，與《上林賦》「手熊羆，足野羊」相類。或謂當作「格」，似可不必。

注於「麟」字無證。

案：此非麒麟之「麟」。《說文》：「麒，仁獸也。」「麐，牝麒也。」《爾雅》：「麐，麕身，牛尾，一角。」則「仁獸」當作「麐」。經典多作「麟」者，借音字也。《說文》：「麟，大牝鹿也。」《玉篇》：「麟，大麚也。」許以麚為牝鹿，故段氏謂「牝，蓋牡之譌。」但「麐」、「麟」同聲。麐為牝麒，麟當為牝鹿，段說似非。此賦「麟」與「麋」並言，固是鹿屬。前《東京賦》「解罘放麟」，薛注：「大鹿曰麟」，與此正同。

又案：《史記・封禪書》：「郊雍，獲一角獸，若麃然。有司曰：『陛下肅祗郊祀，上帝報享，錫一角獸，蓋麟云。』」郝氏據陸璣《詩疏》「今并州界有麟，大小如鹿，非瑞應獸也。《子虛賦》所稱當即此。而《漢書・郊祀志》便以為「白麟」，播諸詠歌，謬矣。」

余謂言符瑞者，殆由「麟」借為「麐」，因之傅會。黃霸指「鶡」作「神雀」，亦其類也。

35. 割鮮染輪

注引李奇曰：「染，擩也。切生肉，擩車輪，鹽而食之也。」

案：此承上「鹽浦」而言，故以「染輪」為「擩鹽」。《史記集解》與《漢書》注竝引之。《索隱》曰：「染或為淬本書及《漢書》淬俱作焠」，與下文「胹割輪淬」意同。小顏後注亦云：「蓋以機上割鮮染輪之言也。」或疑「染輪謂割鮮而染車輪」，如《羽獵賦》所云「創淫輪夷」，注引《音義》曰：「創血流平於車輪也。」但彼處言殺獸，與此言「割鮮」異。《西都賦》「割鮮野食」，《西京賦》「割鮮野饗」，注皆引此語為證。而兩賦不及「染輪」者，以其非「鹽浦」故也。後賦言「勺藥之和具，而後御之」，正與此反對，仍從舊注為允。

又案：桂氏《札樸》云：「染輪乃田獵血祭之禮。《春官·大祝》『辨九祭，六曰擩祭』，注云：『擩，讀為虞芮之芮。』《賦》又云『胹割輪焠』，芮、焠聲近，焠輪即擩祭。《說文》：『擩，染也。』《史記·荊軻傳》『使工以藥焠之』，《索隱》曰：『焠，染也。』」

余謂先鄭釋「擩祭」云：「以肝肺菹擩鹽醯中以祭也。」疏云：「《特牲》《少牢》皆有主人獻尸，賓長以肝從，尸以肝擩鹽中以祭。」後鄭云：「九祭，皆謂祭食者。」「擩祭」與上「振祭」本同。不食者，擩則祭之；將食者，既擩必振乃祭也。是「振祭」亦擩肝鹽中，蓋古人飲食必祭。田獵之祭，見《大司馬職》「徒乃弊，致禽饁獸於郊。」鄭注：「聚所獲禽，因以祭四方於郊。」《月令》：「季秋，天子既田，主祠祭禽四方」是已。《後漢書·禮儀志》「斬牲之禮名曰貙劉，祠先虞」，則漢時尚有遺制。此處李奇注云「擩鹽而食之」者，當是既祭而食，即班、張《賦》所言「野食」、「野饗」者矣。

36. 名曰雲夢

前注引張揖曰：「楚藪也。在南郡華容縣。」

案：「雲夢」，本一澤也。經傳或分言者，郝氏謂：「左氏《昭三年傳》『王以田江南之夢』，杜注：『楚之雲夢，跨江南北。』是夢亦雲也。《定四年傳》『楚子涉睢，濟江，入于雲中』，杜注：『入雲夢澤中。』是雲亦夢也。《楚辭·招魂篇》『與王趨夢兮，課後先。』王逸注：『夢，澤中也。楚人名澤為夢中。』然則夢中，猶雲中矣。《淮南·墬形訓》『南方曰大夢』，高注：『夢，雲夢也。』」據此，知沈存中云「二澤者，非注言在華容者。本之《漢志》南郡華容縣雲夢澤，在南荊州藪。」此後《職方》鄭注、《風俗通》、高

誘《呂覽》《淮南》注、韋昭《國語》注竝同。晉仍漢制，故《爾雅》「楚有雲夢」，郭注亦作「在華容」。華容縣為今荊州府監利、石首二縣。監利在江北，石首在江南，故杜氏云「跨江南北」也。郭又以為即巴邱湖，則舉江南以該江北。《太平寰宇記》引宋永初《山川古今記》「雲夢澤，一名巴邱湖」是也。或以《漢志》編縣有雲夢宮，江夏郡西陵縣有雲夢宮，疑郭為疏漏。邵氏謂：「春秋以來，楚地日闢，廣益苑囿。《戰國策》『楚王游於雲夢，結駟千乘』，宋玉《高唐賦》『襄王游於雲夢之臺』，是當日離宮別苑，俱稱雲夢。《水經注》引雲夢城，則宮囿所在，必增置城隍。蓋非復殷、周藪澤之舊。故班《志》於華容曰澤、曰藪，所以釋《爾雅》《職方》之藪澤也。於編、西陵曰宮，所以存楚宮之故蹟也。」

37. 衡蘭芷若

注引張揖曰：「衡，杜衡也。其狀若葵，其臭如蘪蕪。若，杜若也。」

案：《爾雅》：「杜，土鹵。」郭注：「杜衡也，似葵而香。」與此張說，皆本《西山經》所云：「天帝之山有草焉，其狀如葵，其臭如蘪蕪，名曰杜衡」者是也。《史記索隱》引《博物志》：「杜衡，一名土杏，根似細辛，葉似葵。」王氏謂：「杜衡與土杏，古同聲。杜衡之杜為土，猶《毛詩》『自土沮漆』，《齊詩》作『杜』也。『衡』從行聲而通作『杏』，猶《詩》『荇菜』字從行聲。而《爾雅》《說文》作『莕』也。」《廣雅》云：「楚蘅，杜蘅也。」「杜」、「楚」，聲相近。「衡」與「蘅」同。「若」者，《說文》云：「杜若，香艸。」《神農本草》：「杜若，一名杜衡。」陶注則謂「根似高良薑」，與此同名而實異。《廣韻》云：「杜衡，香草，大者曰杜若。」是「衡」、「若」，非一物甚明。故此賦二者竝言。而《離騷》《九歌》亦「杜若」與「杜衡」分舉也。蘇氏頌《本草圖經》以「杜若」為即《廣雅》「楚蘅」，失之。

38. 茳蘺蘪蕪

注引張揖曰：「江蘺，香草也。蘪蕪，蘄芷也，似蛇牀而香。」

案：《說文》「蘺」字云：「江蘺，蘪蕪。」徐之才《藥對》云：「蘪蕪，一名江蘺」，與《說文》同。又《說文》「茞」字云：「蘺也茞即芷字，同聲通用。」「虈」字云：「楚謂之蘺，晉謂之虈，齊謂之茝。」似許意直以「虈」、「茝」、「江蘺」、「蘪蕪」為一物矣。而此賦云「芷若萲薆，茳蘺蘪蕪」，則「芷」與「江蘺」為二。《上林賦》云「被以江蘺，糅以蘪蕪」，則「江蘺」又與「蘪

蕪」為二。《離騷經》「扈江蘺與辟芷兮」，亦「江蘺」與「芷」竝舉，是各物明矣。段氏以楚謂芎為蘺，不云謂芎為江蘺，疑芎之稱蘺，特楚人語，而非即「江蘺」。故《說文》於「蘺」下別以「江蘺」釋之，而不謂即「虈」與「芎」也。郝氏亦疑「芎」與「蘄芎」非一物，稱蘄芎者為蘪蕪，單稱芎者，別種也。猶之《廣雅》以藁本為山芎。而《史記索隱》引樊光云：「藁本，一名蘪蕪」，其淆混皆此類。程氏瑤田《釋草小記》云：「芎也，江蘺也，蘪蕪也，不得為一物。」故李時珍《本草綱目》以為「未結根時為蘪蕪，既結根後為芎藭，大葉似芹者為江蘺蘄，古芹字。以葉似蘄，故謂之蘄，細葉似蛇牀者為蘪蕪。」蓋同中之異。《淮南子》云：「亂人者，若芎藭之與藁本，蛇牀之與蘪蕪」，言乎似是而非者之當辨也。至《爾雅》曰：「蘄芎，蘪蕪」，是呼「蘪蕪」為「蘄芎」。《名醫別錄》又呼之為「江蘺」。時珍為之說曰：「當歸名蘄，白芷名蘺。蘪蕪葉似當歸，香似白芷，故有蘄芎、江蘺之名。」由是言之，蘄也，芎也，蘺也，皆非蘪蕪之本名。而或以形似，或以氣同，相因而呼，稱名取類，不可為典要耳。

余謂「蘪蕪」或謂之「蘼蕪」，「蘪」、「蘼」字同。而《說文》無「蘼」字，則宜作「蘪」。《南都賦》謂之「薇蕪」，「蘪」、「薇」亦同音也。蘪蕪之名既混芎及江蘺，又混芎藭。《別錄》謂芎藭苗名蘪蕪，是也。李時珍已釋之矣。但「芎藭」，《左傳》作「鞠窮」，賈逵云：「所以禦溼」。《說文》「營」字云：「營藭，香草也。」重文為「芎」，引「司馬相如說營從弓」。固與「蘺」、「蘪」字劃分異處，而此賦亦分言之也。且「江蘺」之名，亦為他草所冒。《本草綱目》云：「海中苔髮，亦名江蘺」，與此同名。而《史記索隱》、《漢書》顏注俱引張勃《吳錄》之說「生海水中，似亂髮者」，以釋此賦。觀前《吳都賦》江蘺之屬，海苔之類竝言，則非一物可知。又呂氏《讀詩記》引董氏云：「《古今注》謂『芍藥，可離。』《唐本草》：『可離，江離。』因此有以江離為芍藥者。蓋《史記》《漢書》所載《子虛賦》江離字皆不從艸，而芍藥又別有可離之名，故云然。」然《廣雅》云：「攣夷，芍藥也。」攣夷即留夷。留與攣，一聲之轉。即《離騷經》下文所稱「畦留夷」者是也，不得又以為「江蘺」。「蘺」字，《說文》本從艸，其作「離」者，借字耳。《唐本草》特附會之說，尤不足據也。

39. 其高燥則生葳菥苞荔

「葳」、「荔」，已見《西京賦》。「苞」，見《南都賦》。注引張揖曰：「菥，

似燕麥。」

案:「薪」,《史記》作「蘄」。《漢書》省艸,作「析」。注引蘇林曰:「析音斯。」蓋古「斯」與「析」通。《說文》:「斯,析也。」本《詩·墓門》毛傳:「斯、析,聲之轉。」故此「薪」字,亦可作「蘄」也。《史記集解》徐廣曰:「蘄,或曰草生水中,華可食。」據此,疑即《南都賦》所稱「薪蓂」之單呼者。彼亦云「生川澤」,與徐引「或說」正合。然此言「高燥」所生,蓋「薪蓂」為大薺。陶宏景云:「薺類甚多,今之薺,大抵生於平地也。」

40. 薛

注引張揖曰:「薛,藾蒿也。」

案:《史記集解》引徐廣說,與此注同。惟「藾」字不从艸。《說文》:「薛,艸也。」段氏謂「即藾蕭」,蓋「蕭」、「薛」,聲之轉也。《爾雅》:「苹,藾蕭。」郭注:「今藾蒿也,初生亦可食。」正《說文》所云:「蕭,艾蒿也。」《管子·地員篇》「其草宜苹蓨」,《詩·鹿鳴》「食野之苹」,鄭箋用《爾雅》。《齊民要術》引《詩疏》云:「藾蕭,青白色,莖似箸而輕脆,始生可食,又可蒸也。」郝氏謂:「樂器簫,一名籟。此藾,一名蕭。古人異物同名多此類耳。」但《爾雅》下文又有「蕭,萩。」郭云「即蒿。」《說文》亦云:「萩,蕭也。」《本草綱目》因謂「曰藾、曰蕭、曰萩,皆老蒿之通名。」《詩·采葛》正義引李巡曰:「萩,一名蕭。」陸《疏》云:「今人所謂萩蒿者是也。或云牛尾蒿,似白蒿,白葉,莖麤。科生多者數十莖,可作燭,有香氣,故祭祀以脂爇之為香。」許慎以為「艾蒿」,非也。郝氏又謂:「《爾雅》有二蕭。許君所云艾蒿,乃是藾蕭。陸所云似白蒿,白葉,莖麤,即藾蕭,非萩蕭。陸以此為牛尾蒿,誤矣。牛尾蒿,色青不白,細葉直上如牛尾狀,非此也。」

41. 其埤溼則生藏莨

注引郭璞曰:「藏莨,草名,中牛馬芻。」

案:《史記集解》引《漢書音義》曰:「藏,似亂而葉大。」又云:「莨,莨尾草也。」似為二物,如郭說,則一物矣。《爾雅》:「孟,狼尾。」郭云「似茅」,今人亦以覆屋。「孟」,《玉篇》作「盂」,俗字也。或作「盂」,亦譌。《御覽》引《廣志》云:「狼尾,子可作黍。」《說文》:「莨,艸也。」「狼」與「莨」音同,段氏謂「狼尾似狗尾而麤壯者」,是也。

42. 東薔

注引張揖曰：「東薔，實可食。」

案：「薔」，《史記》作「薔」，《索隱》引《廣志》云：「東薔，子色青黑」。又《河西記》云：「貸我東薔，償我白粱。」《漢書》顏注：「東薔似蓬，其實如葵子。」又《後漢書·烏桓傳》作「東牆」，亦云「似蓬草，實如穄子，至十月而熟。」

余謂《爾雅》有「薔，虞蓼。」彼郭注云：「虞蓼，澤蓼。」蓋即今水蓼也。《名醫別錄》曰：「蓼實生雷澤川澤。」陶注：「此類多人所食。」寇宗奭謂「蓼實，即水蓼子，正生下溼之地，其子尖扁」，亦與顏注「如葵子」合。「薔」之名同，似即為「東薔」，而《本草》分列之，殆同類而二種與？

43. 觚盧

注引張晏曰：「觚盧，扈魯也。」

案：「觚盧」，《史記》作「菰蘆」。《索隱》引郭璞云：「菰，蔣也。蘆，葦也。」方氏《通雅》既從其說。而又以「扈魯」為「壺盧」，蓋同聲借字。孫恬《唐韻》云：「瓠音壺，瓠㼐瓢也。」「瓠」與「觚」，音形皆近。「㼐」，本當作「盧」。此處若作「菰蘆」，似與上「蓮藕」相類。然「菰蔣」即上「彫胡」；「蘆葦」亦即上「蒹葭」之屬，不應複舉。而「壺盧」，又非坏溼所生，二者未審孰是。

44. 菴䕡

注引張揖曰：「菴䕡，蒿也，子可醫疾。」

案：此注與《史記索隱》引郭璞略同。「菴」，《漢書》作「奄」。「䕡」，《史記》作「䕡」，皆同字也。《本草綱目》「一名覆䕡，為其可以覆屋也。」「覆」，即奄之義。《名醫別錄》曰：「菴䕡子生雍州川谷，亦生上黨。」陶注云：「狀如蒿艾之類，近道處處有之，人家種此辟蛇。」李時珍謂：「菴䕡葉不似艾，似菊葉而薄，多細丫，面背皆青，高者四五尺，其莖白色，如艾莖而粗。八九月間開細花，結實如艾實，極易繁衍，藝花者，以之接菊。」

45. 軒于

注引張揖曰：「軒于，猶草也，生水中，揚州有之。」

案：「于」，《史記》作「芋」，或加艸耳。「軒于」，亦單稱「于」，見《馬

融傳》注。此即《爾雅》之「茜，蔓于。」彼郭注云：「多生水中，一名軒于。江東呼茜音蕕。」《說文》：「蕕，水邊艸也。」《繫傳》云：「似細蘆，蔓生水上，隨水高下汎汎然，故曰蕕，游也。」《管子·地員篇》「其草魚腸與蕕」。《廣雅》云：「馬唐，馬飯也。」《本草別錄》：「馬唐，一名羊麻，一名羊粟，生下溼地，莖有節，生根即蕕是矣。」李時珍曰：「此草莖頗類蕙而臭，故《左傳》云：『一薰一蕕，十年尚猶有臭。』孫升《談圃》以為『香薷』者，誤也。」

46. 其北則有陰林，其樹梗枏豫章

注云：「本或『林』下有『巨』字，『樹』下有『則』字，非也。」

案：「則」字固不應復有。「其」，當作「巨」，「樹」字句斷。《史記》《漢書》皆作「陰林巨樹」，蓋「陰林」非地名，謂陰翳之林，正與「巨樹」相偶。李以「陰林」斷句，意或與上文「其東則有蕙圃」類耶。竊疑「衡蘭」之蘭，非指香草。「蘭」通「闌」，與稱上蘭同。「蕙圃」、「衡蘭」亦正相偶。上注云：「芷若下或有射干，非。」張氏從之，而云「《學林》以《史記》有『射干』為是。此段皆四字一句，於文則順，於韻則叶。《漢書》去之，遂不成文法。『射干』，草也；後『射干』，獸也，奚嫌焉？」此說為未的，下文「藁本射干」，又是何物？以文義考之，宜無二字。

余謂《學林》之說是也。觀篇內分列物類，文法一例可知。若云「藁本射干」是複舉，則彼自在《上林賦》中，非此篇，何礙之有？且此篇「軼野馬」，《上林賦》亦有。「跨埜馬」，未嘗不複。大抵《漢書》所載諸家之文，多刪字，不獨此處也。若下文既云「上拂羽蓋」，後又有「建羽蓋」，在一篇之中，則真複字矣。

47. 檗

注引張揖曰：「檗，皮可染者。」

案：《說文》：「檗，黃木也。從木，辟聲。」俗加艸，作「蘗」，又或作「黃柏」者，省寫之，謬也。《本草經》「蘗木根名檀桓」。《別錄》曰：「蘗木生漢中山谷及永昌」，陶注云：「今出邵陵者，輕薄色深為勝。生東山者，厚而色淺。」

48. 離

注引張揖曰：「離，山棃也。」

案：此注與《史記集解》引《漢書音義》同。《爾雅》：「犁，山樆。」蓋
犁生人家者，即名「犁」；生山中者，別名「樆」也。《說文》無「樆」字，當
作「離」。段氏謂：「顏師古注《急就篇》『犁，一名山樆』，非是。」而讀《爾
雅》「犁山」為逗，然《爾雅》無此文法。如《釋木》之「栘，山榎。」「栲，
山樗。」及《釋草》之「萑，山韭」等諸文，皆以「山」字下屬。此獨上屬，
則為不辭。

余謂當本作「樆，山犁」，而後人誤倒耳。

49. 樝

注引張揖曰：「樝，似梨而甘也。」

案：「樝」，《內則》作「柤」，鄭注：「柤，梨之不臧者。」《說文》：「樝，
果似梨而酢。」《爾雅》郭注，《山海經》郭傳皆云：「樝似梨而酢濇。」段
氏謂：「張說乃以同類而互易其名耳。陶隱居譏鄭公不識樝，恐誤。」郝氏
則謂：「《莊子·天運篇》：『柤梨橘柚，其味相反，而皆可於口。』《齊民要
術》引《風土記》：『柤，梨屬，肉堅而香。』王楨《農書》云：『樝味劣於梨
與木瓜，而入蜜煮湯，則香美過之。』蓋樝即今鐵梨，黃赤而圓，內酸澀，
而煮熟更聐滑。」據此，似兩說可通也。

50. 騰遠

注引服虔曰：「騰遠，獸名也。」

案：「騰遠」，說不一。此注外，《史記集解》引《漢書音義》曰：「騰遠，
鳥名。」《索隱》引司馬彪云：「騰遠，蛇也，能興雲霧。」三者未知孰是。其
云蛇者，當即謂《爾雅》之「螣蛇」。郭注云：「能興雲霧而游其中。」「螣」，
通作「騰」。《大戴禮·勸學篇》「螣蛇無足而騰」，《慎子》云「飛龍乘雲，騰
蛇遊霧」，蓋即司馬說也。

51. 射干

注引張揖曰：「似狐，能緣木。」

案：此注與《史記集解》引《漢書音義》同。如注說，蓋謂獸名。然此處
分列物類，下始言獸，則其上所有俱應是鳥，故與「鵷鶵孔鸞」竝舉。「騰遠」
說不同，似亦鳥名近之。

余疑「射干」即《周禮》鄭注之「雉雊」。《爾雅》：「鶌鳩，鶻鵃；如鵲

短尾，射之銜矢射人。」《說文》正用《爾雅》。段氏引鄭注《周禮》「設其鵠」，以為「鴇鵠小鳥而難中。」「雛」、「鴇」音近也。「鴇」省佳旁，則為干，以其能射人，故遂謂之「射干」。「干」之為「雉」，猶《儀禮‧大射禮》之「干侯」，鄭注「干」讀為「豻」耳。

52. 蝘蜒貙犴

注引郭璞曰：「蝘蜒，大獸，似狸，長百尋。」

案：《史記》於「貙犴」下，尚有「兕象野犀，窮奇獌狿」八字，《漢書》及此處俱無之，殆因「蝘蜒」與「獌狿」連舉為複。若專刪下四字，又不叶韻，遂並上四字而刪去也<small>上文「鶬鴰」上有「赤猨蠷蜼」四字，此亦刪去</small>。然史公與長卿同在武帝朝，所傳應可據，意必二者各為一義。

余疑「蝘蜒」即謂「貙犴」。「貙犴」，即《爾雅》之「貙獌<small>見《西京賦》。</small>」蓋「獌」之言曼，延長也。上「蝘蜒」，當作虛用，與「蜿蜒」義同。下「獌狿」，乃是大獸，故从虫，从犬，字亦異。至郭既云「蝘蜒似狸<small>《史記集解》引郭注無「似狸」二字。此殆涉下文「貙似狸」而誤衍耳</small>」，似即謂「貙獌」矣。而又云「大獸，長百尋」，直與《西京賦》所稱「巨獸百尋，是為曼延」者相混，非也。彼薛注云：「作大獸，長八十丈，所謂蛇龍曼延也。」原以為偽作，善亦引《漢書》「武帝作曼衍之戲」，則非實有是物可知。此以真獸云「百尋」，恐不足信。注中「百尋」，當為「一尋」之誤。《詩‧閟宮》毛傳：「八尺曰尋」，偽作者十倍之，得八十丈，正合「百尋」之數矣。

53. 建干將之雄戟

注引張揖曰：「干將，韓王劍師也。雄戟，干將所造。」

案：「干將」，見《吳越春秋》及《越絕書》。「干將」，吳人，其妻曰「莫邪」，則當是吳王。《史記集解》、《漢書》注竝作韓王，疑誤也。程氏《通蓺錄》曰：「據《格致鏡原》引《二儀寶錄》：『戟與戈，蚩尤造。』此注言『干將造』者，蓋所聞異辭，亦以賦見『干將』字，故云。」王氏《廣雅疏證》則謂：「干將、莫邪皆連語，以狀其鋒刃之利，非人名也。王褒《九懷》云：『舒余佩兮綝纚，竦余劍兮干將。』是『干將』為利刃之貌。『莫邪』，疊韻字，義亦與『干將』同。西漢以前，未有以『干將』、『莫邪』為人名者。實自《吳越春秋》始，而應劭注《漢書》因之，由誤以『干』、『莫』二字為姓，遂致紛紛之說。」

余謂《說文》「鏌」、「釾」字俱从金。《莊子‧大宗師篇》亦作「鏌鋣」，則是器名，非人名可知。殆因劒之名，陽曰干將，陰曰莫邪，遂附會為夫妻。王氏又言「《吳越春秋》《越絕書》所說龍淵、太阿等狀，皆非事實」，宜其不足取信也。且「干將」、「鏌釾」不專屬劒，前《吳都賦》「雄戟耀芒」，善注引趙良曰：「干將之雄戟」，見《史記‧商君傳》。王氏言「戟與戈同類，故魏文帝《浮淮賦》云：『建干將之鏌戈』。《說文》：『鏌釾，大戟也。』見本書《羽獵賦》注所引《漢書‧楊雄傳》云：『杖鏌釾而羅者以萬計』，注亦以為大戟。然則干將、莫邪，固劒戟之通稱矣。」

張注又云：「雄戟，胡中有鉅者。」

案：《廣雅》：「區謂之雄戟。」《方言》云：「三刃枝，南楚、宛、郢謂之區戟。」郭注：「今戟中有小子刺者，所謂雄戟也。」《通藝錄》曰：「三刃者，一援，一胡，一刺也。區謂援上指如偃矩。雄謂有刺也。」張注「胡中有鉅」，言有刺，如雞距，雞距出踵後。注之「胡中」，據字義宜言「胡後」。《增韻》云：「凡刀鋒倒刺皆曰距。」今內有刃，出於秘後，惟戟有之。雞鳴則昂首而擁其頸，區戟似雞鳴昂首之狀。然則雞鳴也，擁頸也，鉅也，竝所以狀雄戟也。

余謂《說文》「戟，有枝兵也。」程氏據《二儀寶錄》「雙枝為戟，獨枝為戈」，言戟刺與援成二鋒，故亦得稱雙枝。則《方言》之「三刃」，殆兼「胡」之下垂者，亦有刃也。而鄭注《考工記》以為三鋒戟似異，段氏謂程說近是。蓋以《考工‧廬人》之「句兵」，注云：「戈戟之屬」，是戟之用，乃橫鉤，非如劒之直刺耳。然鄭之「三鋒」，當即《方言》之「三刃」，有胡，有援，有刺。「援」、「胡」皆橫刃，鄭未嘗言其俱直刃也。「胡」在秘內，兼胡言則為三刃，不兼胡言則為雙枝，其實非異。且古制茫昧，必欲執今世出土中者為衡，恐亦難遽定，何轉以疑鄭也？程所云「雞鳴擁頸」，見《考工記‧冶氏》注。

54. 左烏號之雕弓

注引張揖曰：「黃帝乘龍上天，小臣不得上，挽持龍髯，髯拔，墮黃帝弓，臣下抱弓而號，名烏號也。」

案：《淮南‧原道訓》「射者扜烏號之弓」，高誘注云：「烏號，桑柘其材堅勁，烏峙其上，及其將飛，枝必橈下，勁能復，巢烏隨之。烏不敢飛，號呼其上。伐其枝以為弓，因曰烏號之弓也。一說黃帝鑄鼎於荊山鼎湖，得道

而仙，乘龍而上。其臣援弓射龍，欲下黃帝不能也。烏，於也。號，呼也。於是抱弓而號，因名其弓為烏號之弓也。」此注與《漢書》注俱引張揖，蓋用誘。後一說而微異，其說見《史記‧封禪書》及《漢書‧郊祀志》。本書《七發》注引《古史考》，則與誘前一義同，應劭《風俗通》亦然。惟《史記索隱》兼引之。

55. 陽子驂乘，孅阿為御

注引張揖曰：「陽子，伯樂字也。」郭璞曰：「孅阿，古之善御者。」

案：「孅」，《史記》作「纖」。《集解》引《漢書音義》曰：「陽子，仙人陽陵子。纖阿，月御也。」《索隱》云：「或曰纖阿，美女姣好貌。」又樂彥曰：「纖阿，山名，有女子處其巖，乃歷數度，躍入月中，因為月御也。」說與注異。

余謂郭說無所指證。善注引《楚辭》曰：「孅阿不御焉」，但《楚辭》多惝恍之語，如「雷師」、「風伯」等屢言之。《淮南子》云：「月御曰望舒，亦曰孅阿。」《太平御覽‧天部》亦引之。《離騷經》「前望舒使先驅兮」，與此正相類。然則「孅阿」非人名，即陽子不得為伯樂，似當從《音義》說，蓋借以況耳。

56. 䮦蛩蛩，轔距虛

《史記》「䮦」、「轔」字上下互易，此與《漢書》同。注引張揖曰：「蛩蛩，青獸，狀如馬。距虛，似贏而小。」

案：《史記》「蛩」作「邛」。《集解》則引郭璞曰：「距虛，即邛邛，變文互言耳。」《漢書》注兩引之。師古曰：「據《爾雅》文，郭說是也。」釋《爾雅》者釋文引李巡、孫炎及《說文》「蟨」字下用《爾雅》，皆謂「一獸」。郝氏謂：「本二獸，故《王會篇》云：『獨鹿邛邛』，孔晁注：『邛邛，獸，似距虛，負蟨而走也。』又云：『孤竹距虛』，孔注：『距虛，野獸，驢騾之屬。』《穆天子傳》：『邛邛、距虛走百里』，郭注：『亦馬屬。』又引《尸子》曰：『距虛不擇地而走』，是以為二獸也。」

余謂《爾雅》殆以其相似而並言之，未必四字為一獸名。此處既分列，郭氏不宜云「互言」，且一人而兩異其說矣。又此注引《說苑》云：「二獸者，非性心愛蟨也」，亦明係為二。

又案：「距」，《爾雅》作「岠」。「岠」當是「距」，即「距」字。《說文》以止為足。「距虛」，善走故也。《說文》省偏旁作「巨」。

57. 軼野馬，轊陶駼

注引張揖曰：「野馬，似馬而小。」《海外經》曰：「北海內有獸，狀如馬，名陶駼。」

案：《爾雅》：「騊駼，馬。野馬。」郭注分釋之。郝氏謂：「《說文》『騊駼，北野之良馬。』釋文引《字林》云：『騊駼，一曰野馬。』高誘《淮南·主術篇》注：『騊駼，野馬也。』是皆以野馬即騊駼。然《王會篇》『野馬』、『騊駼』竝稱，此賦亦分列，俱郭所本也。《說文》又以『野馬』為『驒騱』，『驒騱』、『騊駼』竝見《史記·匈奴傳》。」

余謂《史記集解》引郭說，《漢書》注引張說，與此同。是皆二物，諸書多作「騊」。此作「陶」者，《漢書·楊雄傳》載《解嘲》文云：「前番禺，後陶塗。」顏注：「騊駼馬出北海上。今云『後陶塗』，則是北方國名也，本國出馬，因以為名。」蓋「陶塗」即「騊駼」之同音字耳。彼處「陶塗」，本書作「椒塗」。師古曰：「陶字有作椒者，流俗所改。」

58. 射游騏

注引《爾雅》曰：「䑏，如馬，一角，不角者騏。」

案：「䑏」，今《爾雅》作「䮮」，釋文：「䮮，本又作䑏。」郭注：「元康八年，九真郡獵得一獸，大如馬，一角，角如鹿茸，此即䮮也。今深山中人時或見之，亦有無角者。」郝氏謂：「《玉篇》：『䮮，騏䮮也。』公羊《哀十四年》疏引舍人云：『䮮，如馬而有一角，不有角者名騏。』《王會篇》『俞人雖馬』，孔晁注：『雖馬，䑏，如馬，一角，不角者曰騏。』蓋『䑏』有髓音，故借為『雖』也。」

余謂《說文》「騏，馬青驪文如綦也如綦」，今本作「如博綦」。此從《七發》李注所引。段氏及《說文校議》皆如是。《魯頌》毛傳：「蒼騏曰騏。」「蒼騏」，即蒼綦，謂蒼文如綦也。《說文·糸部》：「綦，帛蒼艾色。」許君所稱謂馬之色有異，非此賦之「騏」也。

59. 徼㦬受詘

注引郭璞曰：「㦬，疲極也。㦬，音劇。」司馬彪曰：「徼，遮其倦者。」

案：「㦬」當作「䋙」，《說文》作「御」，云：「徼御，受屈也。」蓋用此語。段氏謂長卿用假借字，許用正字。蘇林注《漢書》曰：「䋙音倦䋙之䋙，當作音倦御之御也。」《方言》曰：「䋙，勌也。」䋙同䋙，勌同倦。《心部》：

「恓者，勞也。」與「㤲」音義同。《史記·匈奴傳》《漢書·趙充國傳》皆云「徼極」，與「徼㤲」音異義同。

余謂㕎，从谷，《說文》：「谷，口上阿也」，非山谷之谷。「㕎，相踦㕎也」，與「㤲」字皆其虐切，故同音借用。聲之轉則為劇，又與「極」字音近矣。

60. 被阿緆

注云：「緆與錫，古字通。」

案：《史記》《漢書》俱作「錫」，故注為此語。《說文》：「緆，細布也。」《儀禮·燕禮》：「冪用絺，若錫。」又《少牢饋食禮》「被錫」，鄭注竝云：「今文錫為緆。緆，易也。治其布，使滑易也。」段氏以為「今文其本字，古文其假借字」，是也。此賦「被阿緆」，即《列子》之「衣阿緆善注引之」，亦即《漢書·郊祀歌》之「曳阿錫」。而《喪服傳》之「錫衰」，則云「麻之有錫」者也。「錫」亦同「緆」，故《說文》「布」字或作「麻」，而「緆」之重文，遂从麻作「繠」。

61. 襞積褰縐

注引張揖曰：「襞積，簡齰也。」

案：《漢書》顏注云：「襞積，即今之帬襵。古所謂皮弁素積者，即謂此積也。」此處承上「鄭女曼姬」而言，與「皮弁」無涉，特以證「積」字耳。《士冠禮》「皮弁服素積」，注云：「積猶辟也。以素為裳，辟蹙其要中。」「辟」，蓋「襞」之借字。「素積」，即素裳，故顏以為「帬襵」。張注「簡」字，俗作「裥」。《類篇》「裙幅相襵也」，是義不異。而《史記索隱》乃云小顏以張說為非，今顏注竝無其語。

62. 蜚襳垂髾

注引司馬彪曰：「襳，袿飾也。髾，燕尾也。」

案：小顏云：「襳，袿衣之長帶也。髾，謂燕尾之屬。皆衣上假飾。」而《史記集解》引郭璞曰「髾，髻髾也」為異。

余謂《大人賦》「曳彗星而為髾」，注引張揖亦曰：「髾，燕尾也。」是可於旌旗言之，即可於衣服言之，皆借義耳。如郭說，以「髾」字从髟，即《招魂》所云「盛髾」也，意亦通。顏注合下文「下靡蘭蕙，上拂羽蓋」言之，固宜以

為服飾矣。

63. 扶輿猗靡

注引張揖曰：「扶持楚王車輿相隨也。」

案：《史記正義》亦云：「鄭女曼姬，侍從王者，扶其車輪而猗靡」，與張說同。《漢書》顏注則曰：「張說非也。此自言鄭女曼姬為侍從者所扶輿而猗靡耳，非謂扶持楚王車輿也。」

余謂「扶輿」當作虛用，上下俱言服飾，忽著二字云扶持車輿，絕無根，殊與文理不合。惟《史記集解》引郭璞曰：「淮南所謂曾折摩地，扶輿猗委也」，義正如是。據《韻會》云：「扶輿，佳氣貌。又美稱」，下引此賦語，是作虛用也。蓋「扶輿」疊韻字，即《上林賦》之「扶於」。「於」、「輿」同聲，此與下「翕呷萃蔡」，承上「蜚襂垂髾」，作形容語也。張、顏說皆非，宜從郭。

64. 翕呷萃蔡

注引張揖曰：「萃蔡，衣聲也。」

案：「萃蔡」，即「綷縩」。前《藉田賦》「綃紈綷縩」，注引《漢書》班倢伃賦曰：「紛綷縩兮紈素聲」。「縩」，今本作「縩」，注云：「綷縩，衣聲也。」與此「萃蔡」正同。又後《琴賦》「新衣翠粲」，注引此賦語。即依彼文作「翠粲」，並云《洛神賦》「披羅衣之璀粲」，字雖不同，其義一也，蓋皆聲近互用。而楊氏慎以「翠粲」為「鮮明」之貌，非即「綷縩」，意亦通。

65. 繆繞玉綏

注引張揖曰：「楚王車之綏，以玉飾之也。」

案：《漢書》顏注亦言「以玉飾綏」，而下云「謂鄭女曼姬之容服也。」「綏」，即今之所謂「采緞垂禯」者也，不以為「登車所執」，於古無徵，似非。《史記正義》曰：「此言飛襂垂髾，錯維翡翠之旌旗，或繞玉綏也。」又與注引郭璞說「言手纏絞之」義異，恐《正義》近是。

66. 捎翡翠

注引《方言》曰：「捎，取也。」

案：「捎」與「罦」通。《蜀都賦》作「罦」。《說文》：「罦，罬也。」徐氏

錯《繫傳》云：「網從上掩之也。」又與「旃」通。《廣韻》：「旃，掩翳也。」《廣雅》：「旃，率也。」「率」者，《說文》：「率，捕鳥畢也。象絲网，上下其竿柄也。」《太平御覽》引蔡邕《月令章句》云：「掩飛禽曰罼。」蓋皆羅網之名，從「揜，取」得義。

67. 連駕鵝

善注作「駕鵝。」

案：《史記》「駕」，亦作「鴐」。於《上林賦》作「鴚鵝」。《中山經》「青要之山是多鴐鳥」，郭注：「鴐，宜為駕。」段氏、郝氏皆謂魯大夫有榮駕鵝，即「駕鵝」也。又即《說文》之「鴚鵝」。「加」、「可」，音同。《日知錄》言「《詩．君子偕老》之『珈』，《東山》之『嘉』，竝與『何』韻」，是已。古「鵝」與「鴈」通稱，《莊子．山木篇》「命豎子殺鴈而烹之」，是家鵝稱鴈。《方言》及《廣雅》俱以鴈為鳴鵝，一名倉鳴，是野鵝亦稱鴈。《爾雅》：「舒鴈，鵝。」似家鵝、野鵝皆得稱之。但《說文．隹部》雁為鴻雁。《鳥部》鴈為鵝，鵝為鴚鵝，則鴚鵝為野鵝，非家鵝，亦非鴻雁矣。「野鵝」者，乃《爾雅》所云：「鴶鵴，鵝」者也。郝謂「駕鵝疊韻，鴶鵴雙聲。」

68. 於是楚王乃登雲陽之臺

案：「雲陽」，《史記》《漢書》俱作「陽雲」，六臣本亦同。此注引孟康曰：「雲夢中高唐之臺，宋玉所賦者，言其高出雲之陽。」《漢書》注亦引之。據此，似當作「雲陽」。然《史記集解》引徐廣曰：「宋玉云：『楚王游於陽雲之臺』」，則「陽雲」尤有據。孟康特以意解之，李氏又因其語耳。或曰：「即陽臺也。」

69. 南有琅邪

注引張揖曰：「琅邪，臺名也。在渤海間。」

案：此注本之《海內東經》。《史記集解》引郭璞曰：「琅邪，山名，在琅邪縣界。」縣於《漢志》屬琅邪郡。顏注及《續漢志》劉昭注亦俱引《山海經》。據《經》云：「在渤海間。」《漢志》有勃海郡，與琅邪郡別，故段氏以《經》為非。但《經》本無「郡」字，而段氏增之。《經》下明云：「琅邪之東是渤海」，原不指後所立之郡言，但在海邊耳。《說文》云：「渤澥，海之別名。」閻氏若璩《潛邱劄記》曰：「今海自山東登州、萊州、青州等府北

至直隸、天津、永平東出山海關，迤遼東諸處，皆謂之勃海。太史公多言勃海，《河渠書》謂永平府之勃海也，《封禪書》謂登、萊兩府之勃海也，《蘇秦列傳》指天津之海言，《朝鮮列傳》指海之在遼東者言。勃海之水大矣，非專謂近勃海郡者也。」然則以琅邪臺為在渤海間，固可無疑，特其地實琅邪郡境。《孟子》趙注：「琅邪，齊東南境上邑。」《方輿紀要》云：「琅邪山在今青州府諸城縣東南百四十里，其山三面皆浸於海，惟西南通陸道是已。」劉昭又引《山海經》郭注曰：「琅邪臨海邊，有山嶕嶢特起，狀如高臺，此即琅邪臺。」《越紀》曰：「句踐徙琅邪，起觀臺，臺周七里，以望東海。」《史記》曰：「秦始皇徙黔首三萬戶琅邪臺下。」又《水經·濰水篇》注云：「瑯邪郡城，即秦皇所築，遂登瑯邪大樂之山，作層臺於其上，謂之瑯邪臺。臺在城東南十里，傍濱巨海。」

余謂如郭說，蓋山本有臺名，而句踐、始皇復前後作臺也。《史記索隱》云：「是山形如臺」，斯言得之。

70. 觀乎成山

注引張揖曰：「觀，闕也。成山，在東萊掖縣，於其上築宮闕也。」

案：《漢書》注引張語作「不夜縣」，縣於《漢志》屬東萊郡，云：「有成山日祠，莽曰夙夜。」師古曰：「《齊地記》云：『古有日夜出，見於東萊，故萊子立此城，以不夜為名。』」郡又別有掖縣，即齊之夜邑，此注殆以相似而誤。《方輿紀要》云：「成山，在今文登縣東北百五十里，斗入海中。秦始皇登勞盛山望蓬萊。」「勞盛」，蓋二山，「盛」，即成山也。又《史記》「始皇自琅邪北至榮成山」，「榮成」，又「勞成」之譌。

余謂或以「榮成山」即「成山」之名，非是。又賦云「觀乎成山」，當與齊景公「吾欲觀於轉附、朝儛」同。張說云「作宮闕」，亦未的。

71. 射乎之罘

注引晉灼曰：「之罘山在東萊腄縣。」

案：《漢志》腄下有之罘山祠。據《方輿紀要》，今之福山縣，本漢腄縣地，山在縣東北三十五里，連文登縣界。文登屬甯海州，州有牟平廢縣。文登縣西七十里有腄城，山既連界，故《史記集解》引《漢書音義》又以為之罘山在牟平縣也。《紀要》又云：「山周圍五十里，三面距海。」《史記》：「秦始皇二十八年，登之罘，立石；二十九年，登之罘，刻石；三十七年，登之

－281－

罘，射巨魚。」《封禪書》：「八神，五曰陽主，祀之罘。」《漢書》：「武帝太始三年，登之罘，浮大海而還。」皆即此山矣。

72. 游孟諸

注引文穎曰：「宋之大澤也，故屬齊。」

案：「孟諸」，《禹貢》作「孟豬」，《職方》作「望諸」。惟《左傳》《爾雅》與此同。《史記·夏本紀》作「明都」。《漢書·地理志》作「盟豬」，而載此賦則俱作「孟諸」。蓋「孟」、「明」、「盟」、「望」、「諸」、「豬」、「都」竝聲相近，古假借用之也。《爾雅》「十藪，宋有孟諸」，故《禹貢》屬豫州。而《周禮》「青州澤藪曰望諸」，《錐指》引林氏云：「周無徐，徐並於青，青在豫東，故得兼有孟諸，青州固齊地也。」孫氏星衍謂：「《漢志》梁國睢陽下云『《禹貢》盟諸澤在東北』。睢陽，今河南商邱縣，自河決徙流，孟諸故迹不可考矣。」

73. 邪與肅慎為鄰

注引郭璞曰：「肅慎，國名，在海外，北接之。」

案：《王會篇》「北方稷慎」，孔注：「稷慎，肅慎也。」王氏應麟補注云：「《書序》『成王既伐東夷，肅慎來賀。』《史記》作『息慎《竹書紀年》《大戴禮》《五帝德》竝同』。《山海經》：『大荒之中，有山曰不咸，有肅慎氏之國，在白民北。』《後漢書》：『挹婁，古肅慎，在夫餘東北千餘里，東濱大海。』《唐·地理志》：『渤海王城，其西南三十里，古肅慎城。』陳氏逢衡謂：「《左傳》『肅慎、燕、亳，吾北土也。』《淮南·墜形訓》海外三十六國有『肅慎民』。又見《海外西經》及《大荒北經》『不咸山』，今之長白山也。《後魏書》：『勿吉國在高句驪北，舊肅慎國也，去洛五千里。』《北史》：『勿吉國，一曰靺鞨《史記正義》引《括地志》云：「靺鞨國，故肅慎也」，其部類凡有七種。自拂涅以東，皆石鏃，即古肅慎氏也此正《國語》所紀孔子識肅慎氏之石砮者。』今《一統志》『盛京奉天府承德縣，秦以前肅慎氏地。』又開厚縣、鐵嶺縣、寧古塔、黑龍江等處皆是。」

余謂此注但云「北接」，不得為「邪」。蓋「肅慎」雖在北而迆東，故曰東濱大海。《史記正義》：「邪，謂東北接之」，正合。《漢書》顏注亦云「東北接」，而謂「邪讀為左」，非也。觀下句「右以湯谷為界」，注引司馬彪「以為東界」。善曰：「言為東界，則右當為左字之誤。」陳氏子龍《校史記》亦

云：「湯谷，日出之區，應在齊東，而云右，恐左字之誤。」《正義》所稱「言右者，北向天子也」，亦無據。然則下句宜為「左」，上句即不得為「左」矣。

74. 秋田乎青邱

注引服虔曰：「青丘國在海東三百里。」又《山海經》：「青邱，其狐九尾。」

案：《王會篇》「青邱狐，九尾。」孔注：「青邱，海東地名。」陳氏逢衡謂：「《淮南·本經訓》『堯繳大風於青邱之澤』，注：『青邱，東方之澤名也王氏補注引郭氏曰山名，上有國在海外，與此云「澤」異。』青邱國，見《海外東經》，又見《大荒東經》。《晉·天文志》：『青邱七星，在軫東南，蠻夷之國也。』今《一統志》：『青邱，在高麗境。唐討高麗，置青邱道行軍總管。』《初學記》卷二十九引《圖讚》云：『青邱奇獸，九尾之狐。』」

余謂高麗在漢為元菟樂浪郡地，時蓋內屬，故賦及之。下句云「徬徨乎海外」，則正謂此。《方輿紀要》既云「青邱在高麗境」，引此賦語，而又於「今青州府之樂安縣，本漢廣饒縣地」云：「青邱，在縣北，相傳齊景公嘗畋於此」，亦引此賦，當是別一地名而兩存之耳。

又案：《南山經》：「基山又東三百里，曰青邱之山，有獸焉。其狀如狐，而九尾。」郭注亦有「青邱國在海外。《水經》云即《上林賦》『秋田於青邱』。」陳氏未引及此。郝氏於《海外東經》引賦語，而於《南山經》謂：「《史記正義》所引郭注並服虔說，非。此當以《南山經》所列多南方之山。《海外東經》則青邱國在朝陽谷北，其地為東方故也。」但與郭注不合。郭似合而言之，未知其審。郭所引《水經》，今亦無考。

《文選集釋》卷十

上林賦　　司馬長卿

1. 左蒼梧

注引文穎曰：「蒼梧郡屬交州，在長安東南，故言左。」

案：吳氏仁傑云：「《檀弓》『舜葬於蒼梧之野』，注謂零陵是其地。零陵在長安之南，不得云『左』。據《山海經》『都州在海中，一曰郁州。』郭注：『今在東海朐縣，世傳此山自蒼梧徙來。』崔季珪敍《述初賦》云：『郁州者，故蒼梧之山也。』《輿地廣記》云：『郁州山，一名蒼梧。』不知相如果用此事否？」

余謂山之徙，未免於誕，且所引皆非西漢以前語。此與下「西極」，竝地名。蒼梧雖近南而在長安，對「西極」言，自是左方，故文穎以為東南，似宜仍從舊注。又《檀弓》注言零陵者，以舜葬九疑故也。實則《漢志》零陵別為郡，而蒼梧郡為今梧州、平樂、肇慶等府地，非即零陵。吳氏亦未晰。

2. 丹水更其南

注引應劭曰：「丹水出上洛冢嶺山，東南至析縣入沟水。」

案：此注與前漢《志》丹水下同。「沟」，彼作「鈞」。「丹水」，亦為縣，與析縣俱屬弘農郡，後漢屬南陽郡。《水經》有《丹水篇》云：「出京兆上洛縣冢嶺山。」又云：「東南至丹水縣，入于沟。」注云：「淅水出淅縣西北弘農盧氏縣大蒿山。東入淅縣，又南流入丹水縣，注于丹水。」後又云：「丹水歷於

中之北,所謂商於者也。又南合沟水,謂之淅口。」是丹水先會淅水,而後入沟水也。《方輿紀要》謂「今之內鄉縣,本漢析縣地,有淅陽城、丹水城、商於城俱在縣境。」

又案:吳氏仁傑云:「注所言丹水,與蒼梧、西極、紫淵不類。天子以四海為境,亡是公方侈而張之,顧近取三輔而止哉。《山海經》:『南有丹穴之山,丹水出焉,而南流注于海。』《甘泉賦》亦云:『南燭丹埋』。」二賦皆指丹穴之水言,此說近是。孫氏《補正》亦采之。

3. 紫淵徑其北

注引文穎曰:「河南轂羅縣有紫澤,在縣北。」

案:《史記正義》、《漢書》顏注竝引文說。「河南」作「西河」,考《漢志》,轂羅屬西河郡,則此注誤也。《正義》所引有「其水紫色」四字,今《漢志》轂羅下云:「武澤在西北。」「武澤」與「紫澤」,是一是二,未詳。《正義》又引《山海經》「紫淵水出根耆之山,西流注河。」今《經》無此山。惟《北山經》云:「石者之山,泚水出焉,西流注于河。」畢氏沅疑「者」字與「耆」相近,紫淵即泚水,當是也。郝氏謂《水經》有兩泚水,《南山經》長沙之山,亦有泚水,竝與此異。

又案:「紫澤」、「泚水」,尚似稍借。《水經·巨馬水篇》注云:「水上承督亢溝水於遒縣東,東南流歷紫淵東。」《漢志》遒屬涿郡,今為易州淶水縣地,正在北境,如吳氏說。「丹水」,舉其遠者,則「紫淵」亦可據此以證矣。

4. 終始灞滻

「灞」,已見《西都賦》。「滻」,《漢書》作「產」。顏注云:「產水,出藍田谷北,至霸陵,入霸。」

案:此注與《說文》及《史記索隱》引張揖說竝同,皆本之《漢志》京兆尹南陵下注。而今《志》作「沂水」。師古曰:「沂,音先歷反。」趙氏一清謂:「此今《漢書》傳刻之訛。沂,亦不得有先歷之音也。」

余謂《水經·滻水》條首尾再引《地理志》作「滻」,則「沂」為「滻」之誤可知。

5. 潦

注云:「即潦水也。《說文》曰:『潦水出鄠縣,北入渭。』」

案：「潦」、「澇」音同，故皐潦字亦作澇。今《說文》「鄠」上有「右扶風」三字。《水經·渭水下篇》云：「又東過槐里縣南。又東，澇水從南來注之。」酈注云：「澇水出南山澇谷北，逕漢宜春觀，又逕鄠縣故城西，合澦陂水北流，入于渭，即上林故地也。」而《史記索隱》引應劭說，以「潦」與「潏」皆虛用，云：「潦，流也。潏，涌出聲也。」《水經注》亦引《漢書音義》曰：「潏，水聲而非水也。」然賦明言「八川分流」，正指「灞」、「滻」、「涇」、「渭」、「酆」、「鄗」、「潦」、「潏」言之，不得為虛字，李注是也。

6. 潏

注云：「水出杜陵，今名沈水。自南山黃子陂西北流經至昆明池，入渭。」

案：此注與《史記索隱》同。《漢書》顏注云：「潏水，即沈水。」蓋為字或作水旁「穴」㳄、潏音近與「沈」字相似，俗人因名沈水乎？此蓋因潏水名沈水，推求其故，作此疑詞，實則彼時人未嘗以為「沇水」也。而「穴」字或作「宂」，俗「沈」字，又作「沉」，故今本《史記索隱》引姚氏云「名沉水」，他本遂亦有作「沇水」者。然《水經·渭水篇》注有「沈水自南注之」，本作「沈」。近時戴氏震校本乃改「沈」為「沇」，段氏則謂「酈注沈字，蓋沇字之誤」，而以此處李注為是。又據單行《索隱》本，亦作「今名沈水」，謂沈為庾準切，與東流為沇之沇，讀以轉切者不同。大抵字形相似，展轉貤繆，致不可究詰矣。

又案：《漢志》鄠縣下云：「有潏水北過上林苑入渭」，小顏謂今鄠縣無此水。《說文》：「潏，水名。在京兆杜陵。」《水經注》亦云：「沈水是為潏水。呂忱曰：『潏水出杜陵縣，亦曰高都水，王氏五侯壞決高都是也。』」皆與此處李注合。

又案：錢氏《斠注漢志》謂：「鄠下潏水，蓋澇水之誤。潏水出杜陵，不在此。」據顏注，縣無此水，則錢說是也。錢又云：「酆水西北流，與交水會。交水者，潏水也。」然《寰宇記》：「交水，一名福水，與潏水各列。」近洪氏《圖志》同，則是本二水矣。至錢言潏水合于酆，齊氏召南《水道提綱》亦謂潏與豐會，而此云「入渭」者，殆會豐以入渭耳。

7. 東注太湖

注引郭璞曰：「太湖在吳縣，《尚書》所謂震澤也。」

案：《史記正義》亦用郭說。沈氏括《夢溪筆談》駁之曰：「八水自入大

河，大河去太湖數千里，中間隔太山及淮、濟、大江，何緣與太湖相涉。」
李氏冶則引渭上老人蕭公辨云：「此自賦客誇大之辭，廣張瑰瑋奇怪之說，
以動蕩人心，然後列其諷諫耳，固非法度之言也。安可以《圖經》《地志》
責之哉。」而李氏自說仍云「賦雖主于華捄，何至使秦川之水曲折行數千里
以入東南之震澤乎？」

余曩疑太湖為大河之誤，太本作大，湖與河，一聲之轉。及觀《演繁露》
云：「亡是公賦上林，蓋據四海言之。其敘分界曰『左蒼梧，右西極。』其舉
四方曰『日出東沼，入乎西陂。』『南則隆冬生長』，『北則盛夏含凍』。至論
獵之所及，則曰『河江為阹，泰山為櫓。』此言環四海皆天子園囿，使齊、
楚所誇，俱在包籠中。秦皇作離宮，關內三百，關外四百，立石東海上胸界
中，為秦東門，即相如之所祖。」此說較蕭公辨僅作空論者，尤通暢。然則
太湖即以為震澤可也。近齊氏召南《漢書考證》謂：「太湖指關中巨澤言之，
猶未免於泥。且上文『經乎桂林之中』，注引《南海經》曰：『桂林八樹在番
禺東』。番禺之距西京，其遠與震澤略等，似亦非泛言之矣。」

8. 漸離

注引司馬彪曰：「魚名也。張揖曰：『其形狀未聞』。」

案：《漢書》注引李奇注，與張同。《史記》「漸」作「蟤」，徐廣音斬，而
郭璞亦云「未聞」。惟《說文》「蟤」字云：「蟤，離也。」段氏謂：「許以此次
於蠲、蟹二篆間，必介蟲之類。」

9. 鰱

郭注云：「似鱄。」

案：《廣雅》：「大鯜謂之鰱」。王氏《疏證》謂：「《小雅·魚麗》傳：『鱧，
鮦也。』正義云：『本或作鱧鯇。』《說文》：『鯇，鱧也。』『鱧，鱯也。』《廣
韻》：『鯇，魚似鮎也。』據此知『鯇』即《爾雅》之『鱯』。《眾經音義》卷十
一引孫炎注所云『似鮎而大』者也。『大鯜謂之鰱』，亦即《爾雅》之『魾，大
鱯』矣。郭云：『鰱，似鱄』，則鯇為鱄魚，鰱為鰻鱺魚。《名醫別錄》陶注所
云：『鰻鱺，魚形似鱄者也。』未知孰是。」

余謂《史記集解》引《漢書音義》云：「鰱似鯉而大。」今本《史記》「鯇
即鯉」，誤也。《說文》則「鰻」、「鱄」字各分列，而以「鱯」、「魾」、「鱧」、
「鯇」四字相次，別無「鰱」字。

10. 魾

郭注云：「鱸也《漢書》注鱸作鱤。一名黃頰。」

案：《山海經・東山經》：「番條之山，減水出焉，其中多鱸魚。」彼郭注亦云：「一名黃頰。」又《詩・魚麗》「鱨鯊」，傳：「鱨，揚也。」陸《疏》：「今黃頰魚也。似燕頭，魚身形厚而長大，頰骨正黃，魚之大而有力解飛者，徐州人謂之揚。」《說文》「鱨」字云：「揚也」，正合毛傳。而「魾」字別云：「哆口魚也《史記集解》引徐廣說同。」不與「鱨」相蒙，是不以為「黃頰」。《廣雅》釋「魾」之異名曰「魾、魟、鱸」，亦無「鱨」字，則「魾」之與「鱨」，不能定其為一也。

11. 禺禺

郭注云：「魚皮有毛，黃地黑文。」

案：《逸周書・王會解》：「揚州禺禺，魚名。」而《說文》「鰅」字云：「周成王時，揚州獻鰅。」王氏《補注》引《說文》是謂「禺禺，即鰅。」段氏謂：「許作鰅當是，所據舊本如是，非禺禺也。」觀此賦「鰅」與「禺禺」兩句分見。郭此注亦與上釋「鰅」各具，蓋長卿、景純皆不以為一物矣。又余友梁茝林云：「《山海經・東山經》：『食水多鱅鱅之魚，其狀如犁牛。』鱅鱅，疑即禺禺。彼郭注：『犁牛似虎文者』，與此注文義合，故徐廣注《史記》直以禺禺為魚牛也。」

余謂徐廣以禺禺為魚牛，而釋上「鰅」字用《說文》之「鰅」，則亦「禺禺」非「鰅」之證也。至近人注《逸周書》以「鱅鱅」證「禺禺」似矣。然彼已以「鰅」為「禺禺」，若又謂「禺禺」即「鱅」，豈三者一物乎？《說文》「鱅」下別出「鰅」字，判為兩訓。《南都賦》「鰽鱣鰅鱅」四者竝舉。「鰅」既不可為「鱅」。竊意禺為魚容切，與庸音同。《山海經》之「鱅鱅」，乃假借為「禺禺」字耳，亦非即「鰅鱅」之鱅也。

12. 魼

《史記》作「鱸」。

案：《集解》引徐廣曰：「鱸，一作魼。」《類篇》：「魼，別作鱸」，即本《史記》，蓋二字音相近也。郭注釋「魼」為比目魚。《史記集解》引《漢書音義》同。《爾雅》：「東方有比目魚焉，不比不行，其名謂之鰈。」《說文・魚部》無「鰈」字，惟《犬部》「猲」字下云：「讀如比目魚鰈之鰈。」而《爾

雅》釋文：「鰈，本或作鰨。」因之「魼」與「鰈」混，即與下「鰨」字混。《玉篇》《廣韻》以「魼」、「鰈」為一字，而徐廣注「魼，音楊」，此注亦同。「楊」乃「鰨」字之音，非「魼」字之音。《說文》：「魼，從魚，去聲」，當「去魚」切也。《說文》但云「魼，魚也。」未著形狀，是別一物。「鰨」，亦無比目魚之訓。然「鰈」字，既見《犬部》，而「鰈」即為「鰨」，則許書之「鰨」，當即《爾雅》之「鰈」，與郭注之以比目魚屬「魼」者迥異矣。

13. 鰑

《史記》作「魶」。

案：《集解》引徐廣曰：「魶，一作鰑。」《說文》「鰯」與「鰑」相次。「鰯」字云：「魚，似鼈，無甲，有尾無足，口在腹下。」「鰑」字云：「虛鰑也。」二者不云為一。郭注：「鰑，鯢魚也。似鮎，有四足，聲如嬰兒。」是郭以鰑為有足，與許以鰯為無足，正相反。《廣雅》：「魶，鯢也」，即郭所本。《漢書音義》云：「魶，鯷魚也今本一作鯢魚。」《山海經・北山經》：「決決之水多人魚，其狀如鯑，四足，其音如嬰兒。」彼郭注云：「鯑，見《中山經》。或曰人魚，即鯢也，似鮎。今亦呼鮎為鯑。」蓋「鯢」、「鯷」、「鯑」三者異字而同音。若《說文》「鯢，刺魚也。」與「鰯」、「鰑」絕不蒙，則許、郭兩家固各有所受之也。

又案：「鯨鯢」竝稱，既以魶為鯢，故《玉篇》亦云：「魶，鯨也。」左氏《宣十二年傳》「取其鯨鯢」，《正義》引裴淵《廣州記》云：「鯨鯢長百尺，雄曰鯨，雌曰鯢。」《吳都賦》劉注：「鯨猶言鳳，鯢猶言皇也。」王氏《廣雅疏證》謂：「雌鯨之為鯢，猶雌虹之為蜺耳。」《爾雅》：「蜺，大者謂之鰕。」邢疏即以為「雌鯨」。然「鯨鯢」乃海中大魚，又見《左傳正義》引周處《風土記》。郝氏謂「與此鯢同名非一物是也。」《西京賦》「鯢」與「鱣鯉」等連言，當以為「刺魚」，而不謂「鯨鯢」之鯢矣。

14. 水玉磊砢

郭注云：「磊砢，魁礨貌也。」

案：如郭說，則「磊砢」作虛字用。陳氏子龍謂：「沈懷遠《南越志》九品珠有磊礫珠，疑即『磊砢』也。」據此，乃與上「蜀石黃碝」，共為四物，似近之。

15. 旋目

《史記》作「鶠目」。

案：《索隱》引郭璞云：「鶠目，未詳。」《漢書》顏注：「今荊、郢間有水鳥，大於鷺而短尾，其色紅白，深目，目旁毛皆長而旋。此其『旋目』乎？」小顏之說，得諸目驗，頗不苟。近孫氏志祖乃以「鴆」當之，謂「旋目即運目」。而以《淮南子‧繆稱訓》所稱「暉日」及《說文》「鴆，運日也」，「日」皆為「目」，咺俗本改「目」為「日」之非。不知鴆為毒鳥，本非上林中所宜鋪敘。「鴆」，未聞浮於水上，亦不應與「交精」等為類。且鴆之為運日，自《淮南》《說文》外，《廣雅》云：「鴆鳥，其雄謂之運日，其雌謂之陰諧。」王氏《疏證》遍引《中山經》郭注、《廣韻》，引《廣志》、《史記‧魯世家》集解，引服虔《左傳》注、《御覽》，引吳普《本草》、王逸《離騷》注，諸書無不以為「運日」者，豈盡誤乎？即《名醫別錄》「鴆鳥，一名鴆日。」劉逵《吳都賦》注：「鴆鳥，一名雲日。」「運」與「鴆」、「雲」音同字別，而「日」字則無異。孫氏果何所見而以為「目」乎？況《淮南》云：「暉日知晏，陰諧知雨。」高誘注：「晏，無雲也。天將晏靜，暉日先鳴也。陰諧、暉日，雌也。天將陰雨則鳴。」是「鴆」之為「運日」，原因其知晴而得名，與「陰諧」相對。若以為「目」，先乖命名之義矣。孫氏無徵之言，特強為傅會，不足憑也。

16. 煩鶩

郭注云：「鴨屬。」

案：《史記集解》引徐廣曰：「煩鶩，一作番騖。」「煩」與「番」，音相近。《說文》：「騖，水鳥也。」段氏云：「矛聲、孜聲之字，音轉，多讀如蒙，賦文當依此本。」

余謂《說文》不言「鳧屬」，又與「鶩」分列，則以為非一物矣。

17. 箴疵鵁盧

注引張揖曰：「箴疵，似魚虎而蒼黑色。」

案：「箴疵」，《史記》作「鱵鴜」，《說文》正同。《繫傳》云：「鸕鷀，即鱵鴜也。」《爾雅》：「鶿，鷧。」郭注謂「即鸕鷀，觜頭曲如鉤，食魚。」蓋鴜之言觜，箴言其銳也。

注又引郭璞曰：「盧，鸕鷀也。」但「箴疵」既為「鸕鷀」，無緣復舉。且

「箴疵」一物,「鵁盧」,亦當一物。即「鷁,頭鵁」也,已見《西都賦》。若《漢書》注引張揖曰:「盧,白雉也。」則「盧」者,黑色之稱,不得為白。張意殆以《爾雅》有「鸕諸雉」,故云。然小顏駁之,謂白雉不浮水上是也。而《史記索隱》謂鄒誕生作「鵝雌」,是又一說矣。

18. 九嵕巀嶭

「九嵕」,已見《西都賦》。注引郭璞曰:「巀嶭,高峻貌也。」

案:《史記》《漢書》俱作「巀嶭」,「嶭」與「嶭」相似而誤。「嶭」,又「巕」之省也。《史記集解》引《漢書音義》曰:「巀嶭山在池陽縣北。」《漢書》顏注云:「即今所謂嵯峩山也,在三原縣西。」據《方輿紀要》:「今之涇陽縣北四十里有嵯峩山,一名巀嶪山。」「或云此為《禹貢》之荊山。」「涇陽」,本漢池陽縣地,東北至三原縣三十里。三原,亦池陽地也。

余謂「嵯峩」、「巀嶪」皆因山之高而因以名,但此處「巀嶭」當作虛用,與下「南山峩峩」為類,郭注是也。

19. 陂池貏豸

善注云:「貏豸,漸平皃。」

案:《說文》無「貏」字。惟《類篇》云:「獸名。」「豸」為《說文》部首,云:「獸長脊,行豸豸然。」又《爾雅》:「有足謂之蟲,無足謂之豸。」此蓋借獸蟲以狀其迤邐之形。段氏謂「此『陂池貏豸』,即《子虛賦》之『罷池陂陀』也。」

余謂「罷」音「疲」,與「陂」音同,故假借作「陂」,亦以下有「陂」字而避複耳。此「貏」字,亦「罷」、「陂」之同音字也。郭璞云:「阤音豸」,則「豸」又「阤」之借字。

20. 雜以䬡夷

注引張揖曰:「䬡夷,新夷也。」善曰:「王逸《楚辭》注曰:『䬡夷,香草。』」

案:「䬡」,《史記》作「流」,同音字也。《集解》引《漢書音義》亦以為「新夷」。顏師古曰:「非也。新夷乃樹耳。」

余謂此處俱敘香草,顏說及善注得之。蓋「䬡夷」即「芍藥」也,已見《子虛賦》中。

21. 布結縷

郭注云：「結縷，蔓生，如縷相結。」

案：《史記集解》引《漢書音義》曰：「結縷，似白茅，蔓聯而生。」蓋即《爾雅》之「傅，橫目也。」彼郭注：「一名結縷。俗謂之古箏草。」《漢書》顏注：「結縷，著地之處皆生細根，如線相結，故名結縷，今俗呼古箏草。兩幼童對銜之，手鼓中央，則聲如箏也，因以名焉。」又《一切經音義》引孫炎云：「《三輔》曰：『結縷，今關西饒之，俗名句屢草。』」郝氏謂：「句屢，即結縷，聲相近，今之莚草也。葉如茅而細，莖間節節生根，其節屈曲，故名句屢，猶言倨傴也。《晉書·五行志》『武帝太康中，江南童謠曰：「局縮肉，數橫目。」』蓋謂此草句屢不伸，故云『局縮』。」

余謂《本草》有「絡石」，一名「結石」，葉似細橘葉，莖節著處即生根鬚，殆亦其類與？

22. 攢戾莎

注引司馬彪曰：「戾莎，莎名也。」

案：如司馬說，蓋「戾莎」一物，但以為即「莎」，則非。《說文》：「菮，艸也。可以染䍁黃。」又《糸部》「綟」下云：「帛菮草染色也。」《廣雅》：「茢菮，茢艸也。」《爾雅》：「藐，茢草。」郭注亦云：「一名茢菮。」見《廣雅》王氏《疏證》謂「《釋器》云：『綠綟、紫綟，綵也。』《續漢書·輿服志》注引徐廣曰：『綟，草名也，以染似綠。』又云：『似紫。』則染草之菮，有綠、紫二色。『菮』與『盭』通。《漢書·百官公卿表》『金璽盭綬』，晉灼注：『盭，草名，出琅邪平昌縣。似艾，可染綠，因以為綬名。』此綠菮也。」此賦徐廣注：「草，可染紫」，此紫菮也。「菮」通作「茢」。《周官·掌染草》鄭注有「紫茢」，疏云：「紫茢，即紫菮也。」

余謂《說文》云「染䍁黃」者，段氏以為「其色黃而近綠，故徐廣言似綠也。」又「䍁黃」，皇侃《禮記義疏》作「驪黃」。「驪黃」，色黃黑也。《神農本草》陶注引《博物志》云：「平氏山陽紫草特好，魏國以染色，殊黑。殆所染之色深淺不同耳。」此作「戾」，即「菮」之省。當是「菮草」，亦名「戾莎」。而《漢書》顏注則曰：「戾莎，言莎草相交戾也」，似「戾」字作虛用。但上已云「攢，聚也」，正「交戾」之義，不應複疊。蓋小顏未識聲借之義，誤為此說，亦猶「巴且」之不知即「猼且」矣。

23. 揭車

注引應劭曰：「揭車，一名艺輿艺或不从艸，香草也。」

案：此注與《史記集解》引郭注同，皆本《爾雅》「藒車，艺輿」之文。「揭」與「藒」同，假借字耳。彼釋文云：「車，本多無此字。」今本《說文》：「藒，艺輿也」，亦無「車」字。而《韻會》所引《說文》有之。觀此處及《離騷經》「畦留夷與揭車兮」，則稱「藒車」是也。「藒」、「艺」、「車」、「輿」，俱疊韻字。「藒」，《玉篇》作「櫧」，从木。《御覽》引《廣志》云：「藒車香，味辛，生彭城，高數尺，黃葉白花。」《齊民要術》云：「凡諸樹有蟲蛀者，煎此香冷淋之，即辟也。」

24. 槀本

注引郭璞曰：「槀茇也。」

案：《山海經·西山經》：「皋塗之山有草焉，其狀如槀茇。」郭注：「槀茇，香草。」又《中山經》：「青要之山有草焉，其本如槀本」，是「槀本」即「槀茇」。「茇」與「本」，聲之轉也。《廣雅》云：「山茝、蔎香，藁本也。」王氏《疏證》謂：「《管子·地員篇》：『五沃之土，五臭疇生，蓮與蘪蕪，藁本白芷。』《荀子·大略篇》：『蘭茝槀本，漸於蜜醴，一佩易之。』皆言其相似耳。《神農本草》：『藁本，一名鬼卿，一名地新或作鬼新。』陶注云：『《桐君藥錄》說芎藭苗似藁本，論說花、實皆不同，所生處又異也。』」

25. 射干

注引司馬彪曰：「香草也。」

案：後《高唐賦》「青荃射干」，善引郭璞《上林賦》注：「射干，今江東呼為烏蓬」，而此處未載。《神農本草》：「射干，一名烏扇。」《名醫別錄》：「一名烏翣。」蓋「翣」與「蓬」通。「翣」、「扇」聲之轉。故《漢書》顏注：「亦謂射干，即烏扇也。」《廣雅》云：「鳶尾、烏蓬，射干也。」蘇恭、陳藏器竝謂「紫碧花者是鳶尾，紅花者是射干」，則本一類而小別矣。《史記集解》又引郭注「射干，十一月生。」王氏《疏證》謂：「《易通卦驗》：『冬至，蘭、射干生。』《後漢書·陳寵傳》：『冬至之節，陽氣始萌，故十一月有蘭、射干、芸荔之應』，是也。」若《荀子·勸學篇》：「西方有木曰射干，莖長四寸，生於高山之上。」楊倞注：「長四寸，即是草。云木，誤也。」然陶宏景云：「別有射干相似而花白，似射人之執竿者，故阮公詩云『射干臨

層城』。」陳藏器謂此「射干」是樹，殊有高大者。然則「射干」亦有木本，《荀子》所稱「長四寸」，乃指其小者言耳，與此賦之草種異。

26. 葴持

注引張揖曰：「葴持闕。」

案：《漢書》顏注：「葴，寒漿也。持當為苻之誤。俗本持或作橙，非。下乃言黃甘橙楱，此無橙也。」然《史記》正作「橙」，《索隱》曰：「姚氏以為此前後皆草，非橙柚也。今讀者亦呼為登，謂登草也。」

余謂此注引韋昭「持，音懲。」「持」不應有「懲」音，當亦「橙」之音也。《索隱》言「登草」，未明何物。據《唐本草》有「燈籠草」，與本經之「酸漿」各列。「酸漿」即「寒漿」，意殆以「登」為「燈」之省，「橙」為「燈」之借字與？楊氏慎《卮言》則云：「酸漿、燈籠草，乃一物。」李時珍騭之。是與「葴」複矣。小顏云：「苻，鬼目」，蓋本《爾雅》。彼郭注：「今江東有鬼目草，莖似葛，葉員而毛，子如耳璫也。赤色，叢生。」《本草》：「白英，一名穀菜。」《別錄》：「一名白草。」《唐本》注云：「鬼目草也。」郝氏謂：「此亦菜類。《吳志》云：『孫皓時有鬼目菜』，郭言江東有之，即此。」然則與「酸漿」之可作葅，正相類，故連舉之，似顏說可從。

27. 鮮支黃礫

注引司馬彪曰：「鮮支，支子也。」張揖曰：「皆香草也。」

案：《漢書》顏注說「鮮支」與司馬同。「支」，《史記》作「枝」，通用字。《說文》：「梔今本誤梔，黃木，可染者。」或省作「卮」。《貨殖傳》「千畝卮茜」是也。顏又云：「黃礫，黃屑木也。二者雖非草類，既云延蔓太原，或者賦雜言之。」《索隱》用張說，以顏為非。但此處鋪敘上林中所有，竝未如《南都賦》標明香草，必欲盡隸草類泥矣。「黃礫」，疑即《本草》之「黃櫨」。陳藏器云：「葉圓，木黃，可染黃色。」「礫」與「櫨」，一聲之轉。

28. 犣

《史記》作「犦」，《漢書》省作「庸」。

案：《說文》「犣」字云：「猛獸也。」此注引郭璞曰：「犣，似牛，領有肉堆。」《史記索隱》引同，而又云：「即今之犘牛也。」下文有「犦」字，此犘當為「犛」之誤。《漢書》顏注：「即今之犛牛」是也。亦即《爾雅》之

犦牛，彼郭注云：「即犎牛也，領上肉犦胅起，高二尺許，狀如橐馳，肉鞍一邊，健行者日三百餘里。」「犎」，或省作「封」。邵氏謂：「《後漢書・順帝紀》『疏勒國獻封牛』，注引《東觀記》云：『封牛，其領上肉墳起，若封然，因以名之，即今之峯牛也。』」

29. 窮奇

注引張揖曰：「窮奇，狀如牛而蝟毛，其音如嘷狗，食人者。」

案：《漢書音義》亦本此注。《海內北經》云：「窮奇，狀如虎，有翼郭注：毛如蝟，食人從首始。」又張所本也。左氏《文十八年傳》：「少皥氏有不才子，天下之民謂之窮奇。」杜注：「共工其行窮，其好奇。」望文生義，非也。疏引服虔說，於「渾敦」、「檮杌」、「饕餮」，皆為獸名，則「窮奇」亦獸名可知。即此所列是也，而彼處孔氏失引。

30. 角端

《史記》「端」作「𩣡」。

案：「𩣡」為正字，「端」其借字也。稱「角端」者，以其角端正不斜，故名。然「𩣡」字從耑，耑即端也。《說文》：「角𩣡，獸也。狀似豕，角善為弓，出胡𡱁國。」《漢書》注引郭璞曰：「角端似豬，角在鼻上，中作弓」，與許合。小顏亦以為「郭說是也」。此處引郭注作「似貊」，「貊」當為「豬」之誤。又張揖曰：「角端似牛」，殆即《魏志・鮮卑傳》「端牛角為弓，世謂之角端者也」，其形以大小異耳。

31. 駃騠

注引郭璞曰：「駃騠，生三日而超其母。」

案：此所引亦見《列女傳》，惟「三日」作「七日」。《史記・匈奴傳》索隱引《發蒙記》則曰：「駃騠剢其母腹而生」，其說異。《廣雅・釋獸》有「駃騠」，王氏《疏證》云：「騠或作題。《御覽》引《尸子》『文軒六駃題』，駃之言趹，騠之言蹏，疾走之名也。」又《說文》：「駃騠，馬父羸子也。」段氏云：「今人謂馬父驢母者為馬騾，驢父馬母者為驢騾。不言驢母者，疑奪。蓋當作『馬父驢母羸也』六字。」

余謂崔豹《古今注》「驢為牡，馬為牝，即生騾；馬為牡，驢為牝，生駏驉。」而《子虛賦》之「距虛」，諸家別為說。此處上言「驒騱」，注亦云「駏

騳類也。」彼皆野馬之屬，非「駃騠」。然則《古今注》之「駏驉」，正當是「駃騠」矣。

32. 巖窔洞房

注引郭璞曰：「言於巖窔底為室，潛通臺上也。」

案：「窔」，《史記》作「突」，為俗字。《漢書》作「突」，則誤字。《讀書雜志》云：「《說文》：『窵窔，突也。』『窔』與『突』同。『巖窔洞房』，皆言其幽淡，故下句曰『頹杳眇而無見』。《甘泉賦》『雷鬱律於巖窔兮』，《魯靈光殿賦》『巖突洞出，逶迆詰屈』，皆其證也。《漢書》於《甘泉賦》亦作『突』，師古不知『突』為『突』之誤，乃曰：『於巖穴底為室，若竈突然，潛通臺上。』襲郭注而小變之，強為『突』字作解，斯為謬矣。」

余謂「突」與「突」本易溷，《說文》既訓窔為突，而突下云：「深也突、深，古今字。一曰竈突此非犬在穴中之突，从穴、火，求省。」讀若《禮》「三年導服」之「導」。段氏云：「穴中求火，突之意也。」「導服」即「禫服」。「竈突」可讀如禫，與「突」為雙聲。師古所以為「竈突」之語者，殆因此而誤會與？

33. 仰𢸐橑而捫天

注引晉灼曰：「𢸐，古攀字也。」

案：《說文》「𢸐」為部首，云：「引也。从反𠬞。」重文為「𢸬」，今作「攀」。《史記》作「攀」者，蓋用今字。而《漢書》作「拜」，「拜」乃古「拜」字，非「𢸐」也。然顏注亦云：「拜，古攀字。」當是本作「𢸐」而傳寫致誤耳。又「𢸐」字，他本或作「扳」。《廣雅·釋言》：「扳，援也。」《公羊·隱元年傳》「諸大夫扳隱而立之」，「扳」與「攀」義同。故《莊子·馬蹄篇》「可攀援而窺」，釋文云：「攀，本作扳也。」

34. 象輿婉僤於西清

注引張揖曰：「山出象輿，瑞應車也。」

案：郝氏《晉宋書故》云：「象輿，謂自然有形象。《禮運》云『山出器車』，鄭以『器車』為二物。『器』，若銀甕、丹甑也，恐非。『器車』與『馬圖』為偶，不得割分，當句如鄭所言矣。《宋書·禮志》『殷有山車之瑞』，謂桑根車，殷人制為大路。《禮緯》曰：『山車垂句』，『句』，曲也。言不揉

治而自曲也。秦曰金根車，漢因之，亦為乘輿，所謂乘殷之路者也。」

余謂《禮運》注但言器而未及車，孔疏則亦引《禮緯斗威儀》云「其政太平，山車垂鉤」，是不從鄭義，而以銀甕、丹甑為《援神契》之文。下引《援神契》「所致羣瑞」，轉不及二者，亦未免鶻突。此處「象輿」，亦見《漢郊祀歌‧象載瑜章》，顏師古曰：「象載，象輿也。山出象輿，瑞應車也。」《赤蛟章》「象輿轓」，即此。洪氏邁《容齋三筆》又云《景星章》「象載昭庭」，詞意正指瑞應車，言昭列於庭下耳。而師古曰：「象謂懸象也。懸象秘事，昭顯於庭也。」二字同出一處，顧自為兩說，非是。然則「象輿」字，漢人多承用之，故《史記集解》、《漢書》顏注於此賦皆用張揖說也。若《楚辭》賈誼《惜誓篇》「駕太乙之象輿」，下句云「蒼龍蚴虯於左驂兮」，與此上句言「青龍蚴蟉」正相似。《集注》云：「象齒飾輿則直」，謂《周禮》之「象路」，殆不然。惟《離騷經》「雜瑤象以為車」，注云：「象，象牙也。」是乃為「象路」矣。

注又云：「婉僤，行動之貌。」

案：「僤」，《史記》作「蟬」。《正義》曰：「蟬善二音。」[1]音雖別，其字實一。而《甘泉賦》注引此語作「偃蹇」。「偃蹇」與「婉僤」音相近，但與《史記》《漢書》俱異，未知何本。且據注釋，「婉僤」為行動，以「青龍」、「蚴蟉」例之。疑「象」為獸，「象輿」或即象之駕車者。長卿《大人賦》云：「駕應龍象輿之蠖略委麗兮，驂赤螭青虬之蚴蟉宛蜒。」顏注：「蠖略、委麗、蚴蟉、宛蜒，皆其行步進止之貌。」是即此處所稱「宛僤」、「蚴蟉」也。彼「象輿」既連「應龍」言之，又與「赤螭」、「青虬」對舉。「龍」、「螭」、「虬」竝物類，似不應「象輿」獨否，則「象輿」可不作自然之車解也。

【校】

〔1〕《史記‧司馬相如傳》正義作「宛善二音。」

35. 偓佺之倫暴於南榮

注引郭璞曰：「榮，屋南檐也。」

案：《說文》「屋梠之兩頭起者為榮。」《甘泉賦》「列宿迺施於上榮兮」，韋昭注：「榮，屋翼也。」已附見《西都賦》。《儀禮釋宮》曰：「天子、諸侯得為殿屋四注，卿大夫以下，但為夏屋兩下。四注，則南北東西皆有霤；兩下，則惟南北有霤，而東西有榮。」孔氏廣森云：「殿屋四阿者，明堂之制。

天子清廟、路寢，制如明堂，四面有堂，故四面有霤。諸侯既無四正之堂，霤何取焉？燕禮設洗，當東霤，仍謂堂前霤之東在榮上者耳。諸侯遷廟禮亦云設洗，當東榮，其明證也。《喪大記》『復者降自西北榮』，《上林賦》『暴於南榮』，東西榮之前端為南，後端為北，初非四面有榮；南霤之左端為東，右端為西，初非四面有霤。名義正同。」

余謂孔說諸侯不同天子，似諸侯之屋無四注矣。但《考工記》之「四阿」，鄭云：「四注屋。」而注《士冠禮》云：「卿大夫以下，其室為夏屋。」注《燕禮》云：「人君為殿屋。」《釋宮》實本之殿屋固四注也。屋既四注，則霤宜有四，即榮宜有四。據所引曰「東榮」，曰「西北榮」，曰「南榮」，已四面皆具。南，陽位也。郭以「暴為偃臥日中」，故專舉「南榮」。至《甘泉賦》之「上榮」，不別何方，乃統言之耳。

36. 晁采

注引司馬彪曰：「晁采，玉名。」善曰：「晁，古朝字。」

案：「晁」，《漢書》作「鼂」，字同。師古曰：「朝采者，美玉。每旦有白虹之氣，光采上出，故言朝采，猶言夜光之璧矣。」段氏則云：「《典瑞》『王晉大圭以朝日』，《魯語》『天子大采朝日』，《管子》曰『天子執玉笏以朝日』，此朝采即朝日之大采也。」

余謂《典瑞》言「璪藉五采五就」，則采是璪藉之采。《國語》：「大采或曰袞職也，少采或曰黼衣也。」韋昭不從，而云：「朝日以五采，則夕月其三采與？」亦指「璪藉」說。此處「晁采」，小顏例以「夜光」，固可通。但《史記》作「垂綏」，「綏」即「璪藉」，似段義為近。至「朝日」之朝，釋文：「音以遙反」，則讀如「朝覲」字。漢鼂錯之姓，《廣韻》亦音潮。《說文》：「鼂，匽鼂也。」讀若朝。杜林以為「朝日」，非是。然《楚詞·哀郢篇》「甲之鼂，吾以行」，本書《羽獵賦》「天子乃以陽晁」，《長笛賦》「埊雉鼂雛」，俱假借作「朝旦」解，是二音原通用也。

37. 盧橘夏熟

注引應劭曰：「《伊尹書》：『箕山之東，青鳥之所，有盧橘夏熟。』」

案：所引亦見《說文》，惟「青鳥」作「青鼻」，「盧橘」作「甘櫨」。《呂氏春秋·本味篇》亦云「有甘櫨焉」，而不言「夏熟」。「青鳥」，則《史》《漢》注皆作「青馬」。《山海經》屢見，或作「青鳥」，或作「青馬」，難以遽定。又

《山海經》數處竝作「甘柤」，郝氏謂「櫨為柤之本字，與櫨形相近，甘柤，蓋甘櫨之譌」，當是也。言「盧橘」者，《史記索隱》引《廣州記》云：「盧橘皮厚，大小如甘酢，九月結實，正赤。明年二月，更青，夏熟。」《吳錄》云：「建安有橘，冬月樹上覆裹。明年夏，色變青黑，味甚甘美。」「盧」，即黑色是也。楊氏慎亦從《吳錄》之說。《本草綱目》謂「注《文選》者以枇杷為盧橘，蓋誤。」觀此賦「盧橘」與「枇杷」竝列，知非一物。而其自說引《魏王花木志》云：「蜀之成都、臨邛諸處，有給客橙，一名盧橘，即今之金橘。生時青盧色，黃熟則如金，故有金橘、盧橘之名。此橘冬夏相繼，故云『夏熟』。」但如其說，是與《廣州記》《吳錄》之言後變青黑者，正相反矣。

余謂「盧橘」若為「枇杷」、「金橘」之屬，乃係常果，隨時可有之。何左太沖《三都賦序》以此譏長卿？據《大荒南經》云：「枝幹皆赤，黃葉，白華，黑實」，其或即《吳錄》所稱者與？

38. 楺

注引郭璞曰：「楺，亦橘之類也。」張揖曰：「楺，小橘也，出武陵。」

案：《類篇》亦云：「楺，橘類，出武陵」，當即本此注，他無所徵。惟後張景陽《七命》有漢皋之楺。近方氏《通雅》則引或說云：「金橘，盧橘也。最小者金豆，所謂楺也。」

余謂「盧橘」非「金橘」。「楺」既為橘類，當有橘之名。今之「金橘」，殆即「楺」，與張說「小橘」正合。

39. 樲

注引郭璞曰：「樲支，木也。」

案：《說文》：「樲，酸小棗。」《淮南子》云：「伐樲棗以為矜」，正許說也。劉向《九歎》「采樲支于中洲」，則郭所本，似與許異。此賦連「枇杷」、「柿」言之，固當是果名。但酸棗樹為樲支，單呼之則曰「樲」，實亦一物耳。

又案：宋朱氏翌《猗覺寮雜記》云：「嶺外有果，名撚子。三月開花，如芍藥，七八月實成，可食。東坡改名海漆，蓋搗其葉，可代柿漆用也。《嶺表錄異》言『倒捻子，窠叢生，葉如苦李，花似蜀葵，小而深紫，子如軟柿。上四葉如柿蒂，食者必捻其蒂，故謂之倒捻子，或呼為都念子，語訛也。』今又訛為『撚』，《大業拾遺記》『南海送都念子樹一百株』，即此。」

余謂「撚子」，當即「樲支」，皆同音字。「撚」不從木而從手，乃因俗語

曰「捻」而附會之也。朱氏轉以「撚」為訛，疑非。「撚子」系果名，與此處所列正合。

40. 荅遝

注引張揖曰：「荅遝，似李，出蜀。」

案：《史記》作「楈樧」。《集解》引郭璞曰：「荅樧，似李。」《廣韻》引《埤蒼》亦同。《說文》有「楈樧」字，云「楈樧，木也。果似李。」則此處與《漢書》作「荅遝」者，乃省偏旁之字矣。

41. 樗

注引張揖曰：「樗，似柃，葉冬不落。」

案：《說文》：「柃，木也。」段氏謂上「椴」字云：「燒麥柃椴也。」此蒙上釋「柃」字，當作「柃椴也《說文校議》同。」是「柃」非木名，不得云「似柃」。《漢書音義》作「似樜」。《中山經》云：「前山，其木多樗。」郭注：「或作儲，似柞，子可食，冬夏生，作屋柱，難腐。」據此知注中「柃」字，當為「柞」之形似而誤。「樜」與「柞」，則音同也。郭云「或作儲」者，乃聲近假借字耳。

42. 華

注引張揖曰：「華，皮可以為索。」

案：《說文》：「樺，木也。」以其皮裹松脂，讀若華舊本樺、樗二篆互譌，今從段本，重文為「樺」。《繫傳》云：「此即樺字，今人以其皮卷之，然以為燭。」《本草綱目》引寇宗奭曰：「皮上有紫黑花，勻者裹鞍、弓、鐙」，故《漢書》顏注：「華，即今之皮貼弓者也。」《說文》「或作樺」者，《爾雅》「樺，落。」郭注：「可以為杯器素。」《詩》「無浸樺薪」，鄭箋：「樺，落木名。」《正義》引陸《疏》云：「今梆榆也。其葉如榆，其皮堅韌，剝之長數尺，可為絙索。又可為甌帶，其材可為杯器是也。」

余謂下言「畾落」，郭注：「畾，未詳。落，樺也。」然「樺」既即華，不應複舉。且「畾落」與「胥邪」連文，「胥邪」一物，「畾落」當非二物。是長卿不以「落」為「樺」。孫氏《補正》云：「畾落，即《吳都賦》之扶畾，藤每絡石而生，故扶畾，亦名畾落，落即絡字」，說似近之。

43. 枰

郭注云：「平仲木也。」

案：「枰」，《史記》作「𣏙」。《集韻》：「枰，或作𣏙」，正本《史記》。「枰」與「𣏙」，聲之轉也。《索隱》曰：「平仲木，亦云火橾木，一云玉精，食其子，得仙也。」前《吳都賦》有「平仲」，劉注：「平仲果，其實如銀。」《本草綱目》釋銀杏，謂「未知即此果否？」而方氏《通雅》則直以「平仲」為「銀杏」矣。

44. 坑衡閜砢

注引郭璞曰：「坑衡，徑直貌。閜砢，相扶持也。」

案：《漢書》顏注：「坑，或作抗。言樹之支幹相抗爭衡也。」其義兩通。善所引亦師古語，而誤屬之郭。《史記索隱》引郭云：「坑衡閜砢者，揭蘗傾敧貌也」，說似較長。但凡物將傾則須扶持，小顏殆因以生義。《說文》：「閜，大開也。」「㢲，門傾也。」二字各別。賦於上文說澗谷之形，云「嵚呀豁閜」，今本「閜」誤「㢲」。「㢲」，《說文》所無，《史》《漢》皆作「閜」。司馬彪曰：「嵚呀，大貌。豁閜，空虛也。」義亦合。此處說大木之狀，作「㢲」為是。《玉篇》引賦正作「㢲」。後人混「閜」、「㢲」而一之，非也。

又案：方氏《通雅》云：「閜砢，言顆砢也。韓次公用𡼋礲，其聲本於磊砢，皆磊落之轉音也。意亦略相近。」

45. 垂條扶疏

注引《說文》曰：「扶疏，四布也。」

案：後《七發》「根扶疏以分離」，《解嘲》「枝葉扶疏」，注引竝同。今見《木部》「枎」字下，「枎」多从手者，同音假借也。段氏謂：「《劉向傳》『梓樹生枝葉，扶疏上出屋。』《呂覽》：『樹肥，無使扶疏。』是『扶疏』謂大木枝柯四布。『疏』通作『胥』，亦作『蘇』。《鄭風》『山有扶蘇』，毛傳：『扶蘇，扶胥木也。』釋文所引不誤。《正義》作『小木』，誤也。」據此，則「扶蘇」、「扶胥」，即「扶疏」之謂矣。

余謂《史記》作「扶於」，蓋「扶疏」、「扶於」竝疊韻字，故通用。《淮南·修務訓》「舞扶疏」，注云：「槃跚貌」，則引伸之義也。《太玄經》又作「扶延」。《說文》：「延，通也。」音義與「疏」同。《玉篇》引《月令》「其氣延以達」，今《月令》作「疏」。《說文》「疋」，或為「胥」。

46. 紛溶箾蔘，猗狔從風

郭注云：「紛溶箾蔘，支竦擢也。」張揖曰：「猗狔，猶阿那也。」

案：《考工記・輪人》注：「鄭司農云：『掣，讀如紛容掣參之掣。迤，讀如倚移從風之移。』」《日知錄》曰：「《正義》於上云『此蓋有文』，今檢未得。下云『引《上林賦》』。蓋諸儒疏義，不出一人之手。」

余謂《說文》：「箾，以竿擊人也。」下云：「虞舜樂曰箾韶。」是本《左傳》借「箾」為「簫」。「掣」云：「人臂皃。」「箾」、「掣」，皆从削聲，故通用。其實「箾蔘」與「掣參」，即《西京賦》「櫹槮」之假借字也。段氏謂：「《說文》於旗曰『旖施』，於木曰『檹施』，於禾曰『倚移』，皆讀如『阿那』。」先鄭所引與《禾部》同。而《文選》作「猗狔」，《漢書》作「椅柅」。又《檜風》「猗儺」，《九辨》云「紛旖旎乎都房」，王注引《詩》「旖旎其華」。及《廣韻》《集韻》之「婀娜」、「旑旎」、「裒衺」、「檹椃」，實亦皆同字耳。

47. 蛭蜩

郭云：「未聞。」

案：《漢書》注引張揖曰：「蛭，蟣也。蜩，蟬也。」師古曰：「方言獸屬，而引蛭蟣水蟲，及蜩蟬，非也，然未詳何物。」《史記集解》引《漢書音義》曰：「《山海經》不咸之山有飛蛭，四翼。」蓋《大荒北經》之文。此注司馬彪亦引之，但云「飛蛭」，不知其為獸否也。「蜩」，則《索隱》引《神異經》云：「西方深山有獸，毛色如猴，能緣高木，名為蜩。」可補此注之闕。

48. 蠼猱

注云：「獼猴也。」

案：「蠼」，《漢書》作「玃」。「蠼」、「玃」同字。上已云「雌玃」，則為重出。惟《史記》作「蠗蝚」，《說文》「蠗，禺屬。」蓋「蠼」為「蠗」之形似而譌也。段氏謂：「郭璞云「蠗蝚，似獼猴」，而黃蠗、蝚二物，郭併言之，非也。」司馬貞曰：「《西山經》皋塗之山有獸，名蠗。」是此字，攷其所說之狀，非蝯猴類。其字今譌作「玃」，依郭注，則當作「玃」，未可取為證也。

余謂今《山海經》云：「有獸焉，其狀如鹿而白尾，馬足，人手而四角，名曰玃如。」《索隱》引作「玀猱」，云：「字或作蠗。」郝氏言：「玀猱，即玃如之異文。猱、如，聲之轉也。」是仍紊「蠗」於「玃」，當以《說文》為準。若《玉篇》云：「蠗或玀字」，則又其別體耳。

49. 貜

郭注云：「貜，似貙而大，要以後黃，一名黃要，食獼猴。」

案：《史記索隱》及《漢書》注竝引郭說，但此「貜」字，當从犬，作「玃」，已見前《南都賦》。《史記集解》引《漢書音義》則曰：「貜，白狐子也。」此「貜」正當从豸，與从犬者異。《漢書》注引張揖語同。蓋本《爾雅》：「貘，白狐，其子貜。」彼處釋文引陸璣《疏》云：「貘，一名白狐，其子為貜，遼東人謂之白羆。」又《尚書》「如虎如貘」，疏引舍人說亦然。諸家皆與郭違，而小顏以郭為是，殆因《說文》貘為猛獸，不應與上「獥胡」連言，故從郭耳。然亦不知貜之非玃，固截然二物也。若《書》疏以白狐之貘為虎貘之貘，尤誤。《方言》云：「貘，關西謂之狸。」是「狸」得蒙貘名。《詩》稱「狐狸」，「狸」本狐類，故白狐實為狸類。則貜為貘子，正狸類之貘，即《夏小正》「狸子肇肆」。《爾雅》「狸子，隸」之屬，而非《書·牧誓》及《詩·韓奕》所言之「貘之子」矣。

50. 蚗

郭云：「未聞。」

案：《史記索隱》引姚氏曰：「《山海經》云：『即山有獸，狀如龜，白身赤首，其名曰蚗。』」此見《中山經》，今本作「即公之山」，下云「是可以禦火」。據此，則正可證矣。而郭氏曾注《山海經》，何以不引？若《說文》「蚗」字云「蠏也」，同名異物，兩不相涉。

51. 前皮軒，後道游

注引文穎曰：「皮軒，以虎皮飾車。天子出，道車五乘，游車九乘，在乘輿車前，賦頌為偶辭耳。」

案：《漢書》注顏師古曰：「文說非也。言皮軒最居前，而道游次皮軒之後，非謂在乘輿後。皮軒之上以皮為重蓋，今此制尚存，又非猛獸之皮用飾車也。」《史記集解》則引郭璞曰：「皮軒，革車也。或曰即《曲禮》『前有士師，則載虎皮。』」《輿服志》「大駕前驅，有皮軒鸞旗」，劉注引胡廣與文穎同，亦引郭說，諸家互異。考《周禮·司常》鄭注：「大閱，王乘戎路。」「戎路」，即革路也，似革車之義近是。但既云「王乘」，是即乘輿，豈以備不虞而別設其副於前驅與？

又案：司常職云：「道車載旞，斿車載旌。」「斿車」，《說文》引作「游

車」。鄭注:「道車,象路也,王以朝夕燕出入。斿車,木路也,王以田以鄙。」
然大閱而道車、斿車竝從者,王行雖信宿,不廢朝夕之朝也。仲冬,教大閱,
遂以狩田,故田獵亦用之。《輿服志》「前驅有九斿、雲罕」,注引徐廣曰:
「斿車有九乘」,又引《東京賦》「雲罕九斿」已見《籍田賦》說,似微異,而《志》
不及「道車」。惟《太平御覽》引《漢官儀》云:「甘泉鹵簿,有道車五乘,
游車九乘,在輿前」,即文穎所說矣。

52. 孫叔奉轡,衛公參乘

善注云:「孫叔者,太僕公孫賀也,字子叔。衛公者,大將軍衛青也。」

案:此本《漢書》注鄭氏說。《兩漢刊誤補遺》云:「兩人,蓋指古之善
御者。孫叔,即《楚辭》所謂『驥躊躇于弊輂,遇孫陽而得代』是也。衛公,
即《國語》所謂衛莊公為右,曰:『吾九上九下,擊人盡殪』是也。《校獵賦》
『蚩尤並轂,蒙公先驅』,二京賦『大丙弭節,風后陪乘』,亦祇用古人。至
《長楊賦》「乃命票衛」,則言青、去病也。」

余謂以孫陽強為孫叔,未的。注明云「公孫賀,字子叔」矣,賀為太僕,
正合「奉轡」;青為大將軍,故宜「參乘」,舊注較有據。且《楚辭》語,即伯
樂遇鹽車事,非御也。「衛莊公為右」,亦與為御別。司馬賦何必同楊、張,定
舉古人,豈不可與「迺命票衛」一例乎?「蚩尤」、「蒙公」亦非人名,見後《羽
獵賦》。

53. 扈從橫行,出乎四校之中

注引文穎曰:「凡五校,今言四者,一校隨天子乘輿也。」[1]

案:《漢書》注顏師古曰:「四校者,闌校之四面也。言其跋扈縱恣而行,
出於校之四外也。」

余謂既五校齊驅,而以出校之外,即稱四校,殊未合宜,仍用文說。又
《封氏聞見記》「百官隨駕,謂之扈從」,殆即本此。注引晉灼曰:「扈,大
也。」當亦以隨大駕為言。若小顏及注引張揖說「跋扈縱橫」,則「縱」字
無著矣。

【校】

〔1〕《漢書》文穎注作「一校中隨天子乘輿也。」

54. 足壄羊

注引張揖曰:「壄羊,麢羊也,似羊而青。」

案:「壄」,《史記》作「野」字,同也。《爾雅》:「麢,大羊。」郭注:「麢羊,似羊而大,角員銳,好在山崖間。」《說文》:「麢,大羊而細角。」《西山經》云:「翠山,其陰多麢麝。」「麢」,《廣雅》作「泠」。《後漢書·西南夷傳》作「靈」。《本草》又作「羚」。陶注:「羚羊出建平、宜都諸蠻中及西域,多兩角、一角者為勝。」《漢書》顏注則云:「壄羊,非麢羊,今所謂山羊也。」然陶注又云:「別有山羊,角極長。」《爾雅》名「羱羊」,彼郭注云:「羱羊,似吳羊而大角,角橢,出西方。」《說文》:「莧,山羊細角者。讀若丸。」是「羱」當作「莧」也。《一切經音義》九引《字林》:「羱羊,野羊也。」顏師古《急就篇》注:「西方有野羊,大角,牡者曰羱,牝者曰羘。」郝氏謂:「羱羊,今出甘肅,有二種,大者重百斤,角大盤環。郭注所說是也。」

余謂「麢羊」在山崖間,亦野羊也,與「羱羊」竝通。小顏必以為非,太泥。

55. 蒙鶡蘇

注引孟康曰:「鶡,鶡尾也。蘇,析羽也。」善曰:「蒙,謂蒙覆而取之。鶡以蘇為奇,故特言之以成文耳。」

案:《史記集解》引徐廣曰:「蘇,尾也。」《索隱》亦引《決疑注》「鳥尾為蘇」,不必如孟康,又別言之。《漢書》注引郭璞曰:「蒙其尾為帽也」,此說得之。「蒙」,若蒙彼縐絺之蒙,一言衣,一言冠,皆可通。蓋與下「被班文」例看,《索隱》引《輿服志》「虎賁騎,鶡冠,虎文,單衣」,即此「斑衣」是也,善注未免牽強。觀上「生貔豹」四語,俱是逐獸,不應獨雜鳥,鳥固別敘於後。

又案:下文「綺白虎,被班文,跨壄馬」,竝屬人言。《漢書》注引張揖曰:「著白虎,文綺也。」《索隱》引同。顏師古曰:「綺,古袴字」,此說亦較長。善注引郭璞曰:「綺,謂絆絡之也。」《集解》同。然於「跨壄馬」則云:「跨,謂騎之也。」又似不言逐獸矣。

56. 陵三峻之危

注引郭璞《三倉注》曰:「三峻山在聞喜。」

案:《漢志》聞喜屬河東郡,非上林之地,何以專言此山。《史記集解》

引《漢書音義》云：「三嵕，三成之山。」《漢書》顏注：「三嵕，三聚之山
也。」又《羽獵賦》「虎路三嵕」，顏注云：「三嵕，三峰聚之山也。」蓋不以
為山名。

57. 越壑厲水

注引郭璞曰：「厲，以衣渡水。」

案：「厲」字，《史記》無注。《漢書》顏師古注與郭同。《說文》：「砅，
履石渡水也。」重文為「濿」。則「厲」，當作「濿」。經典多作「厲」者，借
字也。《說文》：「厲，旱石也。」長洲宋學博翔鳳云：「水深而石出於水，故
為旱石。當是置石水中，俾高出水上，則徒行有履藉也。今考《詩》：『深則
厲，淺則揭。』《爾雅》：『揭者揭衣也。以衣涉水為厲，繇膝以下為揭，繇膝
以上為涉，繇帶以上為厲。』《詩音義》引《韓詩》說：『至心曰厲』，即『由
帶以上』也。」近邵氏、郝氏釋《爾雅》，皆以《說文》為別一義。惟宋云：
「揭，從手，以手褰衣裳而過，故曰揭。水深非褰裳所能渡，則必履石渡水，
故不待解衣，而衣自不濡也。使以衣渡水而不履石，將使遂濡其衣乎。且不
履石，則又何取而謂之厲，於會意之旨又不合。」此說是也。蓋《爾雅》之
「由膝以上」、「帶以上」，第約言水深之數，其實皆須履石。不然，淺者尚須
褰衣，何得深者，轉可不褰衣？此徒涉之為憑河，孔子與暴虎竝論者矣。段
氏乃言《說文》之「砅」是說假借，與「深則厲」絕然二事。「砅」為水之至
淺，尚無待於揭衣者。然《說文》明引《詩》「深則砅」，而反謂其至淺，豈
不顯相戾耶？至「厲」或為橋梁之屬者，戴氏震《毛鄭詩考正》云：「《衛詩》
『淇梁』、『淇厲』竝稱。又《水經注·河水篇》云：『段國《沙洲記》：「吐谷
渾於河上作橋，謂之河厲。」』此可證橋有厲之名。《詩》之意以淺水可褰衣
而過，若水深則必依橋梁乃可過，喻禮義之大防不可犯。」

余謂《爾雅·釋宮》「石杠謂之徛」，今南方則曰「石步」。此必挂石水
中，浮出水面，差似於梁。因與木所為之略仿，同稱杠，而別名徛。人正可
履之而過，無須解衣。故《說文》「徛」字云：「舉脛有渡也。」然則「淇厲」、
「河厲」與「深則厲」，義實通貫。若《列子·說符篇》「懸水三十仞，圜流
九十里，有一丈夫，方將厲之。」長卿《大人賦》「橫厲飛泉以正東」，劉向
《九歎》「櫂舟航以橫濿兮」，又「橫汨羅以下濿」，王逸注：「濿，渡也，由
帶以上為厲。」諸文則又因「履石渡水」之義而引申之，以厲為凡涉水之稱。

《詩正義》引《論語》鄭注及《左傳》服虔注竝云「由膝以上為厲」，與《爾雅》「由膝以上為涉」同。知「厲」、「涉」亦可通言，故《說文》於「涉」字亦云「徒行厲水也。」猶之「涉」本由膝以上，而舟楫之濟川，統稱「涉」耳。郝氏顧以「厲」為「凌厲」之意，未免臆解。

58. 罥騕褭

注引《聲類》曰：「罥，係取也。」

案：「罥」，《史記》省作「胃」。《說文》作「繯」，云：「网也。一曰絹也。」《呂氏春秋·上農篇》「繯網罝罘，不敢出於門。」「繯」，亦「繯」之省。又或借「絹」字為之，《周禮·冥氏》注：「弧張罝罘之屬，所以扃絹禽獸。」《蜃氏》注：「置其所食之物於絹中，鳥來下則掎其腳」是也。《廣雅》「胃謂之檕。」王氏《疏證》謂：「檕之言羅也。《漢書·司馬相如傳》注：『罥謂羅繫之也。』《初學記》云：『檕者，以緶為之。見《環濟要略》。』」蓋「檕」與「羅」音同。

注又引張揖曰：「騕褭，馬金喙赤色，一日行萬里者。」

案：《廣雅·釋獸》馬之屬有「金喙、騕褭」。《開元占經·馬占》引應劭《漢書》注云：「騕褭，古駿馬，赤喙玄身，日行一萬五千里」，與張說微異。《說文》：「褭，以組帶馬也。」因即為馬之名。「騕」，或作「䭴」，竝俗字，當從《漢書》作「要」。《呂氏春秋·離俗覽》有「飛兔要褭」。

59. 櫟蜚遽

注引張揖曰：「蜚遽，天上神獸也，鹿頭而龍身。」

案：「遽」，《史記》作「虡」。《說文》：「虡，鐘鼓之柎也。飾為猛獸，从虍、異象，其下足。虞為篆文省。」《漢書·郊祀志》「鐘虡銅人皆生毛」，注云：「虡，神獸名也。縣鐘之木，刻飾為之，因名為虡也。」篇內後文「立萬石之虡」，注引張揖曰：「虡，獸重百二十萬斤。」此作「遽」者，《說文》「虞」之重文為「鐻」，从金，豦聲。「遽」亦从豦，故可同音借用也。稱「蜚遽」者，與「蜚廉」相類，一為獸，一為禽。

又案：《說文·豸部》「豦」下別引司馬相如說：「豦，封豕之屬。」段氏疑即此「遽」，亦備一義。

60. 拂翳鳥

注引張揖曰：「《山海經》：『九疑之山有五采之鳥，名曰翳鳥。』」

案：此所引見《海內經》「北海之內有蛇山」，因與上「九疑之山」相連，故張注誤舉之。「翳」，《史記》作「鷖」。《集解》引《漢書音義》與此注同。郭璞注《山海經》引《離騷》「駟玉虯而乘翳」。今《離騷》「翳」亦作「鷖」，王逸注：「鳳皇別名也。」《廣雅》云：「翳鳥，鳳皇屬也。」

余謂《說文》「鷗」字云：「鷗鳥也。其雌皇，一曰鳳皇也。」蓋本《爾雅》。觀《廣雅》所列共八種，有翳鳥而無鷗鳥，疑鷗鳥即翳鳥。「翳」亦從鳥作「鷖」，則與「鷗」形聲俱相近，故或借同音字「翳翳」之「翳」為之與？

61. 濯鷫牛首

注引張揖曰：「牛首，池名，在上林苑西頭。」

案：孫氏《考異》謂：「牛首，即《霍光傳》之牟首。牛、牟聲近。此因臣瓚以牟首為池名故也。」然小顏注此賦不言牛首即牟首，仍引張揖。《史記集解》引《漢書音義》同。《方輿紀要》云：「《括地志》：『牛首池在長安縣西北，漢上林苑中。』《史記》『秦上林苑有牛首池』，池有自生之韭，亦名韭澤。一云在咸陽縣境，渭水南。」他若《三輔黃圖》《初學記》皆言「牛首池」。

余疑池因牛首山而名，不應苑中有「牛首池」，又有「牟首池」。「牛」、「牟」字易混，所謂「牟首池」，皆當為「牛首池」，而非《霍光傳》之「牟首」也。「牟首」，已見前《魏都賦》。

62. 巴渝

郭注云：「巴西閬中有渝水，獠居其上，皆剛勇好舞。初，高祖募取以平三秦，後使樂府習之，因名巴渝舞也。」

案：《華陽國志》：「周武王伐紂，實得巴蜀之師。巴蜀勇銳，歌舞以凌，殷人倒戈，故世稱之曰前歌後舞。」據此，則巴渝舞由來已久。前《蜀都賦》「䡷之則渝舞」，注引《風俗通》，與此郭注略同。亦見《後漢書·西南夷傳》。而錢氏大昕《史記考異》據《說文》引此作「嗙喻」，不作「巴渝舞」解，謂「歌聲嗙喻」也。孫氏《考異》亦謂《說文》正據此賦。蓋以「宋蔡嗙喻」與下「淮南干遮」對文。然「干遮」各注竝云「曲名」，不應作虛用。且於《說文》「舞」上增「歌」字，尤非。今《說文》「嗙」字云：「訶聲嗙喻也。司馬相如說淮南

宋蔡舞嗙喻。」蓋引其說，非即此賦文。段氏謂：「所俤乃《凡將篇》之一句也。劉逵引『黄潤纖美宜製襌』見《蜀都賦》注。歐陽詢引『鐘磬竽笙筑坎侯』，知《凡將》七字為句」是也。安得援以改此賦而駁郭注乎？

63. 于遮

注云：「曲名。」

案：方氏《通雅》云：「哀六年《公羊傳》『于諸其家』，何休注：『于諸，實也，齊人語。』《周禮》『六飲』，疏曰：『紀、莒之間名諸為濫。』《内則》『桃諸、梅諸』，言乾蕃者曰諸。賈誼云：『偏諸，襻也。』《光武紀》『諸于，半臂也。』此『于遮』，亦『于諸』之音也。『諸』者，古人語詞。」

余謂「于」與「干」，字形易混。據此，當是「于」、「諸」、「遮」聲相近，「魚」、「虞」部本與「麻」韻通也。但「于遮」之為曲名，尚無考。或如唐時《于蔿于》之類與？

64. 顛歌

注引文穎曰：「益州顛縣，其人能為西南夷歌。顛與滇同。」

案：《漢志》益州郡有滇池縣。《後漢書》注：「今晉寧縣也。」如淳：「音滇為顛。」譙周《異物志》：「滇池水乍深廣，乍淺狹，似倒流，故俗曰滇池。」是「滇」、「顛」音同。滇池本有顛到之義，因遂以為「顛」耳。

65. 柔橈嫚嫚

郭注云：「皆骨體柔弱長豔貌也。」

案：「嫚嫚」，《史記》作「嬛嬛」，《漢書》作「嫚嫚」，《漢書》是也。《說文》：「嫚，好也。」《廣雅·釋詁》同。而《釋訓》又云：「嫚嫚，容也。」蓋重言之耳。此處作「嫚」，以形似而譌。《史記》作「嬛」者，「嬛」，即今「娟」字。《論語》「狂狷」，《孟子》作「狂獧」，故「娟」亦或作「嬛」也。但《說文》：「嬛，材緊也。」引《春秋傳》「嬛嬛在疚」，與上文「便嬛，輕利也」可通，而非此義矣。

66. 嫵媚孅弱

「嫵」，《史記》作「娬」，同字也。善注云：「孅，即纖字。」

案：《說文》：「孅，銳細也。」與「纖」音義皆同。「孅弱」意亦通。《史

記》則作「姌嫋」。《說文》:「姌,弱長皃。」「嫋,姌也。」《廣雅》云:「枲枲、嫋嫋、姌姌,弱也。」王氏《疏證》謂:「《小雅·巧言篇》『荏染柔木』,毛傳:『荏染,柔意也。』荏與枲通,染與姌通,嫋亦弱也。卓文君《白頭吟》『竹竿何嫋嫋』,《說文》:『冄,毛冄冄也。』徐鍇《傳》云:『冄冄,弱也。』王粲《迷迭香賦》『挺苒苒之柔莖』,義竝與『姌姌』同。」

67. 曳獨繭之褕絏

注引張揖曰:「絏,袖也。」

案:「絏」,《史記》作「袘」,《漢書》作「袣」,字各異,而引張注則同。「袘」,本「袉」之隸變。《說文》云:「裾也。」《士昏禮》鄭注以為「裳緣」。前《子虛賦》「揚袘戌削」,注亦引張說「袘,衣袖也。」「袘」,即《說文》之「褋,禪衣也。」省作「袣」。「袣」或作「褉」,猶「羈絏」之「紲」,一作「絏」也。此處作「絏」,殆本「褉」字而誤从糸耳。蓋「袘」、「袣」、「褉」皆「袂」之音近借字也。

68. 便姍嫳屑

郭注云:「衣服婆娑貌。」

案:《漢書》顏注:「言其行步安詳,容服絕異也。」《史記》於此四字作「媥姺徶𥜽」,蓋音近通用。前《南都賦》亦敘姣服之人云「蹩躠蹁躚」,「蹁躚」與「媥姺」同,「蹩躠」與「徶𥜽」同。彼注正引此賦語「便姍嫳屑」為證,是一致矣。釋義似顏說得之,但行步則衣服自有婆娑之狀,義亦相足。觀此知長卿之賦多為後人所襲用。或易其字體,如下文「長眉連娟,微睇緜藐」,亦即《南都賦》之「微眺流睇,蛾眉連卷」也,餘可類推。

69. 弋玄鶴

注云:「古者舞玄鶴以為瑞,令弋取之也。《尚書大傳》舜樂歌曰:『和伯之樂,舞玄鶴。』」

案:此語《史記》《漢書》皆無釋,李氏證以《大傳》自合。但彼處所列諸舞,如侏離、鼚哉、謾彧、將陽、蔡俶、齊落,祇各取其象,故鄭注云:「玄鶴,象陽鳥之南也。」竝非以致鶴為瑞。且賦上文已言「蹴玄鶴」,與《子虛賦》中「玄鶴加」相同。此處乃言罷獵而「游六藝之囿,馳騖仁義之塗」,不應又及弋取禽鳥。疑「弋」為「旮」之同音借字。《說文》無「八佾」字佾在《新

附》，惟《肉部》：「肎，振肎也。」「振」者，段氏謂：「《左傳》言『振萬』，蓋舞者必振動也。」然則此當正用《大傳》語，特避下句「舞干戚」，「舞」字複耳。善注似泥於「弋」之本字而為之說。

70. 悲伐檀

注引張揖曰：「其詩刺賢者不遇明王也。」

案：《伐檀》為《魏風》，而此處似承上「撢纍雅」言之。《大戴禮記・投壺篇》云：「凡《雅》二十六篇，其八篇可歌，歌《鹿鳴》《貍首》《鵲巢》《采蘩》《采蘋》《伐檀》《白駒》《騶虞》。」孔氏廣森《補注》曰：「《鵲巢》諸詩，今皆在《風》，亦以為《雅》。蓋出漢人之記，樂府所存，非周舊也。漢末杜夔傳雅樂四曲，一《鹿鳴》，二《騶虞》，三《伐檀》，四《文王》，皆古聲詞，後代四廂樂歌，猶依其音節。」據此知《伐檀》在漢為《雅》詩，故與下句「樂樂胥」，出《桑扈篇》竝舉。此注「賢者不遇」，即《詩序》「君子不得進仕」之義。下善注：「言王者樂得材智之人使在位，故天與之福祿也」，亦本鄭箋。蓋舊說如是，豈長卿未任用時，以之寓意耶。

又案：上文「游于六藝之囿」，故於《春秋》曰「覽觀《春秋》之林」。《樂》與《詩》，總言之，「射貍首」至「樂樂胥」是也。言《禮》則曰「脩容乎《禮》園」，言《書》則曰「翺翔乎《書》圃」，言《易》則曰「述《易》道」。時武帝崇獎儒林，立五經博士，因借作頌揚，引之於正，以申下諷諫之語，庶幾言之者無罪，長卿賦殆有微指。

71. 歘然興道而遷義

注引郭璞曰：「歘，猶勃也，許貴切。」

案：「歘」，古卉字，已見前注。《說文》：「歘，艸之總名也。」與此處義無涉。顏師古曰：「歘然，猶欻然也。」「欻」，音忽，亦訓忽。《西京賦》「欻從背見」，薛注：「欻之言忽也。」即《說文》：「欻，有所吹起」，亦與「興道遷義」可合。則「歘」當為「欻」之音近借字。郭云「勃」者，《左傳》「其興也勃焉，其亡也忽焉」，「勃」、「忽」正相類。或謂如草木之勃然而生，亦通。《史記》作「喟然」，「喟」，又「歘」之同韻字也。若本賦前文「薊苅歘歙」，《索隱》引郭璞曰：「歘吸，林木鼓動之聲。」《漢書・大人賦》「苅颯歘歙」，注引張揖曰：「歘歙，走相追也。」此仍隨文為解，假其字音以狀之，固非本義矣。

《文選集釋》卷十一

羽獵賦 楊子雲

1. 序云 故甘露零其庭，醴泉流其唐

應劭注引《爾雅》：「廟中路謂之唐。」

案：桂氏《札樸》云：「唐，當如《周語》『陂唐汙庫』之唐，謂醴泉出而成池唐也。《靈光殿賦》『元醴騰湧於陰溝，甘露被宇而下臻』，《景福殿賦》『醴泉涌於池圃』，蓋甘露下零，故被於階庭；醴泉上涌，故流於池唐。」

余謂此說固通，但《藝文類聚》載劉歆《甘泉宮賦》「甘醴涌於中庭兮，激清流之瀰瀰」，則與此處言「中唐」正同矣。

2. 序內 御宿

注引《三秦記》曰：「樊川，一名御宿。」

案：《漢書》顏注：「御宿，在樊川西」，則是二地。《方輿紀要》云：「樊川，在今西安府南三十里，其地本杜縣之樊鄉。漢初樊噲賜食邑於此，川因以名。」程大昌以為即「御宿」，又云：「御宿川在府西南四十里。」「宿」，亦作「羞」。如淳曰：「御羞，地名，在藍田，其地沃饒，出御物，楊雄謂之御宿。」《黃圖》云：「川在長安城南，漢武帝為離宮別館，禁禦人不得往來，遊觀長宿其中，因名。」據此，則「御宿」或謂在西，或在南，或在西南，要即樊川之地。有合言者，有分言者耳。

又案：「樊」，《說文》作「𡊅」，云：「京兆杜陵鄉。」《水經·渭水篇》

注:「沇水上承皇子陂於樊川。」《史記索隱》引《三秦記》:「長安正南山名秦嶺,谷名子午,一名樊川,即許所云鄠鄉矣。」段氏謂:「韋昭《周語》注:『仲山父食采於樊』,按周襄王賜晉文公陽樊之田,陽樊,一名樊,一名陽。《國語》:『陽人不服,而曰陽有樊仲之官守焉。』然則仲山甫之樊,非此鄠也。又《紀要》云:『陽樊,或曰在今河南懷慶府濟源縣。』」

3. 濱渭而東

注云:「濱與賓同音也。」胡氏《考異》本謂:「據注語,則正文當作賓。」

案:「濱」,《漢書》作「瀕」。《說文》「頻」為部首,云:「水厓,人所賓附也。」今字作「濱」。又因「瀕」有「賓」訓,漢人遂以「賓」為之。《詩》「率土之濱」,本書《難蜀父老》注:「濱,本或作賓。」而《漢書·王莽傳》《白虎通·喪服篇》引《詩》直作「賓」。蓋「賓」者,「濱」之借字,「濱」者,「瀕」之或體也。

4. 雖頗割其三垂以贍齊民

注云:「三垂,謂西方、南方、東方。武帝侵三垂以置郡,故謂之割。」

案:孫氏《補正》引何氏焯云:「此指上林之三垂而言,注非也。元帝初元二年,詔以水衡禁囿、宜春下苑、少府佽飛外池、嚴籞池田,假與貧民。五年,罷上林宮館希御幸者。成帝建始元年,亦罷上林宮館希御幸者三十五所,即其事也。」又引金氏甡云:「三垂,指囿之三面,非三邊之謂。武帝大啟朔方,何獨舉西、南、東言之。」

余謂《說文》:「垂,遠邊也。」段氏言「引申之,凡邊皆曰垂」。後人以「垂」作「丞下」字用。而《自部》「陲」之訓「危」者,遂為垂。此「三垂」,與注所引楊雄上書「三垂比之縣矣」,不妨各明一義。何、金說是也。李注泥於邊為邊塞,故致牽強耳。

5. 西馳閶闔

《漢書》「閶」作「閬」。

案:《說文》云:「閶闔,天門也。」又云:「閬閬,盛皃也。」段氏謂:「此蓋假閬為閶也。《大司馬》注:『鼓聲不過闔』,則又假闔為閬。閬,即《鼓部》之𪔛也。鼖聲不過闖,闖,即《鼓部》之𪔛也。」

又案:前《上林賦》「鏗鎗闛鞈」,《史記》作「鏗鎗鐺鞈」。方氏《通雅》

云：「潘尼《釋奠頌》『鏗鏘閶閤』，閤音沓，《集韻》作鞈䶀。晉摯虞《思遊賦》『閶閜兮識故居』，《集韻》又作諹。則神人暢曰『鼞乎鼓之』，亦當音堂矣。丁度互引閶、閤二字，蓋古人讀『昌』與『堂』近。」

余謂《說文》「鼞」字下引《詩》「擊鼓其鼞」，而《金部》「鎗」字云：「鐘鼓之聲也。」引《詩》「擊鼓其鎗」，則作「鼞」者，殆三家《詩》與？《史記》之「鏜」當是「鎗」，「閶」、「閜」為「鼞」之借字。《上林賦》「鞈」，或作「鞳」。善注引字書：「鞈，鼓聲。」亦「鼞」之異體也。

6. 虎路三嵕

注引晉灼曰：「路，音落。落，纍也。」服虔曰：「以竹虒落此山也。」

案：方氏《通雅》云：「虒路，一作虎落，一作虒格。即《漢書・晁錯傳》『布渠荅』，蘇林以為『鐵蒺藜』也。」

余謂落從洛聲，洛與路，俱從各聲。左氏《閔元年傳》「盟于落姑」，《公羊》《穀梁》作「洛」。釋文：「洛，本或作路。」「格」與「落」，亦音近。《集韻》：「格，或作落。」《廣雅・釋宮》：「落，籬也。」前《西京賦》「揩枳落」，注云：「落亦籬也。」晉灼訓纍者，「纍，落」，一聲之轉。後《長楊賦》「木擁槍纍以為儲胥」，蘇林曰：「木擁柵其外，又以竹槍纍為外儲胥也。」韋昭曰：「儲胥，蕃落之類」，與此正通。纍者，絡也；落與絡同，見《漢書・李廣傳》注。故顏師古釋「儲胥」，亦云：「纍繩連結」，纍與籬，又雙聲字矣。《六韜・軍用篇》云：「三軍拒守，天羅虎落，鏁連一部。」此賦下云「以為司馬」，應劭曰：「外門為司馬門。」然則稱「虎路」者，殆「虎門」之義與？

「三嵕」，已見《上林賦》，彼以「三嵕」為「三成」。《爾雅》「邱一成為敦邱。」注云：「成，猶重也。」是此當謂藩落三重耳。《通雅》以為「即三叉蒺藜，蓋草木細枝初生曰嵕，山尖曰嵕，故知是三叉也」，恐非。

7. 青雲為紛，紅蜺為繯

注引韋昭曰：「紛，旗旒也。繯，旗上繫也。」

案：韋說似未的。此處言「合圍」，下句「屬之乎崑崙之虛」，即所謂「周阹」也，不得仍說「旗」，故下又云「前後要遮」。考《爾雅》「絢謂之救」，「律謂之分」。以上文例之，二者亦羅网之屬。王氏《廣雅疏證》云：「律，即《說文》率字。率與律，古同聲。《說文》：『紛，馬尾韜也。』《釋名》云：『紛，放也。防其放弛以拘之也。』『紛』與『分』義相近。郭注乃云『律管

可以分氣』」，非是。郝氏亦言「率謂之紛，與上『絢謂之救』，皆冒名。」然則此「紛」字正冒名矣。觀偶句「繯」字，尤顯。「繯」，即《說文》之「纅」，與「羂」通，已見前《上林賦》。

8. 熒惑司命

注引張晏曰：「熒惑法使司命不祥。」又《樂緯稽耀嘉》曰：「熒惑主命。」

案：胡氏《考異》謂「『法』上當有『執』字，『命』字不應有」，當是也。《漢書·天文志》「熒惑曰南方夏火，逆夏令，傷火氣，罰見熒惑。逆行一舍二舍為不祥。」注引晉灼曰：「熒惑常以十月入太微，受制而出，行列宿，司無道，出入無常也。」即此張說之義。「熒」，《廣雅》作「營」，云：「營惑，謂之罰星，或謂之執法。」《御覽》引黃石公《陰謀祕訣法》云：「營惑者，御史之象，主禁令刑罰。」《天官書》正義引《天官占》云：「熒惑為執法之星」，即《樂緯》所云「主命」。上「命」字，殆涉下文而誤衍。張氏《膠言》乃引「斗魁六星曰司命」，失之。且《隋書·天文志》「虛北二星曰司命，主舉過行罰，滅不祥。」雖似張說，而不謂「熒惑」。又《步天歌》「太微垣左右執法各一星」，亦非此矣。

9. 天弧發射

注引張晏曰：「天弧，虛上二星。」又《漢書》曰：「狼下有四星曰弧。」

案：《漢志》與《天官書》同。《正義》云：「弧九星，在狼東南，天之弓也。」《晉書·天文志》亦然，與《史》《漢》言「四星」異。《步天歌》：「弧、狼屬井宿，在南方。」而《史》《漢》為「西宮」，亦異。《晉志》則弧、狼在二十八舍之外，更無以為二星又在虛上者，虛乃北方玄武之宿，未審張注何據。或「虛上」為「參上」之譌與？

10. 徽車輕武

注引晉灼曰：「徽，疾貌也。」

案：「徽」之本義，《說文》云：「袤幅也。一曰三糾繩也。」《爾雅·釋詁》則云：「善也，止也。」《大雅》箋云：「美也。」初無「疾」訓。《漢書》注亦多引晉灼，而此不用其說，易之曰：「徽車，有徽識之車也」，義較勝。但「徽」識字從巾，不從糸。《說文·巾部》「幑」字云：「幑識也。以絳帛箸于背。《春秋傳》曰『揚幑者公徒』，若今救火衣然也。」經典凡徽識、徽號字俱從糸作

「徽」，蓋假借字。而「微」之正字罕用者。

11. 蒙公先驅

注引《漢書音義》曰：「蒙公，蒙恬也。」又如淳曰：「蒙公，髦頭也。」晉灼曰：「此多說天子事，如說是。」

案：今《漢書》注引服虔說，與《音義》同。然諸賦敘乘輿扈從，多指星辰言，不應忽及蒙恬。《史記·天官書》「昴曰髦頭。」《漢書·天文志》「髦」作「旄」。《廣雅》亦云「昴謂之髦頭。」《晉書·天文志》：「昴、畢間為天街，天子出，旄頭、罕畢以前驅」，正合此「先驅」之義。「髦」、「旄」，字通用。「髦」與「蒙」，則聲之轉也。孫氏《補正》引金氏姓云：「《北征賦》『劇蒙公之疲民』，謂蒙恬也。此與蚩尤作對，自應專指一人。」不知「蚩尤」亦星也，非黃帝時之「蚩尤」，金說未的。

12. 霹靂列缺，吐火施鞭

注引應劭曰：「霹靂，雷也。列缺，閃隙也。火，電照也。」

案：「霹靂」，《漢書》作「辟歷」，注亦引應說，作「列缺，天隙電照也。」又《司馬相如傳·大人賦》云：「貫列缺之倒景兮」，注引服虔曰：「列缺，天閃也。人在天上，下向視日月，故景倒在下也。」張揖引陵陽子《明經》曰：「列缺氣，去地二千四百里；倒景氣，去地四千里，其景皆倒在下。」《廣雅·釋天》說常氣有「列缺」、「倒景」。《楚辭·遠遊》云：「上至列缺兮，降望大壑。」據此，諸家蓋皆以列缺為電。云「吐火」者，《春秋繁露·五行五事篇》：「電者，火氣也。」云「施鞭」者，《淮南·原道訓》「電以為鞭策」是也。又《翻譯名義》十引《五經通義》：「電，雷火光也。」故兼「霹靂」言之。

13. 獲夷之徒

注引服虔曰：「獲夷，能獲夷狄者。」

案：孫氏《補正》引劉貢父云：「獲夷，似謂烏獲、夷羿。何云『劉說近是』，但此下又有『羿氏控弦』之文。」

余謂不特此也，前文「賁育之倫」，亦未免相犯。據《周禮》有「蠻隸」、「夷隸」，鄭注云：「征蠻夷所獲也。」則此謂所獲夷狄之徒，似較服說為合，而前後無複。

14. 遙噱乎紘中

注引晉灼曰：「口之上下名為噱。」

案：《說文》：「噱，大笑也。」此乃借「噱」為「臄」。《說文》「臄」字為「谷」之重文。「谷，口上阿也。」《詩·大雅》「加殽脾臄」，毛傳：『臄，函也。』段氏云：「今《說文·弓部》函下誤作舌也。當是『函，谷也。』」正與毛合。《通俗文》云：「口上曰臄，口下曰函。」服析言之，毛、許、晉皆渾言之，許舉上以包下耳。

余謂此賦語蓋極作形容。晉灼又云：「言禽獸奔走倦極，皆遙張噱吐舌於紘網之中。」意殆以凡物驚倦之極，則口吻已上之肉，隨口卷曲也。然則「谷」之重文或作「嘟」，與《人部》之「偋」，俱從卻。「偋」有倦劇之義，亦可於「嘟」轉通其意矣。「偋」，已見《子虛賦》。又，人大笑則口張，而頤有上阿之象。「噱」之從豦，疑亦從「臄」得義。

15. 窮尤閼與

注引孟康曰：「尤，行也。閼，止也。言三軍之盛，窮閼禽獸，使不得逸漏也。」又如淳曰：「尤者，懈怠也。」晉灼曰：「閼與，容貌也。」善云：「如、晉之意，言三軍茫然懈倦，閼與而舒緩也。」

案：《漢書》顏注：「閼與，容暇之貌也。尤，音淫。與，音豫。」吳氏仁傑云：「《馬援傳》『尤豫未決』，注曰：『尤，行貌。豫，未定也。』與、豫字通。此賦言三軍捕禽獸，行者窮追之，未定者閼止之耳。尤、與二文相對，顏義未安。五臣注以尤為宂，音柔腫切，云『窮宂倦怠貌』，愈失之矣。又尤、猶，音相近。《南史》『淫預堆』，《寰宇記》作『猶與』，言取途不決。淮南書：『善用兵者，擊其猶猶，陵其與與。』賦上文亦云『淫淫與與，前後要遮』，其義一也。」

余謂《說文·冂部》「尤」字云：「淫淫，行貌。」《玉篇》別立《尤部》云：「尤尤，行兒。」字本從儿，出冂，則行為本義。其云「尤豫」者，乃「猶豫」之音近借字。故《後漢書·竇武傳》「太后尤豫未忍」，注云：「尤豫，不定也。」段氏以尤為「遲疑躑躅之兒」，是並兩義而通之也。賦上句「遙噱乎紘中」，注言禽獸倦極，則此當謂窮閼其尤豫不定者，而以「尤」、「與」分言之，遂致費解。吳氏說略同孟康，善謂康言窮其行止，皆無逸漏，轉以閼之訓止，屬禽獸，殊失康意。其不從康而依如、晉之說，似非。若五臣注之音，直

以形相近而誤其字矣。

16. 徒角搶題注

注引服虔曰：「獸以角觸地也。」

案：《漢書》顏注：「搶，猶刺也。題，額也。言眾獸迫急，以角搶地，以額注地。」此義固通，但獸不必盡有角，上文所列，有角者，惟犀兕耳。其熊羆虎豹已不然，而票禽更無論。且以注為注地，稍未安。

余謂「角搶」皆宜作虛字用。《廣雅・釋言》：「角，觸也。」漢時有角牴之戲，言人相觸擊也。「搶」，亦非刺。《莊子・逍遙游》「搶榆枋」，釋文：「搶，突也。」又「著也。」史公《報任安書》「見獄吏則頭搶地」。「注」，本「咮」之同音借字。《考工記》「以注鳴者」，《史記・律書》「西至於注」，《索隱》曰：「注，咮也。」《說文》：「咮，鳥口也。」然獸亦得通言，《詩・曹風》毛傳：「咮，喙也。」左氏《昭四年傳》「深目而豭喙」，是「咮」、「喙」竝觜之名矣。則此蓋謂禽獸之觸突，而額與觜俱著地也，似可備一說。善注不應遺「題注」字未釋，豈有佚脫與？

17. 蹈獱獺

注引郭璞《三倉解詁》曰：「獱，似狐，青色，居水中，食魚。」

案：《淮南・時則訓》「獺祭魚」，高注：「獺，獱也。」《廣韻》「獱」字云「獺之別名」，二者互訓。《漢書》顏注：「獱，小獺也」，是亦微有別。《說文》「猵」字云「獺屬」，重文為「獱」。楊雄《蜀都賦》作「猵」，此及《江賦》作「獱」，實一字耳。今韻「猵」入先部，「獱」入真部，而古音相通，故易「翩」與「鄰」韻。《禹貢》蠙珠之蠙，從賓聲，釋文則蒲邊、扶堅二切也。

18. 椎夜光之流離

注無釋。

案：「流離」，本作「瑠璃」。《藝文類聚》引《韻集》云：「瑠璃，火齊珠也。」據《玉篇》引《倉頡篇》云：「玫瑰，火齊珠也。」本書《子虛賦》晉灼注同。蓋玫瑰為赤玉，故曰火齊。又以屬「瑠璃」者，《漢書・西域傳》顏注引《魏略》云：「大秦國出赤、白、黑、黃、青、綠、縹、紺、紅、紫十種流離。」是「流離」原有紅赤色，則亦得通稱「火齊」矣。《廣雅・釋地》說珠「夜光」與「瑠璃」竝列，王氏《疏證》謂「凡珠玉有光者，俱謂之夜光，

故《楚策》云『夜光之璧』，而此言夜光之珠，賦語固不以為二物也。別見後《江賦》「琨珸」下。

19. 後陳盧山

注引孟康曰：「單于南庭山。」

案：《漢書・匈奴傳》載楊雄諫不許，單于入朝書云：「運府庫之財，填盧山之壑。」師古曰：「盧山，匈奴中山也。」又《傳》前文云：「太初三年，使光祿勳徐自為出五原塞，築城障列亭，至盧朐。」師古曰：「盧朐，山名也。」據《方輿紀要》「山在廢夏州塞北」。杜佑以為在麟州銀城縣北，誤也。又云：「夏州城在榆林衛衛今為府西北二百里，單于城亦在衛境。」然則盧朐山，當即此「盧山」矣。

20. 丞民乎農桑

注引《聲類》曰：「丞，亦拯字也。」《說文》曰：「拯，上舉也。」

案：《易・明夷》：「拯馬壯，吉。」釋文作「丞」，云：「拯救之拯。」《子夏》作「抍」，《玉篇》承，《聲類》云「抍」字，與此注引異。承者，丞之省也。《說文》「抍」，重文為「撜」。《淮南・齊俗訓》「子路撜溺而受牛謝」是也。《艮》：「六二，不拯其隨」，釋文作「承」。《列子・黃帝篇》「使弟子竝流將承子」，張注：「承音拯」，是也。蓋「升」、「登」、「丞」、「承」，皆在烝部，故《集韻》「抍」、「承」、「撜」、「拯」、「丞」，五形同字。段氏欲易今本《說文》之「抍」為「拯」，似可不必。

又案：本書謝靈運《擬鄴中集詩》、曹子建《七啟》、潘元茂《九錫文》、傅季友《修張良廟教》、王簡栖《頭陀寺碑》注皆引《說文》「出溺為拯」。段氏據以補今本所無。姚、嚴《校議》同。但左氏《宣十二年傳》注亦有此語，竝本之《方言》曰：「騭、抍，拔也。出伇為抍，出火為騭。」其為《說文》佚脫與否，未可定也。

長楊賦　楊子雲

21. 序言　輸長楊射熊館

注引《三輔黃圖》曰：「長楊宮有射熊館。」

案：《方輿紀要》亦引《黃圖》云：「長楊宮在盩厔縣東南三十里，秦宮也。又有五柞宮在縣東南三十八里，亦秦故宮。漢武南獵長楊，即此。」《漢書》：「武帝後元二年，幸長楊宮，崩于五柞。元帝永元五年，幸長楊射熊館。至成帝元延二年，校獵長楊射熊館」，則正此賦所稱也。

余謂《水經・渭水下篇》注：「涌水東北流逕長楊宮東〔1〕，宮有長楊樹，因以為名。又耿谷水東北逕五柞宮，二宮相去八里，竝以樹名宮。故張晏曰：『宮有五柞樹，在盩厔縣西與《黃圖》云東南，不合。』」據此，知「長楊」與「五柞」附近，故賦內以「振師五柞，習馬長楊」竝言之也。

【校】

〔1〕「涌水」，《水經注校證》作「漏水」。

22. 拖豪豬

注於序內「豪豬」引《山海經》曰：「竹山有獸，其狀如豚，白毛，大如笄而黑端，名豪彘也。」

案：彼處郭注：「豪豬，貆豬也。夾髀，有麤豪，長數尺，能以脊上豪射物。自為牝牡，吳楚呼為鸞豬，亦此類。」《漢書》顏注云：「豪豬，一名希獂也，自為牝牡者也。」據《說文》希為部首，云：「脩豪獸，一曰河內名豕也謂河內呼豕為希也。」「豪」字重文為「豪」，云：「豕鬣如筆管者。」又《豕部》「獂」字云：「豕屬也今《說文》作逸。戴氏侗《六書故》稱唐本《說文》如是，从豕，原聲，讀若桓。《逸周書》曰：『獂有爪而不敢以攄。』」三者分列，似非一物，故段氏以顏注合言為非。然郭注既云豪彘是貆豬，《玉篇》貆與獂同，《廣雅》豕屬有獂，王氏《疏證》亦引《山海經》。又《爾雅》：「貐，脩毫毫即豪之俗字。」「貐」，即《說文》之「希」，邵氏《正義》亦引此賦語及顏注，則小顏之說不為誤，且段氏固不能言其所以異也。

23. 所過麾城搲邑

注引《蒼頡篇》曰：「搲，拍取也。」又鄭玄《禮記注》：「搲之言芟也。」《字林》曰：「搲，山檻切。」

案：「搲」，《漢書》作「挃」。李奇注：「挃，音車轄之轄。」師古曰：「挃，舉手擬之也。」錢氏《養新錄》謂：「小顏無別音，當从李奇讀，其字从手夗軒也。監本附入宋祁云：『韋昭曰：「並也，音芟。」』下及李善注云云。據景

文所引諸說，則字當从手旁斬，兩字絕不相同。《文選》本是『撕』字，故善引《禮器》注為證。今正文作『揗』，並將鄭注、《字林》、《蒼頡篇》諸『撕』字，俱改作『揗』，誤甚。」

余謂《文選》作「撕」，而注先引顏監曰：「撕，舉手擬也。」是以「揗」為「撕」，李善已誤。「撕」，《說文》作「擊」，實一字。訓云：「暫也。」段氏言「暫非其義」，蓋从手與从日異，豈《說文》有誤與？《廣雅·釋詁》又云：「擊，次也。」乃本鄭注「有撕而播」為說，特引伸之義。其本義似宜從《蒼頡篇》暨《廣韻》「擊，斬取也」方合。觀賦言「撕邑」可知。且鄭云：「撕之言芟。」「芟」者，刈艸也，正「斬取」之義。《淮南·兵略訓》「剡木築，奮儋撕。」注云：「撕，剡銳也」，義亦相近。至「揗」字，《說文》所無，當是「掀」之俗體。「軒」、「欣」，音相近。《說文》：「掀，舉出也。」引左氏《成十六年傳》「掀公出於淖」，彼處釋文云：「捧轂舉之，則公軒起也。」是「掀」之言「軒」，因有从軒之字。掀既訓舉，此賦作「揗邑」，即《孟子》所謂「五旬而舉之」也，意亦可通。但以「撕」、「揗」二字形相似，遂致混合為一，則誠如錢說矣。

24. 頭蓬不暇梳

《漢書》「梳」作「疏」。宋氏祁曰：「疏與梳，疑古通用。」

案：《釋名·釋首飾》云：「梳，言其齒疏也。」是「梳」本有「疏」義。故《史記·匈奴傳》索隱引《倉頡篇》「靡者為比，麤者為梳。」蓋「疏」之言「麤」也。

25. 鞮鍪生蟣蝨

注引《說文》曰：「鞮鍪，首鎧也。」善又曰：「鞮鍪，即兜鍪也。」

案：今《說文》正作「兜鍪」，注所引乃依賦語易之耳。段氏謂「鞮，履也。鍪，兜鍪也」，分為二物。《戰國策》「甲盾鞮鍪」，注：「鞮，草履」，此段義也。而《漢書·韓延壽傳》「被甲鞮䥐居馬上」，顏注：「鞮䥐即兜鍪。」「䥐」，即「鍪」也。《楊雄傳》同。蓋「兜」、「鞮」為雙聲字，意亦通。

26. 東夷橫畔

注云：「東夷，東越也。一曰呂嘉殺其國王立，國人殺嘉也。」

案：孫氏《補正》引金氏甡云：「東越，即閩越改封，下文自有『閩越相

亂』句。此東越或指朝鮮。呂嘉,則南越也。且嘉不為國人所殺,東越王餘善乃見殺於國人耳。」此說是也。據《史記·朝鮮傳》:「元封二年,漢使涉何誘諭右渠〔1〕,朝鮮發兵,攻殺何。天子遣樓船將軍楊僕、左將軍荀彘討之,兩將不相能,久不決。元封三年夏,尼谿相參,殺右渠來降,後遂定為真番、臨屯、樂浪、元菟四郡。」《漢書》同。正此賦所云也。若呂嘉事,則見《南越傳》「元鼎五年,以呂嘉等反,令樓船十萬師往討之。六年冬,攻敗越人,縱火燒城,嘉亡入海,遣人追之,越郎都稽得嘉。」此已該於下文云「相亂」者,不獨兩國相攻。如注所引,蓋嘉之反,本因其王、太后謀誅嘉,嘉遂攻殺王、太后。閩越王郢弟餘善殺郢自立,其臣又殺餘善,是其國自相亂矣。

【校】

〔1〕「誘」,《史記》作「譙」。

27. 羌戎睚眦

《漢書》顏注:「睚字或作瞳。瞳者,怒其目眦也。」

案:宋氏祁曰:「蕭該按晉灼音義,睚作瞳。蘇林音貫習之貫。晉灼云楊雄《方言》『瞋目曰瞳』。」是顏注所言,或作者即晉灼之本也。《說文》「睚」字在《新附》,其「瞳」字云:「目多精也。」益州謂瞋目曰瞳,則作「瞳」者是也。又《漢書·孔光傳》「厓眥莫不誅傷」,《一切經音義》云:「《史記》『睚眦』,《漢書》作『厓眥』。」今此處亦作「睚」,豈後人加目旁歟?

28. 碎轒輼

《漢書》「碎」作「砰」,此當以形似而誤,於義亦通。注引應劭曰:「轒輼,匈奴車也。」又服虔曰:「轒輼,百二十步兵車,或可寢處。」

案:《說文》「轒」字云:「淮陽名車,穹隆轒。」「穹隆」,即《方言》之「篷籠」,蓋謂車弓也。「轒」者,言其墳起也。此「轒輼」則為兵車之名。《墨子·備城門篇》有轒輼車。《孫子·謀攻篇》「脩櫓轒輼」,魏武帝注云:「轒輼者,轒牀也。其下四輪,從中推之至城下是也。」「輼」,亦作「輓」,《廣雅·釋器》:「轒輓,車也。」《玉篇》:「轒輓,兵車也。」《六韜》云:「攻城則有轒輓臨衝」,皆與此同。如應說,則謂匈奴之兵車如此耳。

29. 破穹廬

注引《音義》曰:「穹廬,旃帳也。」

案:「㫍」與「㡓」通用。《漢書·匈奴傳》謂「匈奴父子同穹廬臥」，顏注與《音義》同。又云:「其形穹隆，故曰穹廬。」《傳》言:「匈奴法，漢使不去節，不以墨黥其面，不得入穹廬也。」

30. 腦沙幕

注引服虔曰:「破其頭腦，塗沙幕也。」

案:《匈奴傳》贊云:「隔以山谷，雍以沙幕。」《傳》中屢言「絕幕」，又云「胡地沙鹵，多乏水草」，郭吉所謂「遠走亡匿於幕北寒苦無水草之地」是也。「幕」，蓋與「漠」同音通用。

31. 僑余吾

注引《北山經》曰:「北鮮之山多馬，鮮水出焉，而北經余吾水。」應劭曰:「在朔方北。」

案:「余吾」，今《山海經》作「涂吾」，郭注云:「漢元狩二年，馬出涂吾水中也。」「余」，即涂之省。徐廣注《史記》云:「余，亦作斜，斜從余聲也。」《漢書·匈奴傳》:「太初中，漢軍出朔方及五原、雁門，匈奴聞悉，遠其累重於余吾水北。」又云:「左賢王驅其人民度余吾水六七百里，居兜銜山。」又云:「屯受降城以備漢北橋，余吾令可度。」注云:「於水上作橋，擬急廹從此度也。」今五原城三受降城俱在榆林，當是相近之地。故畢氏沅謂其水在今陝西懷遠縣北，河套外也。懷遠亦屬榆林府。

又案:郝氏箋《山海經》謂:「《地理志》上黨郡有余吾，疑縣因水為名」，似與地勢未合。

32. 燒煔蠡

注引張晏曰:「煔蠡，乾酪母，燒之，壞其養生之具也。」

案:方氏《通雅》云:「張說別無出處。《說文》:『蠡，瓢也。』《集韻》一作蠡盠。煔，本從鬲，作爝。《儀禮》有局鼏，謂幕鼎也。董逌叔《緣鼎銘》有鼏彝、尊鼎。說者謂以木橫貫鼎而舉之謂鼏，此解亦拙矣。今作爝，蓋炊器、膻盤，或紐蓋可舉者，類《韻略》有筊簣、㡡帶也。車拘簞謂之簣，皆因鼏生義，從冥者省耳。呂向曰:『各部聚落燒之，使盡』，此為得解，何定以為酪母乎?」此所引《說文》乃《瓠部》「瓢，蠡也」之文而誤倒。又《豆部》:「蘁，蠡也。」即《廣韻》之「蠡，簞也」，簞亦豆類。《方言》作「籧」，

云：「或謂之瓠，或謂之簞」是也。段氏謂蠡之言離。《方言》：「劙，解也。一瓠離為二，故曰蠡。」鄭注「凵人」云：「瓠謂瓠蠡也。」《漢書·東方朔傳》「以蠡測海」，張晏曰：「蠡，瓠瓢也」，字皆借「蠡」。《九歎》「匏蟸蠹於筐簏」，《急就篇》「蟸升參升半卮匜」，則字皆從瓜。王伯厚注《急就》云：「《皇象碑》本作盍，李本作蠡。《廣韻》齊、薺韻皆有盍。」

余謂《集韻·十二齊》之「蠡，憐題切，瓠也。」而《八戈》之「蠡，盧戈切」，云：「蕃夷聚落謂之煩蠡。」又《二十三錫》「爏」字有「酈」、「酈」二形，云：「酈蠡，乾酪」，即張晏之說。下「煩」字亦云：「夷人聚落謂之煩。」然則方氏意謂燒其釜甑、簞瓢、飲食之具，義固可通，如呂向注及《集韻》所說。疑聚落之為煩蠡，直是夷語如此，不專指器具言也。《通雅》尚未免於混，至此注引張揖以「煩蠡」為山名，更無他證。

33. 唬錪瘢耆金鏃淫夷者數十萬人

注引如淳曰：「唬，括也。」孟康曰：「瘢耆，馬脊耆創瘢處。」

案：「唬」，《漢書》作「尢」，注亦引如、孟二說。又蘇林曰：「以耆字為著字，鏃著其頭也。」師古曰：「如孟說，則箭括及錪所中，皆有創瘢，於耆而被金鏃過傷者，復眾也。如蘇說，則括及錪所傷皆有瘢，又著金鏃於頭上而過傷者，亦多矣。」用字既別，分句不同。據今書本多作「耆」字，宜從孟。蓋孟以「耆」字斷句，而「金鏃」下屬。蘇以「瘢」字斷句，「鏃」字復斷句也。善注乃云「孟氏以為耆被金鏃過傷者甚眾」，誤矣。注又引服虔曰：「耆，蠡。傷者或矛鑹內未出，其瘡如含然，或箭插其項未拔，蓺若蠡焉。」此別一義，似「耆」字上下兩屬，而以唬為吮，故云「如含然」。五臣本「唬」作「吮」，此注亦云：「吮，辭兗切」，則「唬」為誤字。「尢」與「吮」聲相近，「唬」本字書所無，但如淳訓「唬」為「括」，不知何據也。

又案：宋本《漢書》附南唐張佖校語云：「字書無尢字，兗州本作沇。此『尢錪』合作『銳錪』。蓋即《說文》引『顧命一人冕執銳』，云：『侍臣所執兵者也』。」亦備一說。

34. 扶服蛾伏

注云：「《說文》曰：『匍匐，手行也。』扶服與匍匐，音義同。」

案：今《說文》作「匍，手行也。」「匐，伏地也。」《釋名》曰：「匍，小兒時也。匍，猶捕也，藉索可執取之言也。匐，伏也，伏地行也。人雖長大

及其求事盡力之勤，猶亦稱之。」《詩·邶風》「匍匐救之」，《禮記·檀弓》引作「扶服救之」。又《左傳·昭二十一年》「扶服而擊之」，釋文竝云：「扶服，本作匍匐。」是通用也。後《解嘲》「扶服入橐」，彼注不釋，蓋已見於此。

35. 拮隔鳴球

五臣本「拮隔」作「戞擊」。

案：《漢書》正作「拮隔」。胡氏《考異》以五臣援東晉《古文尚書》改竄為陋，然「戞擊」字不始於東晉。蓋《今文尚書》作「拮隔」，《古文尚書》作「戞擊」。此《古文尚書》非梅賾之本，乃馬、鄭相傳之真古文也。觀《尚書》釋文引馬注云：「戞，擽也。」與此注引韋昭說「拮，擽也」相合。是「拮」即「戞」字，馬本固作「戞」矣。韋昭又云：「古文『隔』為『擊』。」謂《今文尚書》之「隔」字，《古文尚書》作「擊」也。韋昭固未見東晉書者，則作「戞擊」，不得專屬梅賾本可知，特五臣改之為非耳。

射雉賦　潘安仁

36. 徐爰序注云：晉邦過江，斯藝乃廢。歷代迄今，寡能厥事

案：郝氏《晉宋書故》云：「《晉書·武帝紀》『咸寧三年，帝將射雉，慮損麥苗而止。』《職官志》『太康末，武帝嘗出射雉，逼暗乃還。』《周訪傳》『訪於陳後，射雉以安眾心。』又《世說·箴規篇》『射雉一事，孫休嘗所措意。』至宋世，君臣耽槃流蕩忘歸〔1〕。見於《文九王·休仁傳》、《休祐傳》及《沈懷仁傳》、《阮佃夫傳》者不一。徐長玉身居恩倖，自當靡役不從，顧云『寡能厥事』。蓋欺飾之諛言，或以主多忌諱，掩過，遂非耳。」

余謂此「射雉」，如賦中所敘，專用媒翳伏弩而射之，與原野逐禽有別。尚不若田獵可習武事，豈萬乘所宜親？安仁賦非奉詔作，故祗有此焉。君舉一語，篇末戒樂而無節，殆亦曲終奏雅之義與？

【校】

〔1〕「耽槃流蕩忘歸」，郝懿行《晉宋書故》作「耽槃流蕩，娛樂忘歸」。

37. 天泱泱以垂雲

注引《毛詩》：「英英白雲」，謂「泱與英，古字通。」

案：「泱」、「英」，皆从央聲，故或通用。《詩・白華》釋文：「英英，《韓詩》作泱泱。」賦蓋本之。但李注引《韓詩》者甚多，此何不引《韓》而引《毛》也？

38. 雉鷕鷕而朝雊

徐注云：「雌雉不得言雊。顏延年以為誤用。《詩》『有鷕雉鳴』，則云求牡，及其朝雊，則云求雌。今云然者，互文以舉雄雌皆鳴也。」

案：鄭箋：「雊，雉鳴也」，不專系雄。毛傳以鷕為雌雉鳴。今《說文》「鷕」之義同毛，而「雊」下作「雄雌鳴」。李氏《紲義》遂為「雊」訓本兼雄雌。潘賦注乃曲圓之。段氏《說文》訂云：「兩宋本及各本，雊皆誤雌，惟《類篇》不誤。小徐本作雌雉鳴，尤誤。」姚嚴《校議》亦云：「《高宗肜日》疏、《小弁》疏、《文選・長笛賦》注、《一切經音義》卷十，皆引作雄雉。」

余謂觀諸所引，知唐以前《說文》原如是，誤在宋後耳。延年豈未見《說文》而作此語。且雄雌鳴也，殊不辭。雊自屬雉，許何不云雉鳴耶？李氏殆強為之說。若此賦，則段云「渾言不別」者，是也。

39. 瞚悍目以旁睞

注云：「悍，戾也。」

案：孫氏《考異》引圓沙本云：「《左傳》『睅其目』，悍作睅。」

余謂《說文》「睅，大目也」，正合《左傳》「皤其腹」相對。此處與上「勁骹」為偶，則宜從剛戾之義，不必用《傳》文也。

40. 鷽綺翼而經捬

注云：「鷽，文章貌也。《詩》：『有鷽其羽』。」

案：「鷽」為俗字，疑本「鸚鵡」字之省，以音同，遂移作「鶯」之或體。《桑扈》詩毛傳：「鶯鶯然有文章也。」此注正本之。《說文》：「鶯，鳥也」，亦引《詩》語。段氏議其誤改用傳文而紲義。因釋文云「《說文》作『雇』」，謂許書當是「鶯，雇也」，與「鶪，雇也」一例。訛為「鳥」者，乃籀文「鳳」之爛字。然釋文特箸「扈」、「雇」之異，其「鶯」下仍云「有文章也」。若作「有雇其羽」，「有雇其領」，豈復成文，義牽率如是，不如遵毛傳為愈矣。

41. 思長鳴以效能

注:「能,怒代切。」

案:「能」字古與「耐」通,故有奴來、奴代二反,平去雖殊,其音一也。今韻部以「黃能」字入灰韻,而「才能」字則入蒸韻,非古音矣。此賦「能」與「態」、「睞」、「背」為韻。「態」从能,當亦聲。《楚辭》:「紛吾既有此內美兮,又重之以修能。扈江蘺與白芷兮,紉秋蘭以為佩。」正與相合。江氏永謂:「能字,自江左以降,始以方音讀奴登反。《後漢書·郭杜孔張傳》贊『羊賈廉能』,與『朋』、『肱』、『輔』為韻。《文心雕龍》『以盡厥能』,與『恒』、『朋』、『騰』為韻。晉時,此音尚未改。」良然,然不引此賦以證,何也?

42. 恐吾游之晏起

徐注云:「游,雉媒名。江、淮間謂之游。」

案:《說文》:「囮,譯也。率鳥者繫生鳥以來之,名曰囮。」重文為「𪁘」。《廣雅·釋言》:「囮,𪁘也。」曹憲竝音由。王氏《疏證》云:「囮,从化聲,讀若譌。𪁘,从繇聲,讀若由。蓋義同而音異。《說文》𪁘字注音云:『囮也,从口,繇聲。』而今本云:『囮,或从繇』,則後人據《玉篇》改之也。游,即𪁘之借字,不得與囮同音。」段氏說略同,又證以唐呂溫有《由鹿賦》,「游」與「由」,皆即「𪁘」字。

余謂《說文》「譯」字,段云「當作誘」,是也。《玉篇》:「誘,引也。」故賦下文云「良游呃喔,引之規裏。」「游」既為「𪁘」,不必復從「游」生義。但「游」、「誘」聲同,或如兵法之以游騎誘敵耳。徐爰乃以為游者,言可以游,似非。

43. 丹臆蘭綷

徐注云:「綷,同也。宋、衛之間,謂混為綷也。」

案:此注本之《方言》。又《漢書·司馬相如傳·大人賦》云:「綷雲蓋而樹華旗」,顏注:「綷,合也。」本書《景福殿賦》「綷以紫榛」,注:「綷,猶雜也。」義竝相通。蓋「綷」為「萃」之借音字。「萃」,聚也。《子虛賦》「萬端鱗崪」,注:「崪與萃同。」《江賦》「瑤珠怪石琗其表」,注:「琗與綷同。」偏旁各異,而實亦無別也。

44. 飛鳴薄廩

徐注云：「廩，翳中盛飲食處，今俗呼翳名曰倉也。」

案：《廣雅・釋器》：「篍，翳也。」王氏《疏證》云：「篍，曹憲音廩，古通作廩。《管子・戒篇》云：『桓公弋在廩。』《韓非子・外儲說》云：『齊宣王問弋於唐易子曰：「弋者奚貴？」唐易子曰：「在於謹廩。」』」

余謂《說文》「籛，雖射者所蔽也。」《廣雅》「籛」與「篍」並稱，疑「篍」為「籛」之聲轉。「覃」、「咸」部本與「侵」通也。「篍」、「廩」又音近，遂或為「廩」。若因「廩」而傅會得「倉」之名，則徐爰已言出自俗傳矣。

45. 無見自鴟

注云：「鴟，音脈。字亦從脈。《方言》曰：『俗謂黠為鬼脈』，言雉性驚鬼黠。」

案：《篇海》云：「鴟，鳥驚視貌。」「鴟」為「鴟」之本字，然字當从目。《說文》：「眽，目財視也。」段以《廣雅》作「邪視」為是，「邪」宜作「衺」。此處「鴟」字，蓋即《說文》之「眽」，俗體加鳥耳。故注言「字亦從脈」，「脈」則「眽」之譌也。「眽」字，別見後《古詩十九首》。

又案：《方言》云：「南楚以南，凡相非議人謂之讁，或謂之眿。」「眿」，又慧也。注云：「今名黠為鬼眿。」此注《方言》下脫「注」字，「脈」當作「眿」。

46. 籌分銖，商遠邇。挨懸刀，騁絕技

案：「邇」字當本作「近」，觀徐注「計其分銖，商其遠近也。」「分銖」、「遠近」俱正文字，可見殆後人疑「近」字不叶韻而改之。江氏永謂：「《詩》『會言近止』，韻偕『邇』，並引此賦以『近』韻『技』。又江淹《祭戰士文》：『千秋同盡，百齡一世。魂而有知，咸無遠近。』『近』與『世』韻。又云《詩》『往近王舅』，毛讀已，鄭讀記。『㫑』與『近』，皆从斤聲。『㫑』，古音芹，而今音祈。『近』，今音渠謹切，而古音渠豈切，音之互異也。」然《崧高》詩之「近」，本當作「㞓」。《說文・辵部》「㞓」字云：「古之遺人，以木鐸記詩言。讀與記同。」蓋假借為語詞。《六經正誤》云：「㞓字，今訛作近」，是也。阮氏《校勘記》云：「釋文：『近音記。』當本作㞓，今作近者，後人改之，近不得音記。」

余謂江氏不知「近」之宜為「迟」，而于「紙」、「旨」部，別收「十九隱」，則非無據。蓋即「支」、「微」與「真」、「文」相通之理。

北征賦　班叔皮

47. 夕宿瓠谷之玄宮

注引《爾雅》周有焦穫。郭璞曰：「今扶風池陽縣瓠中是也。」

案：今《爾雅》「穫」作「護」。《詩》「玁狁匪茹，整居焦穫。」《正義》亦引郭說。《水經·沮水》注云：「鄭渠，上承涇水於中山西邸瓠口，所謂瓠中也。《爾雅》以為周焦穫矣。」《元和志》：「焦穫藪，亦名瓠口，即鄭、白二渠。」「穫」與「瓠」音同，澤在今涇陽縣西北。今涇陽，本漢池陽地，與安定郡之涇陽，為今平涼縣者異。故《詩》下文「至于涇陽」，鄭箋云：「涇水之北」，不以為《漢志》之涇陽也。

48. 歷雲門而反顧

注云：「雲陽古縣，在池陽西北，屬右扶風。雲門，即雲陽縣門。」

案：《漢志》雲陽、池陽俱屬左馮翊晉池陽為扶風郡治。錢氏《斠注》云：「雲陽在今淳化縣西北五十里」，又「涇陽縣西北七十里有雲陽鎮，唐縣也。漢縣更在西北。」

余謂《寰宇記》引《水經注》「五龍水出雲陽宮西南」，今其水正在淳化。而《方輿紀要》言雲陽在涇陽者，殆據李注以唐縣為漢縣與？洪氏《圖志》兩載之。

49. 息郇邠之邑鄉

注云：「《漢書》右扶風栒縣《志》以栒邑為縣名，非栒，一字也有豳鄉。《詩》豳國，公劉所治邑也。栒與郇同。豳與邠同。應劭曰：『《左傳》云：「畢、原、豐、郇，文之昭也。」郇侯、賈伯伐晉是也。』臣瓚曰：『按《汲郡古文》，晉武公滅郇以下郇字，《漢志》注俱作荀。以賜大夫原點《漢志》作黯，是為郇叔。』又云：『文公城郇。』然則當在晉之境內，不得在右扶風之界也。今河東有郇城，古郇國。」

案：此條注語，惟「栒與郇同」二句，係李氏所增，餘皆本《漢書·地理

志》注，蓋李氏間亦引顏監說也。但彼處下有師古曰「瓚說是也」。此枸讀與荀同，自別邑耳，非伐晉者，而此刪之耳。

余謂賦云「郇邠之邑鄉」，蓋「邑」為枸邑，「鄉」為豳鄉也。《說文》「郇」字云：「周文王子所封國，在晉地」，與臣瓚合。左氏《僖二十四年傳》曰「軍于郇」，曰「盟于郇」，杜注：「解縣西北有郇城。」在《漢志》，解屬河東郡也。是周時晉地之「郇」，為郇國，即《詩》郇伯之國，而豳地無郇。漢於右扶風置枸邑，本為「枸」，不為「郇」，後人以同音，亦稱「郇」。猶晉地之郇，或名荀，而筍簴之筍，或作枸也。應氏殆因此致混。若《說文》「邠」字云：「周大王國，在右扶風美陽。」又「豳」字云：「美陽亭，即豳也。」民俗以夜市有豳山，考前後二《志》竝言豳鄉在枸邑，非美陽。徐廣曰：「新平漆縣之東北有豳亭，漢右扶風之漆與枸邑，皆是豳域。漆以漆水在縣西而名，即《詩》所謂『自土沮漆』者也。」「美陽」，則《漢志》注云：「《禹貢》岐山在西北中水鄉，周太王所居」，是岐非邠。以今地核之，「邠」即今陝西之邠州。美陽乃今鳳翔府岐山、扶風二縣地，美陽不得有豳亭。《說文》「邠」字注與注「岐」無異，並「豳」字注，直許氏之誤矣。

50. 慕公劉之遺德，及行葦之不傷

注引《毛詩序》曰：「行葦，忠厚也。」

案：《行葦》之詩，漢儒皆以為公劉。此賦外，如《後漢書·寇榮傳》榮上書曰：「公劉敦行葦，世稱其仁。」王符《潛夫論·德化篇》引此詩而云：「公劉厚德，恩及草木羊牛六畜，且猶感德。」又《邊議篇》云：「公劉仁德，廣被行葦。」趙長君《吳越春秋》云：「公劉慈仁，行不履生草，運車以避葭葦。」竝見惠氏棟《九經古義》所引。惠云：「長君從杜撫受學，義當見《韓詩》是也。」

余謂《大雅》以《行葦》次《生民》，一頌后稷，一頌公劉，正同，但不若《篤公劉》篇明言之耳。且意與小序言「周家忠厚，仁及草木」亦相合。善注多引《韓詩章句》，而此不及，似疎。

又案：孔氏廣森於惠所引外，別及《蜀志·彭羕傳》「體公劉之德，行勿翦之惠。」謂：「翦與踐通。《玉藻》『弗身踐也』，鄭讀為翦是已。《行葦》以下四篇，次《生民》之後，《篤公劉》之前。而《鳧鷖》《既醉》並言『公尸』，『公尸』者，先公之尸也。《生民》美后稷，此為美公劉，蓋亦近之。」此說

喜與余合，但必四篇連言，則中隔《假樂》一篇，無從安放，似不如單舉前二篇。

51. 登赤須之長坂，入義渠之舊城

注云：「赤須坂，在北地郡。義渠，城名，在北地，王莽改為義溝。《水經注》曰：『赤須水出赤須谷，西南流注羅水。』」

案：此所引酈注，為今本之逸文。《寰宇記》云：「真寧縣羅川水出羅山。寧州，古公劉邑，春秋為義渠戎國，有義渠城，即《漢書·地理志》『北地郡，義渠道也。』」《方輿紀要》：「義渠城在今寧州西北，秦厲共公十六年伐義渠，虜其王《史記》為三十三年事，此誤也。惠文君十一年，縣義渠。」又《史記集解》引《括地志》：「寧、慶二州，春秋及戰國時，義渠之地。」《漢書·匈奴傳》亦云：「岐、梁、涇、漆之北有義渠戎。」師古曰：「此漆水在新平。」

52. 忿戎王之淫狡，穢宣后之失貞。嘉秦昭之討賊，赫斯怒以北征

注引《史記·秦本紀》曰：「昭襄王母，楚人，姓芊氏，號宣太后。秦昭王時，義渠戎王與宣太后亂，有二子。宣太后詐而殺義渠戎王於甘泉，遂起兵伐滅義渠而得其地。」

案：此注自「秦昭王時」以下，《史記》無之，乃見於《漢書·匈奴傳》，誤合為一。蓋《史記》於始皇為呂氏子及嫪毐之亂太后皆不載於《本紀》，固史家之體也。但《傳》言太后殺戎王，似非。當是昭王殺之，故賦云「秦昭討賊」也。

53. 騑遲遲以歷茲

注引《說文》曰：「驂，傍馬也。」或謂「驂」上當有「騑」字。

案：古書皆言「騑即驂」。《儀禮》「覲禮，使者降以左驂出。」注：「騑馬曰驂」。《禮記·檀弓》「使子貢說驂而賻之」，注同。《續漢書·輿服志》注引徐廣曰：「馬在中曰服，在外曰騑。」騑亦名驂，其餘不勝舉。惟本書《陽給事誄》「如彼騑駟，配服驂衡。」注云：「在服之左曰驂，右曰騑。」此蓋因「騑驂」兩字竝用而強分之，然其為旁馬則一。今《說文》「騑」字云：「驂旁馬也」，義不可通。段氏因於「驂」下增一「也」字，作「驂也，旁馬也。」驂即旁馬，許書恐無此累疊之訓，且憑肊增字，亦嫌無據。不知《檀弓》正義引《說文》但云：「騑，旁馬」，竝無「驂」字。當是《說文》

舊本如是。而今本《說文》「驂」字為誤衍。此處李注當本作《說文》曰：
「騑，旁馬也。」校者據今本《說文》加「驂」字於旁，或遂認以「驂」改
「騑」，轉抹卻「騑」字矣。後《洛神賦》注又引《說文》「騑，驂駕也。」
語雖異，而謂「驂」之即「騑」義，固無別。

又案：《詩·干旄》「良馬五之」，《正義》引王肅云：「夏后氏駕兩，謂之
麗；殷益以一騑，謂之驂；周人又益一騑，謂之駟。本從一驂而來，亦謂之驂，
經言驂，則三馬之名。」此蓋以「驂」字从參，會意，似「驂」與「騑」亦微
別。因之有「左驂」、「右騑」之說。然肅語，《正義》引《王度記》已駁之。
且《詩·大叔于田》及《車功》竝云：「兩驂是兩旁馬皆謂之驂，固通言之矣。」
即肅云「益一騑，謂之驂」，何嘗非騑即驂耶？

54. 過泥陽而太息兮

注云：「《漢書》北地郡有泥陽縣。」

案：《漢志》泥陽下云：「莽曰泥陰。」應劭曰：「泥水出郁郅北蠻中。」
應說與《說文》正同。今甘肅慶陽府安化縣治，即郁郅故城也。《元和志》以
為慶州城，即漢郁郅城，則是今慶陽府城矣。《史記正義》：「泥陽故城，在羅
川縣北三十一里。」《地形志》：「陽周有泥陽城。」《方輿紀要》云：「泥陽城
在今寧州東南五十里，本秦邑。漢初，酈商破雍將蘇駔軍于泥陽，即此。」

55. 釋余馬於彭陽兮

注云：「《漢書》安定郡有彭陽，即今彭原是也。」

案：《方輿紀要》云：「彭陽城，在今鎮原縣東八十三里。《括地志》：『城
西去臨涇二十里。』漢置縣，屬安定郡。文帝十二年，匈奴入犯，至彭陽。後
漢靈帝初，段熲討叛羌，自彭陽直指高平是也。」

余謂隋開皇初，改縣曰彭原，屬寧州。唐武德元年，於彭原置彭州治，故
李氏以為今彭原矣。若《元和志》既云「彭陽城在彭原縣西南六十里」，又云
「在豐義縣西四十里」。豐義城亦在今鎮原縣東，彭陽廢縣界。蓋各言其所距
之地耳。

56. 登障隧而遙望兮

注云：「《說文》曰：『隧，塞上亭，守烽火者也。』篆文從火，古字通，
隧或為墜。《說文》曰：『墬，古文地字也。』」

案：此注頗參差。《說文·館部》「饡」字，「从館，从火，遂聲。」重文「餞」，云：「篆文饡省」。是《說文》「餞」，篆从自，兼从火，但不从辵也。惟《玉篇》《廣韻》「隧道」字从自，「燧燧」字从火，而皆从遂。此處若專作「烽燧」解，則不可云「登」。故從《說文》「塞上亭」之說，而字則從《篇》《韻》，乃謂「篆文从火」，殊與《說文》不合。至《說文》「地」之籀文為「墬」，「从自、土，彖聲。」「彖」在《互部》，較彖象之彖，多一畫，讀若弛，故「墬」字以為聲。今「墬」誤作「墜」，似「燧」與「墜」，僅从辵、从土之稍異者，尤非也，即或傳寫致誤。然「隧」與「墬」無涉，而云「隧，或為墬」，亦未知何據。殆當時別本有作「墬」者，乃「隧」之形似而誤矣。

57. 谷水灌以揚波

注引《管子》曰：「山水之溝，命曰谷水。」

案：上已云「望山谷之嵯峨」，此似非仍以山谷之水泛言之。疑所稱即漢武威郡姑臧之谷水。姑臧，今涼州府城。《後漢書》注「今涼州縣也。」前標題下注引《流別論》「班彪避難涼州」，當是其地。後乃赴安定，中歷長城至朝那，而及高平。時方登高遠望，故云「野蕭條以莽蕩，迴千里而無家」，不必定在高平本境也。且谷水正南循長城而北見錢氏《新斠注漢志》，高平，今平涼府之固原州。洪氏《圖志》云：「秦長城在州西北六十里」，合之賦言「遵長城之漫漫」，知其地相延接矣。若以為高平之水，則《水經·河水二篇》「東北至安定北界」，注云：「河水又東北，高平川水注之，即苦水也。水出高平大隴山苦水谷。」又云：「川水北出秦長城，又西北流，合一水。水有五源，咸出隴山西。東水發源縣西南二十六里湫淵，淵在四山中。」《漢志》安定郡朝那縣有湫淵祠，朝那在今平涼府城北。《通典》平涼縣，漢朝那縣地，即賦前文所云「弔尉邛於朝那」者也。山谷之水或如此等，可以當之。然似以谷水為水名者近是，但與弘農之谷水，其地各異。別見後《西征賦》「曹陽」下。

東征賦　曹大家

58. 諒不登樔而椓蠡兮

六臣本「樔」作「巢」。

案：《說文》「巢」為部首，云：「鳥在木上曰巢。」《木部》「樔」字云：「澤中守艸樓。」蓋謂澤中守望之艸樓也。左氏《成十六年傳》「楚子登樔車」，謂樓車也。「樔」字从巢者，以其高如鳥巢也。《禮記》「夏則居橧巢」，釋文：「樔，本又作巢。」《孟子》「下者為巢」。上古聖王因鳥巢而構木以居人，故稱「有巢氏」。則鳥居為「巢」，人居當為「樔」。「樔」、「巢」通，古字多省偏傍也。

59. 歷七邑而觀覽兮

注引《史記》徐廣注：「周比亡之時，凡七縣：河南、洛陽、穀城、平陸、偃師、鞏、緱氏。」

案：《漢志》河南郡河南下注云：「故郟、鄏地。周公營以為都，是為王城，至平王居之。」餘六縣皆郡，所屬惟「平陸」，《史記》注作「平陰」。《志》引應劭曰：「在平城南，故曰平陰。」此注「陸」字，蓋以偏旁相涉而誤，而胡氏《考異》本未及。

60. 遭鞏縣之多艱

注云：「《漢書》河南郡有鞏縣。」

案：《方輿紀要》：「鞏城，在今鞏縣西南三十里，周鞏伯邑，西周惠公封少子班於此，為東周。」據《史記·秦本紀》：「莊襄王元年，東周君與諸侯謀秦，秦使呂不韋誅之，盡入其國，以陽人地賜周君。又使蒙驁伐韓，韓獻成皋、鞏。」蓋東周於是亡，故云遭艱也。

61. 歷滎陽而過卷

注引應劭曰：「卷，故虢國，今虢亭是也。」

案：卷縣為今懷慶府原武縣地，漢屬河南郡，晉改屬滎陽郡。《水經·濟水一篇》注云：「索水又東逕虢亭南，應劭曰：『滎陽，故虢公國也』，今虢亭是矣。」《郡國志》曰：「縣有虢亭。」此引應說，即善注所引，而以為滎陽非卷也，特卷亦郡之屬耳。錢氏坫云：「《通典》：『卷，故城在原武縣東。』《括地志》：『在西北，即衡雍。』《史記·秦本紀》作『垣雍』。《水經注》：『濟隧上承河水，逕卷縣故城東，又南逕衡雍城西。』則卷在西北，衡雍在東南。」

62. 涉封邱而踐路兮

注云：「《漢書》陳畱郡有封邱縣。應劭曰：『即《春秋》所謂「敗狄于長邱」。』」

案：《漢志》封邱下引孟康說，與應氏同。又云：「今翟溝是。」《方輿紀要》云：「翟溝在縣南八里，即白溝也。音轉為翟，因宋敗長狄僑如於此，得名。」今封邱仍為縣，屬衞輝府。稱「封邱」者，《續漢志》云：「古封父之國。」

63. 遂進道而少前兮，得平邱之北邊。入匡郭而追遠兮，念夫子之厄勤

注引《漢書》陳畱郡有平邱縣。又下「蒲城」注引《史記》徐廣注曰：「長垣縣有匡城蒲鄉。」

案：匡地，賦云「平邱」，而注為「長垣」者，《漢志》長垣與平邱俱屬陳畱郡。《春秋·昭十三年經》「會于平邱」，杜注：「在陳畱長垣縣西南」，是「平邱」本亦長垣之地。《通典》「長垣故城在匡城縣南。」閻氏若璩《四書釋地》云「今大名府長垣縣西南一十五里有匡城」，則長垣曩屬開封，而今屬大名矣。長垣之南與平邱之北正相近，賦云「北邊」，不謂即在平邱。蓋由平邱過匡而後至長垣，故此言「入匡郭」，下乃言「到長垣之境界」也。後世郡縣屢有更置，或致參差耳。

余疑《通典》「南」字為「北」之譌。

64. 蘧氏在城之東南兮，民亦尚其邱墳

注引《陳畱風俗傳》曰：「長垣縣有蘧鄉，有蘧伯玉冢。」

案：《水經·濟水篇》注云：「長垣縣有羅亭，故長羅縣也。後漢省並長垣，有長羅罘、蘧伯玉罘」，下亦引《風俗傳》及此賦語為證。而於「尚其邱墳」之「尚」作「饗」，是也。

65. 吳札稱多君子兮

注引《左傳》曰：「季札適衞，說蘧瑗、史狗、史鰌、公子荊、公叔發，謂公子朝曰：『衞多君子，未有患也。』」

案：今《左傳》無「謂」字。《水經注》又云：「昔吳季札聘上國，至衞，觀典府，賓亭父疇，以衞多君子也。」與《傳》不同，未詳所據。

66. 貴賤貧富，不可求兮。正身履道，以俟時兮

案：「求」與「時」韻，江氏《古韻標準》分「尤部」字與「支」、「灰」等韻，叶者是也。江氏多不引漢賦，如災字，引《易・旅》《大畜》二卦與「尤」韻，《無妄》與「牛」韻。而《北征賦》首聯「災」字，亦與「雷」、「游」韻矣。又「列」、「裘」、「俅」而不列「求」字，以此賦證，尚未備。

又案：《鵩鳥賦》：「天不可預慮兮，道不可預謀。遲速有命兮，孰知其時。」結處「細故蔕芥兮，何足以疑」，與上「休」、「舟」、「浮」、「憂」韻，此類皆是也。

西征賦　潘安仁

67. 思纏縣於墳塋

注引《河南郡圖經》曰：「潘岳父冢，鞏縣西南三十五里。」

案：《水經・洛水篇》注云：「羅水又西北逕潘岳父子墓前，岳父茈，瑯琊太守，碑石破落，文字缺敗。」此在洛水東，過偃師縣南之下。下又云：「東北過鞏縣東。」是其冢，蓋兩縣相距不遠也。

68. 過街郵

注引《水經注》曰：「梓澤西，有一原，古舊亭處，即街郵也。」

案：此文見「灅水」條云：「穀城縣北有潛亭，灅水出其北梓澤中，其水歷澤東南流，水西一原，其上平敞，古朁亭之處也」，下即引此賦語。「朁亭」，一作「潛亭」，或加水耳。李注引作「舊亭」，本亦有作「舊亭」者，誤也。據《漢志》「灅水出穀城縣朁亭北。」《續漢志》注引《博物記》曰：「出朁亭山。」然酈氏以為「其上平敞」，則非山矣。

69. 秣馬皋門

注引《水經注》曰：「石卷瀆口，高三丈，謂之皋門橋。」

案：此文見「穀水」條云：「穀水北引渠東，合舊瀆。舊瀆又東，晉惠帝造石梁於水上。元康二年，改治石巷、水門巷，東西長七尺，南北龍尾廣十二丈，巷瀆口高三丈，謂之翠門橋」，下即引此賦語。「巷瀆」，此注作「卷瀆」，以形似致誤。「皋門」，一作「翠門」者，《詩・鶴鳴》毛傳：「皋，澤

也。」「澤」省水旁,即為「睪」,故《尚書‧皋陶》《列女傳》作「睪」也。

70. 豈時王之無僻,賴先哲以長懋

案:顏師古《匡謬正俗》云:「《左傳》韓厥曰:『夫豈無僻,王賴前哲以免也。』免,謂免禍難。賦云『長懋』,懋訓勉勵之勉,改《傳》文,於義未協。」

余謂此二語雖本《左傳》,不必用其免難之意。蓋謂蒙先澤而得長世,義正可通。「懋」通「茂」,《詩》「德音是茂」,鄭箋:「茂盛也。」故李注亦釋為「盛」,何得訓「懋」以「勉」,議其改「免」字乎?《說文》「茂」為「草豐盛」,與《林部》「楙」字云「木盛也」,音義皆同,引伸為凡「盛」之稱。注引《說文》當云:「楙,盛也。楙與懋通。」斯得。

71. 咨景悼以迄丐

注云:「敬王,子猛母弟丐也。」

案:《水經‧洛水篇》注云:「洛水枝瀆,又東北逕三王陵。三王,或言周景王、悼王悼王即子猛、定王也。魏司徒公崔浩注《西征賦》云:『定當為敬。』子朝作難,西周政弱人荒,悼、敬二王與景王俱葬於此,故世以三王名陵。」朱氏謀㙔箋云:「崔時所傳潘賦,或作定、悼,故云定當作景,傳寫者又誤以景為敬耳。」孫氏《考異》云:「賦文不及定王,崔注疑本云丐當為敬,景、悼皆舉諡,不應丐獨稱名。」

余謂孫說是也。敬王名匄,《玉篇》「匄」亦作「丐」,與「定」字篆形相似,故致誤。酈注又云:「《帝王世紀》言景王葬于翟泉,今洛陽太倉中大冢是也。而復傳在此,未詳。悼、敬二王,稽諸史傳,復無葬處。今陵東有石碑,錄叔王以上世王名號,考之碑記,周墓明矣。」據此,則三王葬地,本屬傳疑。此賦雖未言陵,而三王竝稱,殆亦以舊所傳者,致憑吊與?

72. 澡孝水而濯纓,嘉美名之在茲

注云:「澡」,《水經注》作「濟」。《字林》曰:「孝水,在河南郡。」酈元曰:「在河南城西十餘里。」

案:此所引見《穀水篇》上引《山海經》曰:「平蓬山西十里曰廆山,俞隨之水出于其陰,北流注於穀,世謂之孝水也」,下即以此賦二語為證,而「濟」仍作「澡」。趙氏一清謂:「觀此注知唐時官本原是濟字,古隸齊作㐱,形與桑

似，故濟、澡互異耳。」

余謂「澡」與「濯」訓同，不應竝言，殆後人轉據《文選》改之。酈注又云：「戴延之言孝水在函谷關西，劉澄之又云出檀山，檀山在宜陽縣西，在穀水南，無南入之理。」茲說當承緣生《述征緡誌》耳。《方輿紀要》則言「孝水在今河南府西二十里，出谷口山。本名谷水，晉王祥負冰於此，因名，北流入于穀水。」

73. 亭有千秋之號，子無七旬之期

注引《傷弱子序》曰：「三月壬寅，弱子生，五月之長安。壬寅，次新安之千秋亭。甲辰而弱子夭，乙巳瘞于亭東。」

案：《水經·穀水篇》注云：「又東逕新安縣故城南，有東逕千秋亭南，其亭纍石為垣，世謂之城」，下即引此賦語。云「無七旬」者，自三月壬寅至五月甲辰，僅得六十三日也。

74. 登崤坂之威夷

注引《韓詩》曰：「周道威夷。」薛君曰：「威夷，險也。」

案：《爾雅》說「八陵」曰「西陵威夷。」《漢志》「威夷」作「郁夷」，屬右扶風，皆地名也。此處當作虛用，與下句「嵯峨」相對。郝氏以李注所引為非，殆不然。觀《廣雅》作「陬陜」，亦云「險也。」則《爾雅》之「西陵」當是，本以險而得名矣。

75. 殆肆叔於朝市

翰注：「肆，捨也。言若值庸主自矜很戾，豈能捨蹇叔朝市之刑哉？殆必殺之也。」

案：「肆」字之訓甚多，無云「捨」者，此不知何據。賦語本正說，何曾作此反揭，於文義亦未合。李注引《論語》「肆諸市朝」，正愜當，乃故為異論，非也。

又案：五臣釋「肆」字迂曲，而其以叔為蹇叔，則不誤。李注云「戮三帥」，張氏《膠言》因「疑叔或殺字之譌」。然彼時「三帥」已為晉所獲，秦何從戮之，豈能預計晉之必歸乎？且上言「矜愎」，正指蹇叔之哭怒，其言驗如後世袁紹之殺田豐也。何氏焯亦謂蹇叔為是。

76. 憩乎曹陽之墟

注引《弘農郡圖經》曰:「曹陽,桃林縣東十二里。」

案:《水經·河水四篇》注云:「河水右會谷水,水出南山,北逕曹陽亭西,魏氏以為好陽。《晉書地道記》:『亭在弘農縣東十三里,其水西北流,入于河。』河水又東,薔水注之。又東得七里澗,澗在陝西七里,因名焉。谷水自南山通河,亦謂之曹陽坑」,下即引此賦語。趙氏謂:「《後漢書·獻帝紀》『李傕、郭汜等追乘輿,戰于東澗,幸曹陽,露次田中。』章懷注:『曹陽,澗名,在陝西西南七里,俗謂之七里澗。曰曹陽,以在曹水之陽也。』」全氏又云:「善長疑曹陽即薔陽。」然師古注《陳涉傳》曰:「曹水出陝縣西南峴頭山,北流入河,今謂之好陽澗,在陝縣西四十五里。」則薔水外,固別有曹水矣。洪氏《圖志》於陝州靈寶縣亦云:「縣境有曹水、薔水,竝注河」,正與全說合。若《元和志》「陝縣既出曹陽墟」,而「靈寶」下又云「曹陽亭在縣東南十四里,陳涉使周文西入秦,秦使章邯擊破之,殺文於曹陽,即此地。」《寰宇記》同。惟「亭」作「城」,疑「城」是也。蓋城非臨水,後乃分隸兩縣耳。

77. 升曲沃而惆悵,惜兆亂而兄替

注云:「曲沃在河東聞喜縣。《水經注》曰:『《春秋》「晉侯使詹嘉守桃林之塞,處此以備秦。時以曲沃之官守之,故有曲沃之名。」』然此曲沃在西,今因名而說彼。」

案:上文「言陟陝郟」,詹嘉所守之曲沃城,正在今陝州西南四十里。《史記》「秦惠文君十一年,歸魏焦、曲沃」是也。若桓叔所封之曲沃,則見左氏《隱五年傳》,杜注亦云「在聞喜」。《漢志》:「聞喜,故曲沃。」江氏《考實》云:「秦改曲沃為左邑。漢武帝經邑之桐鄉,聞破南粵,因置聞喜縣。東漢罷左邑,移聞喜治此。故聞喜為曲沃,舊屬平陽府解州,今屬絳州。」

余謂安仁直是誤認,故《漢書·高帝紀》「十一年」下,顏注已議其疏繆,李氏此注特為曲全之耳。又河東別有曲沃縣,本晉之新田,亦曰新絳。漢置絳縣,至後魏太和中,始改曲沃,今仍為縣,屬平陽府。洪氏《圖志》言「杜佑以今之曲沃為春秋時曲沃邑,誤。」而《元和志》於曲沃縣云「因晉曲沃為名」,於聞喜轉不著。《寰宇記》同。皆失之。

78. 長傲賓於柏谷,妻覿貌而獻餐

注引「《漢武故事》:『帝微行,至柏谷,夜宿,亭長妻為殺雞作食』云云,

但未明柏谷所在。」

案：《水經‧河水四篇》注云：「河水又東合柏谷水，水出弘農縣南石隄山。山下有石隄祠，其水北流，逕其亭下，晉公子重耳出亡，及柏谷，卜適齊、楚。狐偃曰：『不如之翟。』漢武帝嘗微行此亭，見饋亭長妻。故潘岳賦『長傲賓於柏谷』，謂此亭也。」又《寰宇記》：「柏谷水，一名磐澗。」《方輿紀要》云：「柏谷，在今靈寶縣西南朱陽鎮。」

79. 紛吾既邁此全節

注云：「全節，即《漢書》全鳩里，戾太子死處。《圖經》曰：『全節，閿鄉縣東十里，鳩澗西。』」

案：「全鳩」，《漢書‧戾太子傳》作「泉鳩」。《續志》注引《皇覽》曰：「戾太子葬在閿鄉南。」《寰宇記》：「在縣南十六里。全節，則其所亡匿處也。」《水經‧河水四篇》注云：「河水又東逕閿鄉城南〔1〕，東與全鳩澗水合，水出南山，北逕皇天原東。《述征記》曰：『全節，地名也，其西名桃原。』」《方輿紀要》云：「泉鳩里，在今閿鄉縣東南十里，有泉鳩澗，一名全節水，北流入河，戾太子冢在澗東。又有歸來忘思臺址，皆漢武所作。」《一統志》：「今縣東北二十里有漢武思子宮城。」

【校】

〔1〕「城南」，《水經注校證》作「城北」。

80. 愬黃巷以濟潼

注引《述征記》曰：「河自關北東流，水側有坂，謂之黃巷坂。」

案：《御覽》五十三引《述征記》：「黃巷坂者，長坂十餘里，九坂皆迤邐。長阪，《東京賦》所謂『西阻九阿』是也。」彼作「黃卷」，與此注引異。《水經‧河水四篇》注亦云：「河水自潼關東北流，水側有黃巷坂。坂傍絕澗，涉此坂以升潼關」，下即引此賦語。今本「巷」，一作「卷」。《匡謬正俗》云：「黃巷者，蓋謂潼關之外，深道如巷，以其土色正黃，故謂之黃巷。過此長巷，即至潼關。說者乃曰巷當為卷音，去權反，今黃天原是。不知行道乃在平川，非逦源也。何得穿鑿，妄生意見。」據此，則「巷」之為「卷」，以字形相似而誤耳。《元和志》云：「黃巷坂，在閿鄉縣西北三十五里。」

81. 蘭池周曲

注引《三輔黃圖》曰：「蘭池觀在城外。」《長安圖》曰：「周氏曲，咸陽縣東南三十里，今名周氏陂，陂南一里，漢有蘭池宮。」

案：《水經·渭水下篇》注云：「成國故渠，又東逕渭城北。《地理志》曰：『縣有蘭池宮。』秦始皇微行，逢盜于蘭池，今不知所在。」《雍錄》云：「咸陽縣東二十五里蘭池陂，漢于其北立池陽縣。」《元和志》云：「陂自始皇引渭水為池，東西二百里，南北三十里，築為蓬萊山，刻石為鯨，魚長二百丈，置蘭池宮。」據此，則宮不始於漢矣。酈注又云：「故渠東逕漢丞相周勃冢南，渠東南謂之周氏曲。」《紀要》云：「漢賜周勃田宅於此陂，因以名。」

82. 軍敗戲水之上，身死驪山之北

注引《史記》「申侯與犬戎攻殺幽王驪山下」。又《國語》里革曰：「幽滅于戲。」

案：《水經·渭水下篇》注云：「渭水又東，戲水注之，水出麗山馮公谷。又北逕麗戎城東。又北逕戲亭東。蘇林曰：『戲，邑名，在新豐東南三十里。』孟康曰：『乃水名，今戲亭是也。』」下亦引幽王事。《方輿紀要》云：「驪山，在今臨潼縣東南二里，臨潼本漢新豐縣地也。」

83. 爆鱗骼於漫沙，隕明月以雙墜

注無所釋。

案：孫氏《補正》引金云：「《吳都賦》注引《異物志》曰：『鯨魚或死於沙上，得之者皆無目，俗言其目化為明月珠。』」此證甚合，而文義始晰。亦見《古今注》《廣州記》《述異記》諸書。

84. 若循環之無賜

注引《方言》曰：「賜，盡也。」

案：「賜」與「澌」通。《方言》：「澌，盡也。」《廣雅》同。王氏《疏證》謂：「鄭注《曲禮》云：『澌之言盡也，精神澌盡也。』正義云：『今俗呼盡為澌，即舊語有存者也。』《說文》：『澌，水索也。』《方言》同。郭注「盡也」。段氏謂：「索訓盡者，乃索之假借。入室搜索，有盡意也。」是訓「盡」之字，本為「澌」者，或省作「斯」。王氏又引「《金縢》『大木斯拔』，《史記·魯世家》作『盡拔』，《鄉飲酒禮》：『尊兩壺于房戶間，斯禁。』鄭注：

『斯禁，禁切地無足者。』疏云：『斯，澌也。澌，盡之名也。』」

余謂《詩》「王赫斯怒」，鄭箋：「斯，盡也。」《呂氏春秋・報更篇》：「宣孟謂䐁桑之餓人曰：『斯食之，吾更與女。』」高誘注：「斯，盡也。」亦或借「賜」字為之，《詩》釋文云：「斯，鄭音賜。」《說文》：「澌，曹憲音斯。」《玉篇》《廣韻》竝音「賜」，故此注即引《方言》「賜，盡也。」或又作「儩」，《新唐書・李密傳》：「敖庾之藏，有時而儩。」《困學紀聞》引作「賜」。張氏《膠言》以為「賜」乃本字，非是。「賜」之義，本不訓「盡」也。

85. 衞鬒髮以光鑒

注引《左傳》曰：「昔有仍氏生女，鬒黑而甚美，光可以鑑。」

案：「光鑒」字，固用傳語。而「鬒髮」連文，實本《詩》之「鬒髮如雲」，宜並引之。且《左傳》杜注「本作黰。」「黰」，從黑，與下「黑」字疊。《詩》釋文引服虔注《左傳》云：「髮美為鬒。」是服本作「鬒」矣。此處正文作「鬒」，亦當云「黰與鬒同。」

86. 率軍禮以長揖

注引《說文》曰：「揖，拜舉手下也。」

案：今《說文》「揖」字云：「舉手下手也。」《玉篇》引有「拜」字，與此合。左氏《成十六年傳》釋文引《字林》作「舉首下手」，皆可通。《周禮》「九拜，九曰肅拜。」先鄭注云：「肅拜，但俯下手，今時揖是也。」「揖」與「揖」，分兩字，此則「長揖」，即「長揖」。《漢書》所謂「介胄之士，不拜，請以軍禮見」者也。

87. 窺秦墟於渭城，冀闕緬其堙盡

注引《史記》曰：「秦孝公作為咸陽，築冀闕。」

案：《秦紀》為「孝公十二年，衞鞅所築，秦徙都之。」《始皇紀》：「秦每破諸侯，寫放其宮室，作之咸陽北坂上，南臨渭。自雍門以東至涇、渭，殿屋複道，周閣相屬。」《正義》引《三輔舊事》曰：「中外殿觀百四十五，後宮列女萬餘人，氣上衝於天。及項籍屠咸陽，燒秦宮室，火三月不滅。」漢、晉又皆非都此，故云「緬其堙盡」也。《方輿紀要》云：「渭城故城，在今咸陽縣東北十七里。」

88. 國滅亡以斷後，身刑轘以啟前

注云：「商鞅、李斯各有食邑，故曰國。刑轘之辟，二人為首，故曰啟前。」

案：孫氏《補正》引金氏甡云：「此似謂秦國滅亡於後，而鞅、斯誅戮於前，慨君臣之皆失也。玩上下語脈，可見轘刑春秋有之，不自商鞅始。解『啟前』未確」，此說是也。但轘刑尚非始於春秋，見後《天鑒九年策秀才文》[1]。

【校】

〔1〕《文選》（尤刻本）作「《天監三年策秀才文》」。

89. 感市閭之菆井

注云：「《說文》曰：『菆，麻蒸也。』菆井，即渭城賣蒸之市也。」

案：《說文》「蒸」字云：「折麻中幹也。」段氏謂：「折當作析，謂木音匹忍切其皮為麻，其中莖謂之蒸，亦謂之菆，今俗所云麻骨棓也。」東方朔《七諫》曰「菎蕗雜於廳蒸」，王逸注：「枲翩曰廳。枲翩者，枲莖也。」《說文·麻部》別出「廳」字云：「麻藍也。」小徐本無之，殆俗所增耳。

余謂此下句云「歎尸韓之舊處」，注引《漢書》「韓延壽坐棄市，吏民數千人送至渭城」，故以「菆井」為渭城之市。蓋唐時猶存其俗，李氏即所見言之矣。

90. 人百身以納贖

「贖」與「處」、「著」、「惡」、「具」、「務」、「傅」為韻，下文「泊恬靜以無欲」，亦與「御」、「慮」韻。與本書《景福殿賦》「匠石不知其所斲」，與「附」、「注」韻一例。

案：《詩·小戎》「駕我騏𩥇」，「𩥇」，之戍切。與「續」、「轂」、「玉」、「屋」、「曲」為韻。《角弓篇》「小人與屬」，「屬」，本之欲切。今與上「如塗塗附」韻。又《楚辭·天問》「九天之際，安放安屬。隅隈多有，誰知其數。」「數」，色句切。亦與「屬」韻。此去、入合也。觀《說文》「茮」、「餗」，皆从芺聲，而「茮，烏酷切。」「餗」，依據切」，可知其本相通矣。《選》賦中以入聲叶用者甚多，不知其故，或疑失韻。舉此以明之，餘可類推。

91. 成七國之稱亂，翻助逆以誅錯。恨過聽而無討，茲沮善而勸惡

注云：「錯，七故切。今協韻，七各切。」

案：錢氏《養新錄》云：「善說非也。漢鼂錯之名，晉灼讀為厝置之厝。師古據《申屠嘉傳贊》『責躬請錯，匪躬之故』，以晉音為是。古人讀善惡之惡亦去聲。安仁，西晉人，從此讀，正與『錯』韻。」故顧亭林曰：「先儒兩聲各義之說，不盡然。考惡字，如《離騷》：『理弱而媒拙兮，恐導言之不固。時溷濁而疾賢兮，好蔽美而稱惡。』又『何所獨無芳艸兮，爾何懷乎故宇。時幽昧以眩曜兮，孰云察余之美惡。』《趙幽王友歌》：『我妃既妒兮，誣我以惡。讒女亂國兮，上曾不寤。』此皆美惡之惡而讀去聲。漢劉歆《遂初賦》：『何叔子之好直兮，為羣邪之所惡。賴祁奚之一言兮，幾不免乎俎落。』魏丁儀《厲志賦》：『嗟世俗之參差兮，將未審乎好惡。咸隨情而與議兮，固真偽以紛錯。』此皆愛惡之惡而讀入聲。然則去、入之分，不過輕重之間，而非有此疆爾界也。」顧氏之說辨矣。讀《顏氏家訓》乃知「好」、「惡」兩讀，出於葛洪《字苑》。漢魏以前，本無此分別。觀賈誼書引顓頊曰：「功莫美于去惡而為善，罪莫大于去善而為惡，故非吾善善而已也，善緣善也；非惡惡而已也，惡緣惡也。」今人讀「善」、「惡」各分兩音。苟知緣善而善，緣惡而惡之義，則分之無可分矣。

余謂據顧、錢兩家之說，可見自六朝後，既有四聲，因之一字而區畫，音之平仄為義之虛實，至並欲概諸周秦以上之書，皆昧於古者也。惟潘賦此處「錯」、「惡」字，亦讀入聲，連上「寞」、「郭」、「謔」、「博」為韻。何僅截取下四句，而與上不相屬？恐善注正未可非，錢偶失檢耳。

92. 鶩橫橋而旋軫

注引潘岳《關中記》曰：「秦作渭水橫橋。」《雍州圖》曰：「在長安北二里，橫門外也。」

案：《方輿紀要》云：「橫橋，一名中渭橋，亦曰渭橋，在今西安府西北二十五里。秦始皇都咸陽，諸廟及章臺、上林，皆在渭南。架橋渭上，以通南北。」《黃圖》所謂「渭水貫都，以象天漢；橫橋南渡，以法牽牛」是也。《三輔舊事》「號石柱橋」，又「橫門為北出西頭第一門，亦曰橫城門。」

93. 驅吁嗟而妖臨

注引《漢書·王莽傳》曰：「鄧曄、于匡起兵，莽愈憂，不知所出。崔

發曰：『《周禮》國有大災，則哭以厭之。』莽乃率羣臣至南郊，搏心大哭。」

案：《莽傳》所載發言下又云：「故《易》稱先號咷而後笑，宜呼嗟告天以求救。」「呼嗟」與「吁嗟」同，而注失引。彼顏注又引左氏《宣十二年傳》：「楚子圍鄭，鄭人卜臨于太宮，且巷出車，吉，國人大臨，守陴者皆哭。」賦意蓋謂驅率眾人吁嗟而哭，如鄭人之大臨也。醜其事，故曰「妖」。注未明釋，則此語成鶻突矣。

94. 青蕃蔚乎翠濛

注引《說文》曰：「蕃，草茂也。」

案：上云「華蓮爛於溁沼」，與此為偶語。「蓮」乃實物，不應「蕃」字虛用，且亦不辭。《山海經·西山經》云：「陰山，其草多茆蕃。」郭注：「蕃，青蕃。」「蕃」，蓋「蘋」之借字，即《子虛賦》之「薜莎青蘋」，《上林賦》之「蔣芧青蘋」也。「蕃」、「蘋」音同，故可通。李注失之。

95. 紅鮮紛其初載，賓旅竦而遲御

注引毛萇《詩傳》曰：「南方有魚，遲之也。」善又自說云：「遲，思待之也。」

案：今毛傳但云「江漢之間，魚所產也」，竝無注所引。惟鄭箋曰：「南方水中有善魚，人將久如而俱罩之，遲之也。喻天下有賢者在位之人，將久如而竝求致之於朝，亦遲之也。遲之者，謂至誠也。」蓋毛意是，賦體箋易傳為興體矣。李氏《紬義》據此注謂：「唐初本傳首有此二句，言君子思待此魚以燕嘉賓，至誠如是。」

余謂善注引箋、傳，或不分別一條，見《魯靈光殿賦》。此亦當以箋語作傳語耳。觀傳文義不應有，果有之，則箋無庸複言，似不得輒云「今本毛傳有佚脫也」。

又案：注引傳誤者，如《東京賦》「東澹海潯」，引傳：「潯，崖也。」今《葛藟》傳：「潯，水隒也。」而上章之「浚」訓「崖」。《西京賦》「鮪鯢」，引傳：「鮪似鮎。」「奮鬣被般」，引傳：「鬣般，虎皮也。」傳竝無此語，其引箋者，如《舞賦》「洋洋習習」，引鄭玄《毛詩注》曰：「洋洋，莊敬貌。」又《詩》箋曰：「習習，和調貌。」然鄭君注毛詩，即箋也，乃分注與箋為二。「洋洋」，古亦無「莊敬」之訓，不知何據。至此賦引《毛詩》曰「褰裳涉洧」，又曰「攘袂而興」。是以「攘袂而興」為《詩》語，《詩》實無之，則引經亦間有誤。豈傳寫致謁舛與？並記於此，餘不悉及。

《文選集釋》卷十二

登樓賦　王仲宣

1. 挾清漳之通浦兮

注引《山海經》曰:「荊山,漳水出焉,而東南注于睢。」

案:《水經》「漳水」條云:「漳水出臨沮縣東荊山。」注云:「荊山在景山東一百餘里。」「沮水」條則云:「景山,即荊山首也。」注下又云:「南歷臨沮縣之漳鄉南,又南逕當陽縣,又南逕麥城東。王仲宣登其東南隅,臨漳水而賦之,故曰『夾清漳』也。」《經》又云:「南至枝江縣北烏扶邑,入于沮。」注云:「《地理志》:『《禹貢》荊山在臨沮縣之東北〔1〕,漳水所出,東至江陵入陽水,注于沔。』非也。今漳水於當陽縣之東南一百餘里而右會沮水。」《方輿紀要》云:「荊山在今南漳縣西北八十里。《禹貢》『荊河惟豫州』、『荊及衡陽惟荊州』,蓋荊、豫二州界,所謂南條荊山也。《左傳·昭四年》晉司馬侯曰:『荊山,九州之險也。』南漳縣本漢南郡,臨沮縣地。」

【校】

〔1〕《水經注校證》作「《地理志》曰:《禹貢》南條荊山在臨沮縣之東北」。

2. 倚曲沮之長洲

注引《漢書·地理志》曰:「漢中房陵東山,沮水所出,至郢入江。」

案：《水經》「沮水」條云：「沮水出漢中房陵縣雎山。」全氏謂：「雎山，楊慎本作淮山，誤也。《漢志》別有淮山，淮水所出，非沮水所出也。雎山，即東山之一，名字近淮，因之成訛。」酈注云：「沮水南逕臨沮縣西。又東南逕當陽縣故城北。又南與漳水合焉。」《經》又云：「東南過枝江縣東南，入于江。」《方輿紀要》云：「沮，本作雎。《左傳·定四年》『吳人敗楚及郢，楚子出涉雎。』又《哀六年》楚子所謂『江、漢、雎、漳』者也。後從沮，又譌為柤。今襄陽以南沮水左右地皆曰沮中，亦謂之柤中。後漢建武二十三年，南郡蠻反，劉尚討破之。杜佑曰：『溠山蠻也。』溠，亦作柤，即柤中蠻矣。」

余謂「雎」、「沮」音同，「沮」、「柤」形似，「柤」、「溠」又音近也。此漳水、沮水與《漢志》上黨郡沾縣之清漳水，陳留郡浚儀縣之雎水及《說文》之潞水，或亦作沮者，皆無涉。《淮南子》「沮出荊山」，高誘注：「乃謂荊山在左馮翊懷德縣。」蓋以洛水有漆、沮之名故也，宜酈氏以為謬證矣。

3. 川既漾而濟深

注引《韓詩》曰：「江之漾矣。」

案：《說文·永部》兩引此詩，一作「永」，《毛詩》也；一作「羕」，《韓詩》也。此處作「漾」，段氏謂：「漾乃羕之訛字。」

4. 氣交憤於胷臆

注引杜預《左傳注》曰：「交，戾也。」

案：孫氏《補正》云：「《左傳》『亂氣狡憤』，不應改『狡』為『交』，以注賦之『交憤』，且『交』亦不得訓『戾』，疑李氏誤記。」[1]

余謂《釋名·釋言語》云：「狡，交也。與物交錯也。」是狡從交聲，亦以聲得義，即可通用。故《樂記》「血氣狡憤」，釋文：「狡，本作交。」此處「交憤」，即「狡憤」。「交」乃「狡」之借字耳。李注不誤，孫說非。

【校】

〔1〕孫志祖《文選李注補正》云：「《左傳》『亂氣狡憤』，杜注：『交，戾也。』不當改狡為交，以注賦文之交憤，且交亦不得訓為戾，豈由李氏誤記耶？」

遊天台山賦　孫興公

5. 序云　所以不列於五嶽

注引《爾雅》。五嶽之名，以衡山為南嶽，與今《爾雅》「衡」作「霍」異。

案：洪氏頤煊曰：「《爾雅》一云『江南衡』，一云『霍山為南嶽』。郭璞曰：『霍山，今廬江灊縣，別名天柱山。漢武帝以衡山遼曠，移其神於此，今土俗呼為南嶽。』據《漢志》長沙國湘南下云：『《禹貢》衡山在東南，荊州山。』廬江郡灊下云：『天柱山在南，有祠。』《志》在武帝移易衡山以後，故注嶽祠於天柱下，竝未以天柱為霍山也。霍山即衡山，《風俗通》云〔1〕衡之與霍，猶泰之與岱，一山二名。故孫炎以霍山為誤，當作衡山。《文選》注所引，當即據孫炎改本，是霍山在漢武未易以前，即荊州衡山之別名。既易以後，後人始以名灊縣之天柱山。《廣雅》云：『天柱謂之霍山。』據移易以後言也。郭注《爾雅》獨云：『南嶽本以兩山為名，非從近也。而學者多以霍山不得為南嶽。』又言：『從漢武帝始名之。』如此言為武帝在《爾雅》前乎？斯不然矣。景純此言，明駁孫炎不知漢武移嶽祠於天柱，竝非以天柱有霍山之名，舉以當南嶽也。若天柱本名霍山，既有《爾雅》可證，《漢志》灊縣下當稱霍山，不當稱天柱矣。惟應氏所言合於《漢志》，《爾雅》視景純為覈實也。」

余謂《尚書大傳》亦以霍山為南嶽，與《爾雅》同，正謂即衡山。近汪氏師韓云：「衡、霍皆一山而二名，湘之衡可以名霍，灊之霍可以名衡」，未免混淆。段氏則謂「天柱為霍山，本不號南嶽，武帝始名之。」直以《爾雅》備采眾說，自相違戾。《大傳》不出於伏生之手，未足信，亦近武斷，似皆不若洪說得之。

【校】

〔1〕據洪頤煊《筠軒文鈔·霍山為南嶽解》，「《風俗通》云」下脫「衡山一名霍山」。

6. 序又云　方解纓絡

注云：「《說文》曰：『嬰，繞也。』纓與嬰通。」

案：今《說文》「嬰」字云：「頸飾也。从女、賏。賏其連也。」竝無「繞」訓。即有誤，亦應近似，何至絕不相蒙，則此注非《說文》語也。觀本書《甘泉賦》「峻嶵嵬乎其相嬰」，注但云：「嬰，繞也」，不引《說文》，知此處亦同。

近段氏輒以孤據，從而改許書，未免武斷。惟嬰為頸飾，本有旋繞之義，故云「賏其連也」，是嬰可訓繞。《淮南‧要略訓》注：「嬰，繞抱也。」《漢書》賈誼、司馬遷兩《傳》顏注，《後漢書‧岑彭傳》章懷注亦竝云：「嬰，繞也。」然皆不以為《說文》。竊謂此注「《說文》曰」三字，直衍文耳。

又云：「纓與嬰通。」考《說文》「纓，冠系也。」「冠系」，所以繫繞之物，正飾於頸者。又「繁纓」為馬鞅，亦繫於馬頸也。「纓」、「嬰」同聲，故《內則》「衿嬰綦屨」，釋文：「嬰，又作纓。」《莊子‧逍遙游》注「足以纓紼其心矣」，釋文：「纓字或作嬰。」而本書謝靈運《述祖德詩》「而不纓垢氛」，注即云：「纓，繞也。」

7. 濟楢溪而直進

注引顧愷之《啟蒙記注》曰：「之天台山，次經油溪。」又引謝靈運《山居賦》「越楢溪之縈紆。」

案：《方輿紀要》作「猶溪」，云：「在今天台縣東三十里，亦名仙溪。出縣東十里鳳皇山，東流入寧海縣界。」「油」、「楢」、「猶」皆同音字耳。又云：「有靈溪在縣東二十里，亦流入寧海界，合於猶溪。」一云靈溪在丹霞洞下，即後文所謂「過靈溪而一濯」者也。

又案：《太平御覽》六十七引《臨海記》云：「銅溪在縣西北五十里，其水黃色，狀如銅，故號銅溪。孫興公賦云『過靈溪而一躍』是也。」此與《紀要》所言似不合。「躍」、「濯」形相似。

8. 雙闕雲竦以夾路，瓊臺中天而懸居

注亦引《啟蒙記注》曰：「天台山列雙闕於青霄中，上有瓊樓、瑤林、醴泉，仙物畢具。」並引《十洲記》：「流精之闕，瓊華之室，西王母之所治。」

案：《方輿紀要》云：「瓊臺山在天台縣西北三十里，稍南三里曰雙闕山，兩峰萬仞，屹然相向。」是二者皆天台之支山，即此賦所稱也。如注意，似但為神仙之居，非其實矣。抑或後人相厥山形，據賦語以名之。

9. 八桂森挺以凌霜

注引《山海經》曰：「桂林八樹，在賁隅東。」郭璞曰：「八樹成林，言其大也。」

案：所引見《海內南經》，似以「桂林八樹」為國名，與上「甌閩」相連。

故郝氏疑「伊尹四方令，正南甌鄧、桂國，即此。」「賁隅」作「番隅」，郭注：「今番隅縣。」郝又云：「劉昭注《郡國志》南海郡番隅，引此經作賁隅。」《水經・浪水》注同。然《上林賦》注、張衡《四愁詩》注及《初學記》引，仍作「番禺」。《初學記》引《南越志》云：「番禺縣有番、禺二山，因以為名。」《水經注》則云：「縣有番山，名番禺。謂番山之禺也。」

余謂「賁」、「番」同韻。「番」或作潘音，古亦通。然番禺八桂，特借言。據《紀要》云：「天台山旁有五峰，正北為八桂，即八桂嶺也。」賦下句「五芝含秀而晨敷」，當指西南一峰，為「靈芝」。又上文「既克隮於九折」，「九折」，亦峰名，都非虛語。

10. 建木滅景於千尋

注引《淮南子》曰：「建木在廣都，眾帝所自上下。日中無景，呼而無響，蓋天地之中也。」《山海經》曰：「神人之邱有建木，百仞無枝。」

案：所引《淮南》見《墜形訓》，《呂氏春秋》有《始覽》亦同。茲說所引《山海經》見《海內經》，云有「九邱」，而神民之邱居末，非專指一邱也。下云：「有木青葉紫莖，玄華黃實，名曰建木，百仞無枝。有九欘，下有九枸，其實如麻，其葉如芒。」又《海內南經》云：「有木，其狀如牛，引之有皮，若纓黃蛇。其葉如羅，其實如欒，其木若蓲，其名曰建木。」似二者形狀各異，然郭注《南經》仍本《海內經》及《淮南子》為說，則以為一物也。

11. 琪樹璀璨而垂珠

注引《海內西經》曰：「崑崙之墟，北有珠樹、文玉樹、玗琪樹。」

案：彼郭注云：「玗琪，赤玉屬也。吳天璽元年，臨海郡吏伍曜在海水際得石樹，高二尺餘，莖葉紫色，詰曲傾靡，有光彩，即玉樹之類也。」郝氏謂：「據郭說，則似珊瑚樹，恐非玗琪樹也。」

余謂「玗琪」，即《爾雅・釋地》之「珣玗琪」，《說文》以為《周書》所謂「夷玉」也。「夷玉」者，東夷之玉也。段氏言「珣玗琪，合三字為玉名。」據郭注「文玉樹」云「五彩玉樹」，則此當專為玉樹。「夷玉」，未詳何色，不必其定赤矣。

12. 肆覲天宗

注云：「天宗，謂老君也。」

案:「天宗」字見《月令》「天子乃祈來年于天宗」,鄭注:「謂日月星辰也。」此當以山之高,上近三光,可觀天神而集會眾仙耳。注蓋襲道家之說。

蕪城賦　鮑明遠

13. 柂以漕渠

注云:「漕渠,邗溝也。」

案:《寰宇記》云:「邗溝城在揚州西四里蜀岡上。」《左傳・哀公九年》:「吳城邗溝,通江、淮,時將伐齊,北霸中國也。」漢以後荒圮,謂之「蕪城」。胡三省曰:「曹魏丕登廣陵故城黃初五年,即蕪城矣。」

余謂「漕渠」者,在吳時已為通糧之道,即今之運河也,舊曰官河。注引《廣雅》:「柂,引也。」今《廣雅》作「扡」。《說文》:「扡,曳也。」五臣注:「以柂為舟具」,非是。

14. 軸以崑岡

注云:「崑岡,廣陵之鎮平也。」

案:《方輿紀要》云:「今揚州府城西北四里為蜀岡,綿亘四十餘里,西接儀真、六合縣界。上有蜀井,相傳地脈通蜀也。」又,「崑崙岡在府西北八里,一名阜岡,亦名廣陵岡,與蜀岡連接。」蓋即蜀岡之異名矣,明遠賦所稱是也。

15. 袤廣三墳

注引《毛詩》曰:「鋪敦淮墳。」

案:此與《周南》「汝墳」、《爾雅》「河墳」竝引。彼二處本皆作「墳」,而「淮墳」,今《詩》作「濆」。毛傳於「淮濆」云:「厓也」,於「汝墳」云:「大防也」,兩者各分。鄭箋則淮濆之濆,釋為「大防」。又注《周禮・大司徒職》云:「水涯曰墳」,蓋同聲通用。故《爾雅・釋水》注引《詩・汝墳》作「濆」,而此注引《詩》「淮濆」,亦遂作「墳」也。

又案:注云:「三墳,未詳。」

別引或說,即以汝墳、淮墳、河墳當之。孫氏《補正》引田藝蘅云:「兗州土黑墳、青州土白墳、徐州土赤埴墳,此三州與揚州接」,義亦通。

16. 澤葵依井

注引王逸《楚辭注》曰：「風萍水葵，生於池中。」

案：「水葵」，即今之蓴菜，或亦為荇菜之名，然二者似皆非井畔所宜有。方氏《通雅》謂：「澤葵，莓苔也。總名莓苔，今附土如小松葉者，澤葵類也，其稍大者曰長松。」此與「依井」字為合，但未明所據。而《本草》有「石韋」，生石旁陰處，其生古瓦屋上者，名「瓦韋」。「石韋」與「澤葵」音竝相似，疑係此種亦苔之屬也。

17. 寒鷗嚇雛

注引《毛詩》鄭箋曰：「口拒人曰嚇。」

案：《詩·桑柔篇》「反予來赫」，箋云：「口拒人謂之赫。」釋文：「赫，本亦作嚇。」但此語實本《莊子·秋水篇》，云：「鷗得腐鼠，鵷鶵過之，仰而視之，曰：『嚇』。」而注未之引。

魯靈光殿賦　王文考

18. 序曰　遂因魯僖基兆而營焉

張注云：「昔魯僖公使公子奚斯上新姜嫄之廟，下治文公之宮。」

案：《詩·閟宮》毛傳：「以為姜嫄之廟」，後「新廟奕奕」則云「閔公廟也」，與鄭箋謂「新廟，即姜嫄廟」者異義。此「文公」當作「閔公」。「文」，殆「閔」之壞字。否者文公為僖公子，不應預言之也。廟亦曰宮者，《穀梁傳》周公曰太廟，魯公曰太室，羣公稱宮是已。序下文云「歌其路寢」，蓋據《詩》末章「路寢孔碩」而言。僖承閔後，重新其「路寢」，故亦可云「下治閔公之宮」，要不得以屬文公也，而校者俱未及。

19. 盜賊奔突

注引《詩》：「昆夷突矣。」

案：今《詩》作「混夷駾矣」。「混」，釋文：「音昆」，通用而省偏傍耳。引者惟《孟子》作「混」，餘多作「昆」。或作「犬」，亦作「畎」。「駾」，毛傳云：「突也。」鄭箋曰：「混夷惶怖，驚走奔突，入柞棫之中。」此因釋賦「奔突」，遂以訓義為正文矣。「駾」、「突」，雙聲字。外此若《孟子》趙注作「昆

夷兌矣」，「兌」為「駾」之省。《說文·馬部》引「昆夷駾矣」，用毛詩也。《口部》作「犬夷呬矣」，當是用「三家詩」。「呬」以代下文「喙」字，蓋合兩句為一句。《左傳》注作「畎夷喙矣」。《廣韻·二十廢》作「昆夷瘈矣」，皆同《說文》之併引，而「瘈」又「喙」之別體也。

20. 乃立靈光之秘殿

注引《詩》：「秘宮有侐。」

案：「祕」，當从示，其从禾者，俗誤也。今《詩》作「閟」，毛傳：「閟，閉也。」《說文·人部》引《詩》亦作「閟」。鄭箋則云：「閟，神也。」與《說文》「祕，神也」同。蓋鄭意謂假「閟」為「祕」也。李注釋訓正用鄭義，而以為毛萇詩傳。蓋此時傳箋本久合併以行，故李氏所引多有類此者。

21. 屹山峙以紆鬱

注引《詩》：「臨衝弗弗，崇墉屹屹。」

案：今《詩》「弗」作「茀」，「弗」為「茀」之省。《詩·生民》箋：「弗之言祓也。」《卷阿》「茀祿爾康」，《爾雅·釋詁》注作「祓祿」。是「弗」、「茀」可通矣。「屹」，今《詩》作「仡」。毛傳：「仡仡，猶言言。」上文「言言」云「高大也。」鄭箋：「言言，猶孽孽。」故此注亦云：「屹，猶孽也，高大貌」，皆同聲通用。《說文·土部》又引作「圪圪」，其釋圪字云：「牆高皃也」，義並同。

22. 西廂踟躕以閑宴

張注云：「踟躕，連閣上小室也。踟，或移字。」善曰：「踟躕，相連貌。」

案：《爾雅》「連謂之簃。」「移」者，「簃」之省也。「簃廚」，已見前《東京賦》。此處「踟躕」為借字，當作虛用。與下句「東序重深而奧祕」相稱。若正言西廂，又及連閣小室，於文義殊不合。李氏本《爾雅》之義，釋為「相連」是也。

23. 屹鏗瞑以勿罔

善音瞑，莫耕切。

案：「鏗瞑」，五臣本作「脛曚」。《廣韻》云：「脛曚，視不分明也。」善注亦「曚字之音。蓋謂其高邃，望之不審也。《說文》無此二字。惟《苜部》「瞢」

字云：「目不明也。从首，从旬。旬，目數數搖也。」義與此通。

24. 上憲觜陬

善注引《爾雅》曰：「觜陬之星，營室東壁也。」

案：「觜陬」二字，倒用以叶韻也，注亦就正文，李氏引書往往有此。郝氏謂本當作「陬觜」，《月令》注作「諏訾」，《爾雅》作「娵觜」，皆假借也。注中「星」字，蓋「口」之誤。「娵觜」稱口者，左氏《襄三十年傳》「歲在娵訾之口」，《正義》引孫炎曰：「娵訾之歎，則口開。方營室東壁，四方似口，因名焉。」《分野略例》云：「諏訾，歎息也。十月之時，陰氣始盛，陽氣伏藏，萬物失養育之氣，故哀愁而歎息。嫌於無陽，故曰諏訾也。」

注又引《詩》：「定之方中」。毛傳曰：「定，營室也。」

案：彼傳下又云：「方中昏，正四方。」鄭箋曰：「定星昏中而正，於是可以營制宮室，故謂之營室。定昏中而正，謂小雪時，其體與東壁連正四方。」《正義》引《釋天》云：「營室謂之定。」孫炎曰：「定，正也。天下作宮室者，皆以營室中為正。」是鄭箋取《爾雅》為說。但此賦上言「察其棟宇，觀其結構」，蓋指殿已成之後，非造殿時，特以星名相合，故云「上憲」耳。

25. 揭蘧蘧而騰湊

注引崔駰《七依》曰：「夏屋蘧蘧。」

案：「蘧蘧」，即《詩·秦風》之「渠渠」，彼疏亦引《七依》作「渠渠」。「蘧」與「渠」通，見《西京賦》。「渠」則「蕖」之省也。注不引《詩》者，殆因鄭箋訓屋為具，謂「厚設禮食大具以食我，其意勤勤然」，不作「大屋」解耳。但毛傳惟云：「夏，大也。」「屋」字無訓，蓋所易曉不須釋也。王肅以為「大屋」，而崔駰尚在鄭前，已先作如是說矣。

26. 枝掌枊枒而斜據

注引《說文》曰：「掌，柱也。」

案：今《說文》「橕，裒柱也。」段氏謂此注及《長笛賦》注並引《說文》無「裒」字。《長門賦》注引《字林》併今《玉篇》亦無，「裒」是衍字也。「橕」字或作「掌」，或作「撐」，皆俗字。據此，則此「掌」字當作「橕」。

27. 圓淵方井，反植荷蕖

張注云：「種之於員淵方井之中，以為光輝。」

案：此即《西京賦》所云「蔕倒茄於藻井」也。後《景福殿賦》亦有「茄
蔤倒植，吐被芙蓉，繚以藻井」之語，文義皆相似。蓋言殿屋之飾，非實種於
淵井者也。

28. 綠房紫菂

注云：「菂中芍也。《爾雅》曰：『其中菂。』菂與芍同。」

案：今《爾雅·釋草》於荷之屬云：「其中的。」《詩》疏引李巡曰：「的，
蓮實也。」又「的薂」，郭注：「即蓮實。」釋文「出菂」字云：「本今作的。」
而《廣韻》又作「芍」，蓋「菂」、「的」、「芍」並通。

29. 窞咤垂珠

注引《說文》曰：「窞，物在穴中兒。」又云：「咤，亦窞也。」

案：「咤」，袁本、茶陵本作「宠」。段氏謂「蓮房之實，窞窞然見於房外，
如垂珠也。」上文云「反植荷蕖」，故曰「垂珠」。

余謂《說文繫傳》引作「窫吒」，今《說文》「窫，穴中見也」，與「窞」
正相類，別無「宠」字。若作「吒」，則為「叱怒」之義，頗不相合。疑當作
「窞窫垂珠」，「窫」與「吒」，亦聲之轉。

30. 頷若動而鑿跠

注引杜預《左傳注》云：「頷，搖頭也。」

案：所引見《襄二十六年》：「衛獻公反國，大夫逆於竟者，執其手而與
之言；道逆者，自車揖之；逆於門者，頷之而已。」釋文：「頷，本又作頜。」
段氏云：「依《說文》『頜，低頭也。』則頷、頜皆非杜注，搖頭亦非。既不
執手而言，又不自車揖之，則在車首俯而已，不至搖頭也。《列子·湯問》
曰：『頜其頤，則歌合律。』郭璞《游仙詩》『洪厓頷其頤』，注引《列子》亦
作『頷』，引《廣雅》『頷，動也。』『頷』皆『頜』之謁。」

余謂今《廣雅·釋詁》正作「頜」。又《廣韻》：「頜頜，搖頭兒。」《一
切經音義》卷五云：「今江南謂領納搖頭為頜傪。」據此知「頜」亦訓「搖
頭」。《說文》之義於《左傳》較長。此賦語蓋言所作虬龍之形，有若動象，
即以為「搖頭」，固可通。要其字當作「頜」，今本誤耳。

31. 騰蛇蟉虬而遶榱

注云：「《文字》曰：『騰、蟉虬，曲貌。』」

案：此注脫誤不可讀。胡氏《考異》謂：「何校『字』改『子』。袁本、茶陵本『騰』下有『蛇無足而騰』五字，是也。」

余謂「騰」字非虛用，與上「虯龍」、「朱鳥」，下「白鹿」、「蟠螭」等相類。蓋即《爾雅》之「騰蛇」，見《子虛賦》。又後《景福殿賦》「楯類騰蛇」亦正同。

32. 玄熊舑䁱以齗齗

善注云：「舑䁱，吐舌貌。」

案：《說文繫傳》引作「玄羆㕇䁱」，今《說文·谷部》：「㕇他念切，舌皃。从谷省，象形。」段氏云：「象形者，謂口象吐舌也。从谷省者，謂人也。舌出於谷外，故內谷外舌。」或作甜，蓋㕇之俗。又《炎部》：「䑋，火光也。」段謂「當从㕇，作舑。」《玉篇·谷部》有㕇字，而《舌部》「䑙舑」二字云：「吐舌皃。」《廣韻》則云：「䑙䁱，舌出。」《集韻·五十六㮇》「㕇」字有「㕇」、「䑙」、「甜」、「舑」四形。「㕇」，本《說文》㕇之古文。餘三字，則皆別體也。《五十㮇》「䑖」字，既引《說文》，而《四十九敢》復移舌於左，作「䁱」，云：「舌出也。」是字體、字義展轉遷變矣。

33. 徒眽眽而狋狋

張注云：「眽眽、狋狋，視貌。」

案：「眽」可云「視」，「狋」不可云「視」。善注引《說文》曰：「狋，犬怒貌。」《漢書·東方朔傳》曰「狋吽牙者，兩犬爭也」，正與《說文》合。此承上言所作獸形骿頭相視，若怒狀也。張注連言之，未晰。

34. 鷗顡顙而睽睢

善注云：「鷗顡顙，大首深目之貌。」

案：字書無「鷗」字，乃「顋」之誤。《玉篇》：「顋，頭凹也。」「顡顙，頭長皃。」《廣韻》：「顋顡，胡人面。」又，「顡顙，胡人面狀」，當即本此為說。蓋賦言胡夷之畫形也。

又案：方氏《通雅》云：「盧照鄰文用『顋顡』，即凹蹺也。皮、陸唱和，皆押此『顋』字。《說文》作『贅顙』，云『高也』，實即『顋顡』。古用『磝碻』，

謂不平也,借以狀面部不平,遂造『顉顲』字。」

余謂《說文》「顲,高長頭。」「贅」字下,段氏以為當云「頭高也」。「幽」與「敖」音可通,《詩》「碩人敖敖」,毛傳:「敖敖,猶頎頎也。」又,「頎,長兒。」《說文》無「顗」字,則正當作「贅」。方氏轉據唐人所用以駁《說文》,非是。

35. 陽榭外望

注云:「大殿無內室謂之榭。」

案:《說文》無「榭」字,古多借「謝」為之。左氏《宣十六年經》「成周宣榭火」,釋文「榭」正作「謝」。《穀梁》及《禮運》釋文並云:「榭,本作謝」,是也。《爾雅》:「無室曰榭。」郭注:「榭,即今堂埕。」《月令》正義引李巡云:「但有大殿無室名曰榭。」《書·大誓》正義引孫炎曰:「榭,但有堂也。」《左傳》杜注:「以榭為屋歇前。」正義云:「歇前者無壁也,即今廳事。」郝氏謂:「廳事即堂皇。《漢書·胡建傳》『列坐堂皇上』,集注:『室無四壁曰皇。』」然則無四壁是無室,但有堂,故杜預謂「屋歇前」矣。據諸說與注,釋「榭」字同。但胡氏《考異》云:「此注袁本、茶陵本俱無,未審尤何所出」,則是非孟陽之舊。而下云「榭而高大謂之陽」七字見《魏都賦》,善注所引固本有之。

余謂《說文》「陽,高明也。」蓋言陽必其高者,高即能明,故可外望。《爾雅》又云:「闍謂之臺」,「有木者謂之榭」。郭注:「臺上起屋。」李巡曰:「臺積土為之,所以觀望也。臺上有屋謂之榭。」賦語既云「外望」,且與下「高樓飛觀」連舉,似當為臺上之榭也。

36. 蘭芝阿那於東西

案:「西」字與上「臻」、「熅」等字,下「芬」、「堅」等字為韻。據江氏《標準》「真」、「諄」等部,別收「一先」及「十二齊」,云:「《尚書大傳》:『西方者何,鮮方也。』《白虎通》:『銑,鮮也。』」蓋西,本音先。故史傳「先零羌」,亦作「西零羌」。「先」、「西」皆蘇鄰切。《詩》:「明明上天,照臨下土。我征徂西,至于艽野。」「天」與「西」韻。漢《郊祀歌》:「象載瑜,白集西。食甘露,飲榮泉。赤鴈集,六紛員。殊翁雜,五采文。」《易林·否之家人》:「俱為天民,雲過我西。風伯疾雨,與我無恩。」是漢以後,「先」韻與「真」、「文」至「仙」十四韻通用。「西」字亦與「相」協,至六朝,此

音猶存。方音轉為先稽切，而此字遂入齊韻，不可復反矣。

余謂後《神女賦》「毛嬙鄣袂」，「西施掩面」，注引《慎子》:「毛嬙、先施，天下之姣也。」善曰:「先施、西施一也。」是「西」、「先」音同，故字亦通用。後人乃讀「西」為「犀」耳。《文選》中以「西」叶「先」者甚多，於此出之，餘皆可類推。

景福殿賦　何平叔

37. 就海孽之賄賂

注云:「以吳僻在海曲而稱亂，故曰海孽。」

案:注以海曲屬吳，似未的。而「賄賂」亦無指實。孫氏《補正》云:「據《魏志·公孫淵傳》『淵遣使南通孫權，往來賂遺』，此『賄賂』之說也。《田豫傳》云:『太和末，公孫淵以遼東叛，豫以本官督青州諸軍往討之，盡虜其眾。』景福殿作於太和六年九月，與《豫傳》太和末正合。又孫權遣使齎金玉珍寶，立淵為燕王，淵斬使送魏，事在青龍元年，即太和六年之次年也。」

余謂上句「東師獻捷」，注引田豫討吳將周賀，與孫所引實一時事，而師為討淵，則「海孽」，當指淵言矣。

38. 羅疏柱之汨越

注云:「疏柱，畫柱也。」

案:《禮記·名堂位》「疏屏」，鄭注:「刻之為雲氣蟲獸。」正義既云:「疏，刻也。謂刻於屏，樹為雲氣蟲獸。」後又云:「古之疏屏，似今闕上畫雲氣蟲獸。」刻與畫互異者。據《說文》訓「疏」為「通」，故《名堂位》「殷以疏勺」，注云:「疏通刻其頭。」本書如《西京賦》「交綺豁以疏寮」，薛注:「疏，刻穿之也。」《東京賦》注引蔡邕《月令章句》:「疏，鏤也。」《魯靈光殿賦》「天窗綺疏」，張注:「疏，刻鏤也。」皆不云「畫」。惟《管子·問篇》「大夫疏器」，注云:「疏謂飾畫之也。」而《儀禮·有司徹》「疏匕」，鄭注:「匕柄有刻飾者」，則是「刻」與「畫」亦可通言。如繪為畫，繡為刺，而《說文》云:「繪，會五采繡也。」《考工記》「畫」、「繪」統為設色之工，蓋二事相通。正義說「疏屏」有古今之分，殆古用刻，而後世多用畫。此「疏柱」即畫楹、畫棟之類。

39. 參旗九旒

注云：「《周禮》：『熊旗六旒以象伐』。《詩》毛傳曰：『參，伐也。』蓋伐一星，以旗象參，故曰參旗。《周禮》曰：『龍旗九旒』，今云『參旗九旒』，蓋一指旗名，一言旒數，可以相明也。」

案：孫氏《補正》引許云：「《史記·天官書》：『參西有句曲九星三處羅。一曰天旗，二曰天苑，三曰九斿。』」此說是也。《晉書·天文志》：「參旗九星在參西，一曰天旗，一曰天弓，又玉井西南九星曰九斿，天子之旗也。」《步天歌》云：「參旗九箇參車間，旗下直建九斿連。」則「參旗」九星，「九斿」亦九星，引證較明，不若原注之尚煩牽就也。

40. 桁梧複疊

注云：「桁，梁上所施也。桁與衡同。」

案：《說文》無「桁」字。惟《玉篇》云：「屋桁，屋橫木也。」《集韻》義同。「衡」即「橫」字，是與此注合也。注又云：「梧，柱也，音悟。」據《漢書·項羽傳》「莫敢枝梧」，集注引臣瓚曰：「小柱為枝，邪柱為梧。今屋梧邪柱是也。」而《釋名·釋宮室》則云：「梧在梁上，兩頭相觸捂也。」然則「梧」當為柱之承梁者耳。

41. 厥庸孔多

注云：「多，當為趫。《廣雅》曰：『趫，多也。』」

案：「趫」字無理，校者謂為「夥」之誤，是也。蓋「趫」或為「趂」，「夥」或為「移」，以形似致誤也。但注言「當為」，則非。他本有作「夥」者，直李意耳。然「多」何必改「夥」？豈不知「多」之可與「奇」、「離」等為韻，而改「夥」以就之，如明皇之改《洪範》「頗」字乎。

42. 爰有禁楄

注云：「楄，附陽馬之短桷也。」

案：《說文》：「楄部，方木也」，引《春秋傳》「楄部薦榦」，蓋《昭廿五年》文。今作「楄柎」，杜注：「棺中笭牀也。」許云「方木」，則泛言之，非專屬棺。段氏謂「此賦所稱『禁楄』，亦方木之一耑也。」注又引《說文》曰：「扁，署也。扁從戶冊者，署門戶也。」見《冊部》「扁」字下。此注作「楄」，誤也。然則「楄」與「扁」異義，而注又云「桷署雖殊，為文之義則一」，未免於混。

觀賦下云「承以陽馬，接以員方」，似前說近之。

43. 承以陽馬

注云：「陽馬，四阿長桁也。馬融《梁將軍西第賦》曰：『騰極受櫓，陽馬承阿。』」

案：《考工記·匠人》「四阿重屋」，鄭注：「四阿，若今四注屋。」疏云：「《燕禮》設洗，當東霤。」則此「四阿」，四霤者也。鄭又注：「王宮門阿之制云：『阿，棟也。』」《禮儀·士昏禮》「賓升西階，當阿」，注同。彼疏云：「中脊為棟。」據此知「四阿」即為四脊，每脊必有長桁，方可施榱桷。故五臣注云：「陽馬，屋四角引出以承短椽者。」善注「眾材相接」，正謂諸短椽也。觀《爾雅》「棟謂之桴」，郭云：「屋檼。」郝氏謂：「《釋名》：『檼，隱也。所以隱桷也。』檼之言隱，即知桴之言浮，浮高出在上之言也。」然則此「長桁」，當是四角之曲而上昂者，形似馬頭而標顯於外，因得「陽馬」之名。與後張景陽《七命》亦云「陰虯負檐，陽馬承阿」，蓋皆本之馬融。

44. 飛枊鳥踊

注云：「今人名屋四阿栱曰欀枊。」

案：下文「欀櫨各落以相承」，注亦云：「欀，即枊也。」《說文》則「枊」為「馬柱」，「欀」云「楔也」，與此義異。但此處「欀櫨」與「欒栱」為對，自是栱屬。栱為短柱，「枊」，殆即以馬柱之名名之。又《禮記·喪大記》「小臣楔齒」，疏云：「楔，柱也。」是「楔」亦有「柱」義矣。

45. 丹綺離婁

注云：「離婁，刻鏤之貌。劉向《熏爐銘》曰：『彫鏤萬獸，離婁相加。』」

案：孫氏《補正》引金云：「《長門賦》『離樓梧而相撐』，注：『離樓，攢聚眾木貌。』《靈光殿賦》『嶔崟離樓』，注：『離樓，眾木交加之貌。』此注作『刻鏤之貌』。然玩《熏爐銘》語，仍是交錯之貌，當與彼二賦義同。」

余謂《釋名》云：「樓謂牖戶之間諸射孔樓樓然也」，故「婁」亦作「樓」。《說文》「囧」為部首，云：「窗牖麗廔闓明也。」段氏謂：「麗廔，雙聲，讀如離婁，言交延玲瓏也。」然則榱桷之交錯，窗牖之交錯，彫鏤之交錯，其義一而已。金說固然，但刻鏤自有班駁之形，非如榱桷窗牖，必言交錯而始見也。注中「貌」字，似亦可該。

46. 蘭栭積重，窶數矩設

注云：「言蘭栭重疊交互以相承，有似窶數，故借其名焉。」蘇林《漢書注》曰：「窶數，四股鉤。」

案：所引見《東方朔傳》「郭舍人覆樹上寄生，令朔射之。朔曰：『是窶數也。』」注引蘇林曰：「窶數，鉤灌，四股鉤也。」師古曰：「窶數，戴器也。以盆盛物戴於頭者，則以窶數薦之，今賣白團餅人所用者是也。《楊惲傳》云：『鼠不容穴，御窶數也。』盆下之物有飲食氣，故鼠銜之，四股鐵鉤，非所銜也。」

余謂《釋名・釋姿容》云：「窶數，猶局縮，皆小意也。」此蓋言「蘭栭」短小，其疊互之狀鉤灌局縮耳。

又案：《說文》「罃」下云：「檋罃，負戴器也。」段氏謂「檋與《匚部》『小柶也』義別。」《廣韻・一送》：「檋，格木也。」《三十六養》：「偧，載器也。」出《埤蒼》，「偧」、「檋」同，「載」與「戴」，古通用。「格木」，亦謂庋閣之木。《東方朔傳》之「窶數」，其羽山、羽二反。此「檋罃」，渠往、相庚二反。「檋」與「窶」，雙聲。「罃」與「數」，雙聲疊韻，一語之轉也。然則師古所云戴器者「窶數」，乃「檋罃」之假借字矣。

47. 命共工使作績，明五采之彰施

注引《尚書》曰：「予欲觀古人之象，作會宗彝，以五采彰施于五色。」

案：此約舉其文，故上刪「日」、「月」、「星」、「辰」等字，下刪「藻」、「火」、「粉」、「米」等字。但《書》文宜「作會」上屬，「宗彝」下屬，此四字連併，殊為不辭。《書》疏誤解孔傳，與李注同，當是唐人句讀如此。

48. 其祜伊何，宜爾孫子二字，今本誤倒。克明克哲，克聰克敏。永錫難老，兆民賴止

案：《說文》「敏，從每聲」，故與「子」、「止」為韻。下文注引韋仲將《景福殿賦》曰：「時襄羊以劉覽，步華輦於永始，知稼穡之艱難，壯農夫之克敏。」「敏」亦與「始」韻。此與《詩・莆田》「農夫克敏」韻「止」、「子」、「畝」、「喜」、「右」、「否」、「有」者相同。《生民》「履帝武敏」，毛傳及《爾雅》並「敏」字句絕，則亦韻。江氏以為閒句，非也。於此賦亦未之引。

海賦　木玄虛

49. 大明擖轡於金樞之穴

注云：「大明，月也。《周易》曰：『懸象著明，莫大乎日月。』」

案：「大明」字見《乾·彖傳》「大明終始」，《晉·彖傳》「明出地上，順而麗乎大明。」舊說以「大明」為離，離為日也。惠氏士奇則云：「乾為大明，陽。大陰、小陰卦多陽。離，陰卦，未可稱大明也。」此自是說《易》之義。若祭義，言大明生於東，月生於西，大明固屬日矣。或曰日月竝云著名，日大明於晝，月大明於夜，月似亦可稱大明。然散文或通，對文宜別。賦下句「翔陽逸駭於扶桑之津」，正指日，與此為偶。此既屬月，不得曰「大明」。孫氏《考異》引趙氏曦明《讀書一得》疑「大」為「夜」字之譌，當是已。

50. 磊匒匌而相豗

注云：「匒匌，重疊也。」

案：《玉篇》：「匒匌，重疊皃。」正此注所本。《說文·勹部》無「匒」而有「匌」，云：「帀也。」段氏謂「匌之言合也。」《釋詁》曰：「敆、郃，合也。」「郃」，乃地名，於義無取，當為「匌」之假借。郝氏謂：「《說文》：『敆，合會也。』又『佮，合也。』通作『洽』，《詩·正月》毛傳：『洽，合也。』亦通作『郃』，《詩》『在洽之陽』，《說文》引作『在郃之陽』。然則「敆」、「郃」、「佮」、「洽」、「匌」皆同音通用。其云「重疊」者，會合、周帀，則重疊矣。

51. 葩華踧汨

注云：「踧汨，蹙聚也。」

案：《說文》：「汨，水吏也。」段氏云：「蓋謂水駛也。駛，疾也。其字在《說文》作㕁，譌為吏耳。」《校議》云：「《類篇》引作『水和也。』一曰溫也。本又作『水利』也，即『和』之爛文。此作「吏」，誤。」錢氏大昕則謂「吏」當作「文」。《廣韻》釋「踧汨」為「水文聚。」「踧踖」同。但《廣韻》上聲，人九切，引《說文》同。入聲，女六切，云：「水文聚」，則兩義矣。

余謂此處注以上「葩華」為「分散」，此為「蹙聚」，一散一聚，正狀水之文，似作「文」為是。

52. 矔睒無度

注引《說文》曰：「矔，大視也。睒，暫視也。」

案：《玉篇》《廣韻》竝云：「矔，大視也。」「矔」同。故段氏言「《篇》《韻》皆矔為正字，矔為或字。」

余謂《說文》有「矔」無「矔」，則宜「矔」為正字，「矔」為或字也。「矔」、「矔」形相近，音又俱為許縛切，遂致各出。段又云：「《太玄》曰：『酒作失德，鬼睒其室』，與『高明之家，鬼瞰其室』語同。《吳都賦》『跮踱乎紃中，忘其所以睒眙』，《江賦》『獱獺睒瞲乎廎空』，意亦如此。」至此賦語，則但為「眩惑無定」之義耳。

53. 濯淖濩渭

注云：「謂眾波之聲。」

案：梁氏上國云：「字書『濯濩，采色不定之貌』，故《魯靈光殿賦》曰：『濯濩燐亂』。此注以為『眾波聲』，未確。」

余謂「濯濩」字皆从水旁，則以擬采色，當是借字。此云「眾波」與字義正不相背，但非聲耳，似宜作「眾波不定貌。」

54. 北瀰天墟

注引《爾雅》曰：「北陸，天墟也尤本依《爾雅》改。」

案：今《爾雅》無「天」字，「墟」作「虛」。又上文「玄枵，虛也。」「顓頊之虛，虛也。」郭注皆以為虛星，讀如字。然邱墟之墟，《說文》本作「虛」。左氏《昭十七年傳》「大辰之虛也」，「虛」亦即墟。《尚書》「宵中星虛」，《史記索隱》曰：「虛，舊依字讀，而鄒誕生音墟。虛星主墳墓，鄒氏頗得其理。」是「虛」與「墟」本通，故李氏即引《爾雅》以注此賦也。

又案：何氏因虛即虛宿，以注為誤。或曰天墟，猶言天邊耳。余謂若祇訓天邊，則四方竝得言之，不應專指北。《爾雅》「玄枵」、「顓頊之虛」，本皆屬北方。《昭四年傳》：「古者，日在北陸而藏冰。」杜注：「陸，道也。謂夏十二月，日在虛、危。」然則「北陸」為北方之道，即指經星以定之，似義亦無舛。且《傳》云：「衛，顓頊之虛也」，並不謂虛宿。李氏殆因《爾雅》為釋天之文，遂曰「天虛」與？至注引經典，不盡依本書，但意相比附，多有就正文而易字、增字者，又不獨此處為然。

55. 陰火潛然

注無所證。

案：王嘉《拾遺記》云：「西海之西有浮玉山，山下有巨穴，穴中有水，其色若火。晝則通曨不明，夜則照耀穴外。雖波濤灌蕩，其光不滅，是謂陰火。當堯世，其光爛起，化為赤雲，丹輝炳映，百川恬澈。游海者銘曰『沈燃以應火德之運也。』」嘉亦晉人，然必相傳自古矣。若張氏《膠言》引《嶺表錄異》云：「海中水遇陰晦波，如然火滿海，以物擊之，迸散如星。有月，即不復見此。恐為海上神燈之類，未必即所謂潛然者。」惟《廣東新語》云：「陰火生於海，陽火生於山。陽火為雷以起龍，陰火為風以起大魚。固造化之常，而其所紀如海鰍之出，長亙百里，晝噴水，為潮為汐；夜噴火，海面盡赤，望之如天雨火。」又「凡鱟蟹之屬，置陰處皆有火光，鯢魚亦有火。元微之《送客游嶺南》詩『曙朝霞睒睒，海夜火燐燐。』」「火燐燐」，謂鱟蟹之屬也。則仍是水族所為，亦與《拾遺記》異。

又案：楊氏慎《丹鉛總錄》曰：「《易》：『澤中有火』，《素問》云：『澤中有陽燄』，注：『陽燄，如火煙騰起水面者是也。』蓋澤有陽燄，乃山氣通澤，山有陰霮，乃澤氣通山。《海賦》之『陰火』，唐顧況《使新羅》詩『陰火瞑潛燒』，本之此說，頗得其理，亦可見《易》之無虛象矣。」

56. 熺炭重燔

注云：「熺炭，炭之有光也。重燔，猶重然也。」

案：《抱朴子》云：「南海中蕭邱有自生之火，火常以春起而秋滅。邱方千里，當火起之時，滿此邱上，純生一種木，火起正著此木，木雖為火所著，但小燋黑，人或得以為薪者，火著如常薪，但不成炭，炊熟則灌滅之，後復更用，如此無窮。」此正「熺炭」之證，而注未及。余氏《音義》引之，可補其闕。又《太平御覽·火部》引《齊地記》：「東武有火之木，燒之不死，亦不損」，與此木差相類。

57. 顱骨成嶽

注引《廣雅》曰：「顱謂之頸顙。」今《廣雅》作「頏顱，謂之髑髏。」

案：《說文》云：「頏顱，首骨也。」又「髑髏，頂也。」「頏顱」，即「髑髏」語之轉，其字則顱從頁，髑髏從骨。而《爾雅·釋畜》注，釋文：「髗，

字書作顬。」《後漢書・西羌傳》注：「顬，顴顬也。」則從骨、從頁之字，古人亦多通用。

江賦　郭景純

58. 聿經始於洛沫

注引《說文》曰：「沫水出蜀西塞外，東南入江。沫，武蓋切。」

案：今《說文》「沫水出蜀西南徼外，東南入江。從水，末聲。莫割切。」又「沬」字云：「洒面也。從水，未聲。荒內切。」重文為「頮」，云：「古文沫。從𠬞、水，從頁。」是二字形雖近，而音一入一去，本自各別。其他見者，《說文》「瀑」字云：「一曰沫也。」此蓋謂水泡，即本賦下文「枎拂瀑沫」是也，此入音也。《漢書・禮樂志》載《郊祀歌》云：「霑赤汗，沬流赭。」顏注引李奇曰：「沬，音靧面之靧即頮字。」晉灼曰：「沬，古靧字。」此去音也，俱不誤。乃小顏又自云：「沫、沬兩通。沬者，言被面如頮也。字從水，傍午未之未，音呼內反。沫者，言汗流沫出也。字從水，傍本末之末，音亦如之。」然今書字多作沫面之沫也。此已以一字為兩音，但猶謂汗之流赭，「沫」、「沬」兩通耳。迨其注《司馬相如傳》「西至沫若」，引張揖曰：「沫水出蜀廣平徼外，與青衣水合。」而字作「沫」，音妹，則直以沫水之沫，從午未之未，為去音矣。李注因之而誤，故於此賦及《蜀都賦》注下並音武。蓋《難蜀父老》「乃關沫若」，亦音妹，殊為未審。若《史記索隱》云：「《華陽國志》漢嘉縣有沫水，音妹，又音末。」亦一字為兩音，則字之作「沫」、作「沬」將何從乎？皆失之。今校者或因諸家轉以疑《說文》之誤。然《說文》果水名之「沫」作去音，為「沬」，宜「灑面」之訓，即附於下，何得後又別出「沬」字，知不然也。

又案：《玉篇》《廣韻》《集韻》皆「沫」、「沬」兩收，解亦同。似二字淆混始於《玉篇》，不知其舊本原如是，抑或為後人所亂也。

59. 躋江津而起漲

注引《水經注》曰：「馬頭崖北對大岸，謂之江津。」

案：此文見《江水二篇》。其地在江陵縣枚迴洲之下七十餘里，云「洲上有奉城，故江津長所治，亦曰江津戍，江大自此始。《家語》曰：『江水至

江津，非方舟避風，不可涉。』故郭曰『起漲』，言其深廣也。」

60. 摠括漢泗，兼包淮湘

注引《孟子》：「決汝、漢，排淮、泗，而注之江。」

案：《孟子》之文，前人多以為誤。惟錢氏大昕曰：「南條之水，皆先入江，後入海。世徒知毘陵為江入海之口，不知朐山以南，餘姚以北之海，皆江之委也。漢水入江二千餘里，而尚有北江之名。淮口距江口僅五百里，其為江之下流，何疑？《禹貢》『沿於江海，達於淮泗』，此即淮、泗注江之證。注江者，會江以注海，與導水之文，初不相背也。」孫氏星衍則曰：「淮在四瀆中，獨入海者。言入海處與江分道，不謂上游支流也。《孟子》言『排』者，通其上游支流，以殺淮之勢。」《水經注》：「淮水與沘水、泄水、施水合。泄水注濡須口，施水受肥東南流，逕合肥縣城，又東注巢湖，謂之施口。而應劭《漢書注》竝以夏水為出城父東南，至此與肥合，故曰合肥。」合肥、壽春間有芍陂、船官湖、東臺湖、逍遙津，見於《水經注》。而《輿地紀勝》云：「古巢湖水北合於肥河，故魏窺江南，則循渦入淮。自淮入肥，由肥而趨巢湖。吳人撓魏，亦必由此。」《輿地廣記》《元豐九域志》皆言合肥有肥水、淮水。蓋肥合於淮，淮水盛則被於肥，此淮水至合肥之證。《方輿勝覽》引《合肥舊志》「肥水北支入淮，南支入巢湖」，合於《爾雅》歸異出同之說。近世水利不修，淮、肥斷流，然巢湖之水，夏間猶達合肥，古說可尋求也。且古說大別在安豐，為今霍邱地。禹迹至此排淮，故導江有至大別之文，此又淮支流與江通之證矣。然則江、淮、泗通流，不必在吳王溝通之後。蓋淮之上游，壽春東，則有施、肥通流。西則有芍陂宣洩，盛夏水漲，則逕合肥入巢湖，以達於江也。

余謂如錢、孫二說，一言江之下流，一言淮之上游，義皆可通，而孫說尤有據。《孟子》趙注原未嘗致疑，至景純猶得其解，故著之賦者如此。張氏《膠言》乃引《日知錄》疑此賦沿《孟子》而誤，非也。蓋南條之水莫大於江，諸大水皆其所滙，淮、泗同歸在其下，漢、湘相近在其上，賦錯綜言之，上下並舉，可以見江之「摠括」、「兼包」者大矣。

61. 並吞沅澧

注引《山海經》曰：「沅水出象郡而東注江，合洞庭中。」

案：《漢志》「牂牁郡，故且蘭」下云：「沅水東南至益陽入江。」又「武陵郡臨沅」下注引應劭曰：「沅水出牂牁，入于江。」《水經》亦云：「沅水出牂牁且蘭縣，為旁溝水，又東至鐔成縣，為沅水。」若秦之「象郡」，在漢為「日南郡」，《志》但云「有小水十六並行」，不云沅水。」疑《山海經》有誤。至其所入，則《水經注》云：「沅水下注洞庭湖，方會于江」，正相合也。

注又云：「《地理志》曰：『武陵郡充縣歷山，澧水所出，入沅。』《水經》云：『入江』。」

案：《水經》於澧水所出，與《漢志》同。其所入，《漢志》言在下雋。《水經》云：「又東，至長沙下雋縣西北，東入于江」，與「入沅」異者，酈注謂「澧水又東南注于沅水，曰澧口」，蓋其枝瀆耳。又云：「澧水流注于洞庭湖，俗謂之澧江口。」然則「入沅」者，其支流；而其正流遝入江，與沅水之「入江」同，在下雋也。

62. 源二分於崌崍

注引《山海經》曰：「岷山東北百四十里崍山，江水出焉；又東百五十里崌山，江水出焉，而東流注于大江。」郭璞曰：「崍山，中江所出也，崌山，北江所出也。」

案：此所引見《中次九經》。今本郭注於崌山云「北江」，與此注同。畢氏沅曰：「《海內東經》云：『北江出曼山，今四川名山縣西有蒙山。』『曼』、『蒙』音相近。沫水經此，或即郭所云北江與？」郝氏謂畢說當是也。《郡國志》蜀郡漢嘉有蒙山，注引《華陽國志》云：「有沫水從西來，出岷江，又從岷山西來，入江，合郡下青衣水，入大江。」《水經》亦云：「沫水與青衣水合，東入于江。」案其道里，則沫水當即北江矣。郭於崍山云：「南江水所自出也。」郝氏謂《初學記》引此《經》作峽山，蓋字之譌。《漢志》：「蜀郡嚴道邛來山，邛水所出，東入青衣。」《水經注》：「邛崍山，中江所出。」而郭云「南江」者，蓋據《海內東經》「南江出高山」之文也。是崍山，一名高山；南江，一名邛水，皆山水之異名。山在今雅州府榮經縣西。又劉昭注《郡國志》、李賢注《後漢書·西南夷傳》引此郭注竝作「中江」，與此處李善注所引俱誤。

余謂郭分崌、崍為南北二江，殆以中江是岷江之正流，《海內東經》固如是。此與江之下流，鄭注所云「左合漢為北江，右合彭蠡為南江，岷江居其中，則為中江」正相類。而楊氏慎乃以此在上源者，為《禹貢》之三江，非也。惟

諸書引郭，何以俱作「中江」，不同今本，尚俟考。

63. 流九派乎潯陽

注引應劭《漢書注》曰：「江自廬江潯陽，分為九也。」

案：「九江」，自唐以前，說者多主潯陽。《禹貢》釋文引張僧監《潯陽地記》云：「一曰烏白江、二曰蚌江、三曰烏江、四曰嘉靡江、五曰畎江、六曰源江、七曰累江、八曰提江、九曰箘江。」又張須元《緣江圖》云：「一曰三里江即源江、二曰五州江即畎江、三曰嘉靡江、四曰烏土江、五曰白蚌江、六曰白烏江、七曰箘江、八曰沙提江、九曰廩江。參差隨水長短，或百里，或五十里，始于鄂陵，終于江口，會于桑落洲。」此說自是不易，即郭賦所云也。近毛氏奇齡、顧氏棟高、姚氏鼐、程氏同文胥仍舊儀。但釋文又引《太康地記》云：「九江，劉歆以為湖漢九水，入彭蠡澤也。其名則一鄳、二餘、三修、四豫章、五淦、六盱、七蜀、八南、九彭，在彭蠡湖之南。」惲氏敬曰：「潯陽於秦屬九江郡，漢分潯陽屬廬江，王莽改九江為延平，豫章為九江，而潯陽仍屬廬江，非豫章所隸，遂以彭蠡九水為九江。光武興，郡國悉還漢名，于是彭蠡之九江無聞，而潯陽甚著。」然則同言潯陽，而地之上下有別，不得混而為一矣。若以沅、漸、潕、辰、敘、酉、澧、資、湘九水朱子去潕、澧而易以瀟、蒸，入洞庭者為九江，始於宋胡氏旦、晁氏以道、曾氏彥和。而蔡氏沈著之書傳，近時胡氏作《錐指》亦從之，且引《山》《水》二經為證。程氏謂《山海經》云：「洞庭之山，帝之二女居之。是常遊於江淵，澧、沅之風，交瀟、湘之淵。」郭注：「二女遊戲江之淵府，則能鼓三江，令風波之氣共相交通。」又曰：「是在九江之間，出入以飄風暴雨。」蓋九江非即江淵，故飄風暴雨與風波交通亦異。九江或為郡稱，如經中長沙、零陵之類。或即指潯陽九派，何所據以證九江之為洞庭耶？《水經》《禹貢·山川澤地篇》云：「九江地在長沙下雋縣西北」，此似指洞庭入江處為九江。而酈氏無注，且別於《廬江水篇》下引秦始皇、漢武帝「咸升廬山望九江」，則《經》言九江所在，道元已不從之矣。

余謂程說固然，而猶未盡。《水經》所云在「下雋西北」者，毛氏謂「詳其地，當在今荊州之西，岳州之北」，而張滇言「始于鄂陵，終于江口，會于桑落洲」，總不離今荊州上下者是也。是亦正指潯陽乃洞庭之下游。《故書正義》云：「大江分而為九，猶大河分為九河。」蓋謂江之所出，而沅、漸

等九水在洞庭之上游，入洞庭始通于江，安得以之相冒乎？其餘大抵無所依據，諸家辨論甚明，載余所輯《詁經文鈔》，茲不具錄。

又案：全氏祖望謂九江與東陵相首尾，以九江為洞庭，則東陵當在巴陵。今《水經》云「東陵在廬江金蘭縣西北」，自相矛盾，有是理乎？且《江水三篇》酈注云：「江水左傍青林湖，即利水，出廬江郡之東陵鄉。《尚書》云：『過九江，至于東陵』者也。」據此知善長不以洞庭為九江。然則九江在長沙下雋之文，非本經所有，殆不學之人，從而妄補之。如以為經注互異，則彼文，善長何無一語糾正，此又一說也。

64. 注五湖以漫潐

注引《墨子》曰：「禹治天下，南為江、漢、淮、汝，東流之，注五湖之處，以利荊、楚、于、越之民。」又張勃《吳錄》曰：「五湖者，太湖之別名也。」

案：《水經・沔水下篇》注云：「南江又東北為長瀆，歷湖口，東注于具區，謂之五湖口。五湖謂長蕩湖、太湖、射湖、貴湖、滆湖也。」全氏曰：「虞翻說無長蕩湖，有洮湖。謂長蕩，即洮也。」韋昭以為「胥湖、蠡湖、洮湖、滆湖與太湖為五。」朱長文《續吳郡圖經》曰：「道元謂長蕩湖、貴湖、上湖、滆湖與太湖為五。蓋以射湖已與貴湖合也。抑或所見之本異耶。」《吳志》云：「貢湖、游湖、梅梁湖、金鼎湖、胥湖，其名皆出於近代。今吳中人又謂射、貴，即上湖。」《江賦》曰「注五湖以漫潐」，蓋言江水經緯五湖而苞注太湖也。是以《國語》曰：「越伐吳，戰于五湖。」又云：「范蠡滅吳，返至五湖而辭越」，斯乃太湖之兼攝通稱也。虞翻曰：「是湖有五道，故曰五湖。」韋昭曰：「五湖，今太湖也。」《尚書》謂之「震澤」，《爾雅》以為「具區，方員五百里。」據此，是五湖、太湖、震澤、具區，四者為一。然與《職方》「其澤藪曰具區」，又曰「其浸五湖」不合。《錐指》則謂「具區、五湖明是兩處。」而孔傳謂「太湖，一名震澤」，《正義》為之辭曰：「徐州浸藪各異，而揚州浸藪同處。論其水謂之浸，指其藪謂之澤」，此說非也。葉少蘊云見石林《避暑錄話》：「凡言藪者，皆人所資以為利，故曰藪以富得民。而浸，但水之所鍾。揚州之藪為震澤，今平望、八赤、震澤之間，水瀰漫而極淺，其蒲魚蓮芰之利，人所資者甚廣。亦或可隄而為田，與太湖異，所以謂之澤藪。然積潦暴至，無以洩之，則溢而為害，所以謂之震澤。」黃子鴻申其義曰：「今土人自包山以西謂之西太湖，水始淵深。自莫釐武山以東謂之南湖，水極灘淺，蓋即古之震澤。止以上流相通，後人遂謂之太湖耳。」

余謂黃說以一湖強分為二，殊率率。葉說則朱氏鶴齡從之，謂具區為《禹貢》震澤。班固《地志》得之。古文無可疑，而以為即五湖，則不然。近郝氏亦援以釋《爾雅》，但所言震澤，祇在太湖左近，仍是一處，且言藪而不及澤。《國語‧周語》云：「澤，水之鍾也。」是必大有蓄水之區，而其旁水淺而地廣，可資以為利，方謂之澤藪。蓋兼太湖及葉氏所稱平望、八赤與太湖相接者言之。朱氏知震澤之非五湖，而不知《職方》之五湖原非太湖也。郭注《爾雅》以具區、震澤、太湖為一，不云即五湖。《水經注》引《吳越春秋》「范蠡出三江之口，入五湖之中」，云「此亦別為三江、五湖」，不與《職方》同。然則《職方》五湖，直該揚州之境，非轉謂太湖明矣。其所以紊者，由太湖亦有五湖相通，故稱名遂亂，實則宜各為一義。至具區獨稱澤藪，正以太湖兼有沮、汭之地，與他湖異，故不謂之浸也。竊疑釋《職方》之五湖，殆以張氏所引《方氏集成》謂太湖、丹陽、洞庭、青草、彭蠡也及《史記索隱》謂具區、洮滆、彭蠡、青草、洞庭也《小學紺珠》謂湖州太湖、楚州射陽、岳州青草、潤州丹陽、洪州宮亭。宮亭，即彭蠡也之說，而謂並當去太湖者近是。惟諸家所說不一，其中如青草、洞庭，非屬揚州，而揚州界內之巢湖，亦巨浸也，又皆不之及。則欲確指何者為五，固難臆定，要不得僅以太湖當之也。此賦云「注五湖」，當亦非專指太湖。注引《墨子》已得其概，而張勃《吳錄》可弗贅引耳。

又案：《職方》言「川浸」多係兩處，惟冀州之川，祇一漳。然漳有清漳、濁漳，仍二水也。至於浸，則自荊之潁、湛及並之淶、易，竝無一水者。且浸與澤藪，顯然各分。而揚為水鄉，更非他州可比，不應二者併在一處。僅據吳地之一隅，與他州合全境言者獨異，故欲從五湖非太湖之說，以俟識者論定焉。

65. 灌三江而漰沛

注引《尚書》曰：「三江既入，震澤底定。」

案：古來論三江者最多，近代通儒大抵主《漢志》。錢氏塘曰：「《禹貢》之三江，《職方》之三江也。《地理志》謂『南江在吳縣南入海，北江在毘陵縣北入海，中江出蕪湖縣西南，東至陽羨入海，皆揚州川。』此釋《職方》也，即釋《禹貢》矣。自鄭康成始，別為之說曰：『左合漢，為北江；右會彭蠡，為南江；岷江居其中，為中江。』若然，則自夏口以北者北江也，湖口以南者南江也，夏口以至湖口者中江也。而自湖口以下惟有一江，以《禹貢‧導水》經文質之：于漢曰『東滙澤為彭蠡，東為北江，入于海。』于江曰『東迤北會

於滙，東為中江，入於海。』則自湖口而下分為三江，殆不如康成之說矣。揆孟堅所言，『江過湖口，實分為三』，而以行南道者為南江，行北道者為北江，行中道者為中江，合乎《禹貢‧導水》之經，誠不易之論也。考之《水經》，『沔水自沙羨縣北，南入于江，合流至居巢縣南，東至石城縣，分為二，其一東北流，過牛渚、毘陵以入海者為北江。自石城東入貴口，至餘姚入海者為南江。自丹陽、蕪湖縣東至會稽、陽羨入海者為中江』，皆與孟堅合，惟孟堅謂南江從吳縣南入海耳。然孟堅又謂『石城分江水，首受江，東至餘姚入海。』酈道元引桑欽《地理志》亦謂『江水自石城東出，逕吳國南，為南江。』蓋餘姚入海之江，即吳縣南入海之江也。餘姚、吳縣之間為由卷、海鹽、烏程、餘杭、錢唐諸縣，南江由之入海，固在吳國之南，國後為縣，是以孟堅《志》南江入海處既系之餘姚，又系之吳縣也。《水經》附記不詳中江所繇，而今尚有其迹。自楊行密築五堰，江流始絕。永樂時，設三壩，則陸行者十八里矣。然自銀林以西，鄧步以東，其流固在也。可知二江雖自石城、蕪湖分行，而同會具區。故酈道元以南江即合于浙江、浦陽江之谷水。而《咸淳毘陵志》以荊溪為中江，惟北江自從毘陵入海耳。此足以證三江之實有其三，非如康成之合為一江也。」

余謂錢氏此說已為明析，但鄭注見於徐堅《初學記》所引，議者皆謂非鄭原文，且如所云，實亦即班《志》之三江，特從其上流言之耳。金氏榜則謂鄭君釋《禹貢》，悉據班《志》，今書注殘闕，《志》文有無，無以明之。注云「三江分於彭蠡為三孔，東入海」，其蹟上與班《志》合，《志》主於釋地，注主於釋經也。然則班與鄭本非異義，《說文》又云：「江至會稽山陰為浙江」，是浙江即三江之南江也，許亦與班同。而郭景純以岷江、松江、浙江為三江，正班氏之三江。孟堅志其地，景純述其名，故全氏謂郭說為不可易也。此賦為郭氏所作，即以郭氏證之為尤確矣。其餘主下流之三江，係東吳一隅，而無與揚州全域者，紛紛異說，概置勿論云。

66. 出信陽而長邁

注引臧榮緒《晉書》曰：「建平郡有信陵縣。」

案：《水經‧江水二篇》注云：「江水東逕歸鄉城北，又東逕信陵城南。」《方輿紀要》云：「孫吳分宜都，立建平郡，領信陵等縣，晉因之。江在城南，故曰陽也。」今信陵故城，在歸州西四十五里。

67. 壁立赮駮

注云：「赮，古霞字。」

案：此處六臣本有校語云：「善作赮，五臣作霞。」後「景炎霞火」，注亦云：「赮與霞同。」則彼正文亦當作「赮」。《玉篇》：「赮，下加切。東方赤色也。亦霞。」《廣韻》《集韻》具有「赮」、「霞」字。惟《說文》二字在《新附》。鈕氏樹玉謂：「《史記·司馬相如傳》『赤瑕駮犖』，《索隱》引《說文》云：『瑕，玉之小赤色。』《漢書·楊雄傳》『噏青雲之流瑕』，師古曰：『瑕，謂日旁赤氣也。』是赮、霞，古通作瑕。若《漢書·天文志》『雷電赮蚩』，《史記·天官書》作『雷電蝦虹』，則又借作『蝦』矣。」

又案：《吳越春秋》：「烏鳶歌琢霞，矯翮兮雲間。」「霞」即「蝦」，是「蝦」又借作「霞」也。前《南都賦》「駮瑕委蛇」，注引《爾雅》郭注「蝦大者長一二丈」，云「瑕與蝦通」，是「蝦」又借作「瑕」也。古人之同音通用，類如此。

68. 虎牙嵥豎以屹崒，荊門闕竦而磐礴

注引盛弘之《荊州記》：「郡西泝江六十里，南岸有山，名曰荊門，北岸有山，名曰虎牙。」

案：《水經·江水二篇》注云：「江水又東歷荊門、虎牙之間。荊門在南，上合下開，闇徹山南。有門像，虎牙在北，石壁色紅，間有白文，類牙形，並以物像受名。此二山，楚之西塞也。水勢急峻」，下即引此賦語。此注引盛《記》亦云：「開達山南」，「開」，蓋「闇」之誤也。《方輿紀要》云：「荊門山下有十三磧，江路與山勢相背，因名虎牙，亦曰武牙。下有虎牙灘，山在今宜都縣西北五十里。宜都，本漢之夷道縣。」

69. 潛演之所汩漏

注引《說文》曰：「演，水脈行地中。」

案：今《說文》「潩」字云：「水脈行地中。潩，潩也。从水，𡍬聲。弋刃切。」別有「演」字云：「長流也。从水，寅聲，以淺切。」𡍬从夕，與寅異字，故「潩」亦與「演」異。此蓋言伏流之水，即《蜀都賦》之「潩以潛沫」也，而本書皆誤作「演」。

70. 瀇滉囦泫

注於上、下三字具有音，而囦無音。

案：《說文》：「淵，回水也。」重文「囦」，云：「古文从囗、水。」《玄包經》「物萌於囦」，用此字。「囦」為回水，即上文所謂「圓淵九回以懸騰」也。下文有「涃鄰𣶃潾」，注云：「皆水勢回旋之貌。」是「𣶃」，亦即「淵」。《說文》《玉篇》並無其字，惟《集韻》有之，當本此賦。賦家凡相連複字者，往往易其體，如此處數句內，上已言「靈湖之淵」，「淵」與「囦」、「𣶃」，實一字耳。